1984年4月　0系新幹線運転室　運転士は著者・中村信雄

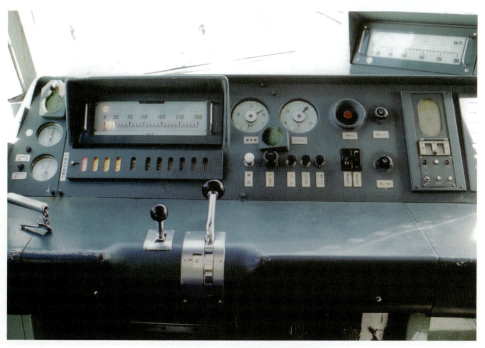

1968年　0系新幹線運転室

上：富士川橋梁ですれ違う上り0系。
中：米原駅下り1番線を発車する下り0系
上り「ひかり」の運転室から。
左：東京駅を発車する0系
都庁分室から立ち入り許可を得て撮影。
下：日本坂隧道を出てすぐの石部隧道を
抜けると富士山が姿を見せる。

新幹線開発百年史

東海道新幹線の礎を築いた運転技術者たち

中村信雄 著

成山堂書店

本書の内容の一部あるいは全部を無断で電子化を含む複写複製（コピー）及び他書への転載は，法律で認められた場合を除いて著作権者及び出版社の権利の侵害となります。成山堂書店は著作権者から上記に係る権利の管理について委託を受けていますので，その場合はあらかじめ成山堂書店（03-3357-5861）に許諾を求めてください。なお，代行業者等の第三者による電子データ化及び電子書籍化は，いかなる場合も認められません。

序

　本書の著者である中村信雄さんは元新幹線電車運転士で最後までプロフェッショナルな運転技術の向上、普及に尽力されてきた方です。それだけに現場主義に徹してこられた結果、その技術見識には説得力があり、それらは多くの鉄道雑誌でも取り上げられてきたところであります。

　今回執筆された内容は多岐にわたっており、長年国鉄を愛し続け、ご自身が勤め上げられた鉄道員としての人生を通じて日本の鉄道の運転の歴史とともに、運転されてきた運転技術の特徴などについて述べられています。

　さらに ICE や TGV といったヨーロッパの高速列車についてもご自身の豊かな交友関係を通じて得た知識を以て運転士の立場に立ち解説されています。

　そして、国鉄時代、新幹線開業に至る変遷の歴史、それによって運転現場がどのように変わっていったか、秘話も含めた豊富な経験に基づいて書かれた記述は、過去、目にすることができなかった注目すべき多くの興味深い貴重な内容が含まれています。

　私も航空の分野で現場主義に徹してきました。ボーイング747飛行時間14,000時間という世界記録に達することができたのもその成果であると信じています。ちなみに私自身、1960年から今日まで蒸気機関車に魅せられ、写真撮影を続けた鉄道ファンでもあります。

　さて、私は現在航空の安全をライフワークとして活動を続けていますが、その中で教えられたことは航空機事故の85％が何らかのヒューマンエラーによって引き起こされていることであります。交通機関の安全な運行は、ハード・ソフト面でどれだけ技術革新が進もうと、最後に鍵を握るのは人間であるという認識で中村さんとも一致しています。

　今日、鉄道で起きる事故を見るにつけ伝統ある「国鉄マン魂」はいったいどこに行ったのか？　運転士をはじめ鉄道に携わる鉄道マンの技量が低下したのか？　知りたいと思うのは私一人ではないと思います。

　中村さんのこの本は、その国民的な関心事に見事に答えを引き出してくれているものであり、本書はその意味でも現代的意義を持つ稀に見る名著であります。

元日本航空ボーイング747機長　杉江　弘

はじめに

　私は物心ついた頃から鉄道に興味を持ち、以来、国鉄の電車運転士になりたいという夢を持ち続けていた。小学校時代は電車気狂いなどと呼ばれ、当時は電車関係の書物を読み漁っていた。また、鉄道に興味を持つ友人もかなり居て、彼らは私とは違い皆、学業の優秀な生徒だった。その多くは理工系に進み、社会に企業に大いに貢献した。

　1949年頃、日本一の機関士と言われ、小学校の教科書にも載った、吹田機関区の機関士、名越一男の伝記「驀進」（上田 廣著）という本を読んだ。名越は幼少の頃、毎日、駅構内の黒焼きの柵にもたれかかり、行き交う列車を眺め、列車の先頭に乗る機関士の雄姿に憧れ、機関士を夢見て国鉄に入った。彼は判任官機関士になりながら、昇進の薦めを断り続け、定年まで一機関士として勤め上げた方である。国鉄というと都会では低賃金の代名詞のような存在であったが、国鉄時代、鉄道に魅せられ、運転畑を志し、働いた人々の中には似たような熱い思いを抱いて国鉄に入った人が大勢居た。

　私は1958年4月1日品川電車区に就職、池袋電車区・八王子機関区・五日市支区・八王子機関区・田町電車区を経て1962年11月14日、武蔵小金井電車区で電車運転士を拝命、そして開業半年後に新幹線電車運転士の発令を受け、1996年3月まで、国鉄分割民営化の中で三年間、運転士を降ろされガードマンに出された時期を除いて、33年4ケ月憧れ続けた運転士生活を送り、その内31年余を新幹線の運転士として勤め上げることができた。特に、国鉄時代の新幹線東京運転所は、管理職には如何にも学歴不問の［十河派］に選ばれたらしい、官僚臭のないスケールの大きい人格者が居り、そして東京運転所・国労分会にはいつも馥郁たる文化の香りが漂い、最高の人間関係があった。そこには［組合員連絡帳］があり、誰でも読むことができた。また、誰もが当日の

出来事を自由に書き、情報を共有することができた。そこに蓄積された多くの仲間が書き込んだ生情報は、新幹線運転現場の貴重な歴史の記録として大きな意味がある。そして、未知の新幹線に皆が如何に上下の区別なく真剣に色々なことに対峙したかを如実に物語っている。また、モデル線管理区の管理係、加藤 潔編纂になる『モデル線略史』に記載された緻密な記録は新幹線の運転関係の未知への挑戦の歴史を詳しく知る上で欠かせない貴重なものである。

昨年で東海道新幹線は開業半世紀を迎えた。その間、脱線、衝突といった運転事故による死者はゼロであり、その記録は日々更新されている。しかしこれは一朝一夕に成し遂げられたものでなく、先人の血と汗と熱意と努力の上に成り立っていることを忘れてはならない。新幹線は国鉄時代に人材を発掘し、良い人間関係の中、未知への事に挑戦し、失敗での落胆や大成功の歓喜の歴史の積み重ねの末に今日がある。新幹線の歴史に触れる前に、先人の熱い心を知ることが必要であろうと思い、過去に見聞きした記憶を紐解きながらその出来事も書くことにした。特に、戦後間もない1948年から刊行され学生時代から国鉄時代を通じ愛読していた月刊誌『電気車の科学』や『鉄道ピクトリアル』、戦前から鉄道図書を刊行していた鉄道図書の源流、交友社刊の後発の月刊誌『電車』や『鉄道ファン』に掲載されていた多くの歴史的に意義ある記事をはじめ、『日本国有鉄道百年史』に記録されている貴重な記録を多くの記述に参考にさせていただいた。思えば私は、本当に良い時代に多くの人たちとの出会いに恵まれて国鉄の栄光の運転畑で働くことができた。特に1896年生れで、大正初期、黎明期の国鉄に就職、浜松機関区で機関士を務め、二俣線の開業に大きく貢献した杉山久吉、大正時代国鉄に就職、1930年10月1日運転を開始した、超特急「燕」の機関士であった、沼津機関区の猪原平次郎、杉本源六、一杉甚五郎の各氏や、肥薩線の人吉機関区の久保田政吉機関士、石北本線の遠軽機関区の遠藤義雄、藤井清民、大辻幸一機関士の方々をはじめ、就職以来、職場でご一緒した多くの方々から運転職場の貴重な体験や歴史の変遷の話をたくさん伺うことができた。千人の機関士(運転士)には、千のそれぞれの貴重な体験、珍談奇談の歴史、物語があり、勿論それを全部記録に残すことは不可能である。

多くの大先輩から聞いた、今は時効となったと思われるお話は貴重な歴史の一ページである。また私自身実際に見聞きし、現場で体験した事も明らかにし、教訓としても是非とも歴史として残しておきたいと思う。それは多くの後輩の願いであった。そして、過去、等しく経済的には貧しくとも、心豊かな良き時代に思いを馳せることにも意味があろうと思う。昨今は人間関係が希薄になり、歴史が伝承される機会も少なくなった。「過去に目を閉ざすものは、未来に対して盲目になる」は、ドイツの元大統領ワイツゼッカーの言葉であるが、それは多くの事に当てはまるであろう。

　文中、一部に参考にさせていただいた書物、著者名を記したが、さらに巻末に参考にさせていただいた多くの文献に敬意をこめて掲載させていただく。また、文中敬称は略したので、ご了承いただきたい。

　　平成28年3月

中村信雄

目　次

序 …………………………………………………………………………… i
はじめに …………………………………………………………………… ii

第 1 章　新幹線前史―在来線の発展―

1.1　在来線のはじまり ………………………………………………… 1
　1.1.1　運転ことはじめ ……………………………………………… 1
　1.1.2　定時運転の確立 ……………………………………………… 6
　1.1.3　関東大震災 …………………………………………………… 8
　1.1.4　黎明期の名機関士　杉山久吉 …………………………… 11
　1.1.5　超特急・燕 ………………………………………………… 18
　1.1.6　電気機関車の輸入と使用の拡大 ………………………… 25
　1.1.7　Buchli（ブッフリ）式駆動装置 ………………………… 32
1.2　戦前・戦後の国鉄 ……………………………………………… 37
　1.2.1　石炭事情 …………………………………………………… 37
　1.2.2　新製 EF58 の運転室と機械室の例 ……………………… 65
　1.2.3　特急列車復活に向けて試運転 …………………………… 67
　1.2.4　RTO・白帯車の廃止 ……………………………………… 71
　1.2.5　国鉄部内の戦後処理 ……………………………………… 73
　1.2.6　鉄道信号 …………………………………………………… 74
　1.2.7　機関車労働組合の分裂 …………………………………… 76
　1.2.8　湘南電車 …………………………………………………… 79
　1.2.9　モユニ 81 のノーブレーキ ……………………………… 87
　1.2.10　桜木町事故・電車火災 ………………………………… 88
　1.2.11　特急のスピードアップに向けて ……………………… 89
　1.2.12　十河信二国鉄総裁になる ……………………………… 93

1.2.13	気動車時代の幕開け	96
1.2.14	新性能電車の誕生	98

1.3 運転記録 … 101

1.3.1	鉄道趣味から本職へ	101
1.3.2	憧れの国鉄に就職	103
1.3.3	新生「あさかぜ」・ビジネス特急「こだま」誕生	105
1.3.4	ちよだ号	109
1.3.5	品川電車区から池袋電車区・八王子機関区 五日市支区へ	110
1.3.6	八王子機関区の機関車	112
1.3.7	戦中戦後の八高線・中央線の大事故	113
1.3.8	八王子機関区の名士？	114
1.3.9	機関士と機関助士の関係	119

1.4 機関車から電車へ … 120

1.4.1	電車の時代	120
1.4.2	電車運転助士としてスタート	122
1.4.3	電車運転助士として初乗務で大きな踏切事故を目の当たりに見る	122
1.4.4	飛び込み自殺に遭遇	127
1.4.5	運転士と信号掛の信号に対する意識の差	128
1.4.6	逼迫する国鉄輸送と電車運転技術	130
1.4.7	伊東支区と伊豆急	132
1.4.8	隔時法の廃止	134
1.4.9	電車運転士科へ入学	135
1.4.10	電車運転士科を卒業、武蔵小金井電車区へ配属	137
1.4.11	電車運転士を拝命	139
1.4.12	自動ブレーキ	140
1.4.13	荷物電車と配給電車	147
1.4.14	過酷な国電の運転士勤務	148

1.4.15 飛び込み事故・オーバーラン・車掌の欠乗・電力不足 …… *150*
1.5 田町電車区 ………………………………………………………………… *151*
   1.5.1 憧れの田町電車区 電車運転士の発令を受ける ………………… *151*
   1.5.2 伊東線 …………………………………………………………… *153*
   1.5.3 東海道本線 ……………………………………………………… *154*
   1.5.4 中長距離電車急行 ……………………………………………… *155*
   1.5.5 横須賀線 ………………………………………………………… *156*
   1.5.6 大船駅のインシデント・鶴見事故・線路立ち入り ………… *157*
   1.5.7 新幹線計画に向けての高速度試験 …………………………… *161*
   1.5.8 サンパチ（38）豪雪 …………………………………………… *164*

第2章　東海道新幹線の歴史

2.1 新幹線 ……………………………………………………………………… *166*
   2.1.1 明治時代の日本の高速鉄道構想 ……………………………… *171*
   2.1.2 戦後の高速度鉄道構想 ………………………………………… *174*
   2.1.3 商用周波数を使った交流電化の先駆者はドイツとフランス … *176*
   2.1.4 電車列車か客車列車か 広軌か 狭軌か ……………………… *181*
2.2 課題 ………………………………………………………………………… *185*
   2.2.1 新幹線の線路規格 ……………………………………………… *185*
   2.2.2 電化方式（なぜ新幹線は交流方式なのか）………………… *188*
   2.2.3 周波数の問題（50Hz/60Hz 問題は 60Hz で統一）………… *189*
   2.2.4 運転保安・ATC ………………………………………………… *190*
   2.2.5 ブレーキ ………………………………………………………… *196*
   2.2.6 電気機器 ………………………………………………………… *200*
   2.2.7 車両構造・耳ツン対策 ………………………………………… *204*
   2.2.8 台車・駆動装置 ………………………………………………… *204*
   2.2.9 新幹線の運転・検修の指導者を養成した「小金井大学」…… *208*
2.3 試運転 ……………………………………………………………………… *215*

2.3.1	モデル線の建設	215
2.3.2	モデル線管理区	216
2.3.3	試作車両の落成	216
2.3.4	モデル線試運転	217
2.3.5	中央鉄道学園　小田原分所	221
2.3.6	高速度試運転に向けて	226
2.3.7	初めて200km/hの達成	227
2.3.8	電車による最高速度記録への挑戦	230
2.3.9	高松宮ご夫妻の試乗と高まる世間の関心	232
2.4	本線開通に向けて	235
2.4.1	救援機911の導入決定	235
2.4.2	試運転中、鴨宮基地での車両転動	236
2.4.3	モデル線での人身事故	238
2.4.4	東海道新幹線支社発足、大阪方で量産車の試運転開始	238
2.4.5	B編成の脱線と列車妨害	241
2.4.6	鴨宮を引き払い、建設中の東京運転所へ	242
2.4.7	東京～新大阪の通し試運転開始	246
2.4.8	労働組合（国幹労）問題	253

第3章　ヨーロッパの高速鉄道

3.1	ヨーロッパの鉄道高速化に貢献した名機DBの103電気機関車	263
3.2	フランスの新幹線TGV	267
3.2.1	Lyriaの運行ネット	274
3.3	ドイツの新幹線ICE	276
3.3.1	試作車ICE-V	276
3.3.2	ICE-1	278
3.3.3	ICE-2	283
3.3.4	ICE-3	284

3.3.5　ICE-T ………………………………………………… 290
　　3.3.6　ICE-S ………………………………………………… 292
　　3.3.7　ICEの大事故 ………………………………………… 293
　3.4　ヨーロッパの新幹線 ………………………………………… 295
　　3.4.1　イタリアの新幹線（ディレッシマ）……………… 295
　　3.4.2　スウェーデンの新幹線 X2000 ……………………… 297
　　3.4.3　ポルトガルの新幹線 ………………………………… 298
　　3.4.4　ヨーロッパの鉄道に魅せられる …………………… 299

お わ り に ……………………………………………………………… 304
参考文献 ………………………………………………………………… 306
索　　引 ………………………………………………………………… 308

コラム

　C57の日々 …………………………………………………………… 41
　省線電車の窮状をどうして打開するか …………………………… 45
　都内人口と輸送量 …………………………………………………… 45
　最近二、三年に実施すべき事項 …………………………………… 45
　悪　　夢 ……………………………………………………………… 50
　二十年前の八月十五日 ……………………………………………… 52
　国鉄白書 ……………………………………………………………… 55
　善光寺通過事故 ……………………………………………………… 60
　EF13 …………………………………………………………………… 63
　大塚滋の車内アナウンス …………………………………………… 218
　黎明期の東京運転所 ………………………………………………… 243

第1章　新幹線前史―在来線の発展―

1.1　在来線のはじまり

1.1.1　運転ことはじめ

　日本の鉄道は明治5年、営業開始以来、列車の運転は輸入国のイギリス人の機関士によって行われていた。

　1879年4月12日、関東に、落合丑松・平野平左衛門・山下熊吉の3人の日本人機関方（機関士）が誕生した。同年8月7日、関西に日下輝道・平松好太・岡野梅吉の三機関士の誕生により、日本の運転の歴史が始まる。多くの事柄は歴史の中に埋もれてしまっているが、解っている記録によれば、彼らは、イギリス人からあらゆる屈辱や暴力的な仕打ちを受けた。日下輝道は火夫時代、イギリス人のサミエルスタンフォードという乱暴者の機関方と組まされ、機関車をいつもピカピカに磨かされ、投炭作業もろくに教えてもらえず、出勤拒否を決行した。会社からの迎えで出勤し、少しはましになったが京都〜神戸で乗務するようになっても、言葉の通じないスタンフォードに足蹴にされ、津山藩の士族の出身でもある彼は「自分も津山藩の武士のはしくれ、奴に何時果し合いを申し込もうかと思った」と1914年2月11日表彰式の後に述懐した。皆は「毛唐」にできることが日本人にできないことはない、自分たちがやり遂げなければと必死に歯を食いしばって、機関方（機関士）になった。交通研究家、浦川耿介氏の言葉を借りれば「臥薪嘗胆」の日々であった。1988年5月8日、新橋〜横浜複線化を契機に機関方（機関士）はすべてが日本人になる（日本国有鉄道百年史・鉄道ピクトリアル1967年4月号）。

　明治政府はイギリスから鉄道を輸入し、狭軌1067mmを採用し、これが後に、幾度か広軌改軌の論争を繰り広げるが、結局、1964年新幹線開業まで一部私鉄を除き、広軌（国際標準軌1435mm）は実現しなかった。国鉄の線路は順調

に伸び150kmまで伸びたが、西南戦争で金を使い果たし、資金繰りに困った政府は1881年民間の鉄道を認めることにする。1905年当時の国鉄は2562km、それに対し、民鉄は5286kmになっていた。当時、民鉄も国鉄も統一された運転取扱いを始めとする諸規定もなく軍部もそれを懸念、1906年西園寺内閣は鉄道国有化法案を提出、反対派の意味不明な主張に理路整然と国有化の正しさを説いたのが田健次郎であった。1906年3月27日利権のぶつかり合う乱闘国会で反対派退場の末、鉄道国有化法は成立する。私鉄を買収し、国鉄は総延長7153km、職員88,266人の大所帯になり、うちの約6万人は民鉄出身者であった。民鉄の総建設費は2億3000万円なのに対し、政府は民鉄買収のために4億8000万円の国債を発行する。また、立憲政友会と憲政会の対立もあり、政友会はローカル線の拡充を訴え149ものローカル線を計画、資金はそれに充てるべしと主張するいわゆる建主改従派と一方、幹線の拡充整備こそ国益にかなうとして広軌改築の議論を主張する憲政会、建主建従派が対立、政権交代が行われる度に攻防戦が行われ、その都度、鉄道省の人事も入れ替わるということもあった。多くの記述には、広軌改築「建主建従派」の対立は、あたかも先を見たような記述も見られるが、実際、末期には双方とも利権がらみの争いであったとする、橋本克彦の指摘は興味深い（参考：講談社刊 鎌田 慧著 国鉄処分）。国鉄は誕生以来、「我田引鉄」と呼ばれるように何時も政財界や高級官僚に利用され、翻弄されてゆき、それはずとずっと続いてきた。

　1898年2月24日～3月5日日本鉄道（元東北本線）の機関手たちは過酷な労働条件に反発、待遇改善を求めて大ストライキを行い、上野〜青森が全面的にマヒ、機関手側がほぼ全面的に勝利するという、日本の労働運動史上に画期的な歴史を残した。当時の上野機関庫の機関庫主任は初代日本人機関方（機関手）で後に沼津機関庫の第五代機関庫主任も務めた平野平左衛門で、争議の責任を取って日本鉄道を辞職し、上信鉄道の汽車課長になった。その後、満鉄に転じ、1928年大連で他界している。

　日本の鉄道を語る上で、島安次郎の功績を忘れてはならない。国鉄時代、彼の技術者としての哲学は脈々と受け継がれ今日の新幹線の原点になった言え

る。島安次郎は 1894 年東京帝国大学機械工学科を卒業、関西鉄道に入社、そこで、機関車の改造を初め、ピンチ式ガス灯や数々の改良を進めて来た。前述貴族院議員、田健次郎は鉄道局長も務めた人物であるが、一時期明治 31 年から 33 年まで関西鉄道の社長を務めた、田は人を見る能力に長けた人物で、関西鉄道の社長に就任すると直ぐに島の才覚を見てとり、島の才能を一私鉄に埋もれさせることなく国家のために欲しいと思い、技術者を大切にしない関西鉄道内でのつまらぬ話を耳にするたび、島の耳に入る前に自らも関西鉄道を辞める意思を伝え国鉄への転進を勧めた。

　田健次郎が社長を辞し、その後、関西鉄道と国鉄は有名な運賃値引きを初めとする異常なサービス合戦をやりだすが、島はこれに反対であった。明治34年、自らの技術課題ピンチ式ガス灯がすべて解決すると、島安次郎は関西鉄道を辞め、国鉄に移った。島が辞める 2ヶ月前、株主が大幅に入れ替わり、更に目茶苦茶なサービス競争にのめりこんでいくが、島が辞める時を同じくして、有能な技師五名が揃って関西鉄道を退職してをいる。当時の関西鉄道の体質を、鉄道草創期の英雄的技師と言われる、南清は値引き合戦を「野蛮なやり方」と笑い、「関西と言うと話にならない。自分たちが金を出して作った鉄道だから、玄人を入れるのは無用と言い、社員の給料を値切ったりする。何れにせよ素人でも自分たちでやるというのだから、我々には批評も想像もおよばない、言語道断、マー手品師や芸人を入れるのが適当なんだろう」と呆れ返ったという（要旨：橋本克彦著　日本鉄道物語）。関西鉄道では多くの成果を遂げても教養に乏しい経営陣にそれほど評価されなかった島は、国鉄に入り、高性能機関車の開発、碓氷峠電化、世界をあっと言わせた自動連結器の一斉交換、空気制動機の導入を初め数々の偉業を成し遂げる。田健次郎と島安次郎の出会いは、十河信二と島秀雄の出会いを彷彿とさせるものがある。田は島をドイツに派遣したかったが、当時通信省に島を派遣させる予算がなく、1903 年 5 月 28 日、島は自費で渡独する。1835 年 12 月 7 日ドイツに鉄道が開通し目覚ましい発展を遂げていた時代、島はドイツで多くを学び、1904 年 6 月 6 日帰国する。

　国鉄では島 安次郎の期待する人材、小野清風、朝倉希一、津田鋳雄、太田

吉松は着々と実力を付けていた。

　旅客用蒸気機関車の名機、8620 の前身 6700・6750・6760 の主任設計技師を務めた太田吉松は神戸工場に職工として就職し、日本で最初に日本人の手による機関車を作り上げ名著「機関車工学」三巻を著した森彦三の指導も受けながら自ら機関車工学を学び、努力の上に努力を重ねた叩き上げの技師であった。今と違いここにも当時、人を育てること、人を見る目を持った人たちがいて、その技術屋の思想は受け継がれ、やがて新幹線に繋がっていく。1913 年本格的な国産機関車 9600、翌年には 8620 を製造、狭軌ではあるが、ここで日本の機関車はやっと世界水準になる。9600 は川崎造船で 686 両、小倉工場で 15 両、汽車会社で 69 両の計 770 両製造されたが、255 両が大陸に渡った。9600 の主任設計技師は朝倉希一が務めたが、実務は川崎造船に出向中の太田吉松に命じた。この 9600 は弁装置の設計時に手違いが生じ、トレースを裏焼きにしたためだとの説もある。

　今村一郎の話では、彼が朝倉希一にこの件を尋ねたところ、設計を間違えたと語ったと言う。

　蒸気機関車にも右足と左足があり、他の機関車は右リード、ワルシャート式弁装置では通常心向棒が前進時、下に後進時、上に動くのだが、9600 は唯一逆の動きをする左リードの機関車で、細部の設計変更も行われたが、朝倉希一は二種類の弁装置を許さず、左足から出るから武士道機関車であると悦に入り、90°の位相角で研削する機械が使えず検修現場は苦労した。(要旨：高木宏之著 国鉄時代 NO17 蒸気機関車四方山話)。

　しかしこの機関車は長命で最後まで活躍し、1976 年 3 月 2 日、北海道 追分機関区で 3 台の 9600「39679・49648・79602」を以って日本の蒸気機関車の歴史の幕を閉じる。その内の一台 79602 は遠く九州の熊本機関区で豊肥線を走っていた機関車で、最後北海道に転じその煙除板に門デフと言われる九州の名残が残っていた。

　朝倉希一は東大で恩師の銀時計を授与された優秀な学生で、島安次郎博士が東大教授兼任の時の門下生でもあり、朝倉希一が国鉄に入ったことを島安次郎

1.1 在来線のはじまり

図 1-1　豊肥線で阿蘇越えに挑む 79602 号機

図 1-2　最後まで活躍した 39679（興浜北線）

図 1-3　9600 の機関士席

図 1-4　八王子構内の入換機 8620（78673）

はとても喜んだという。

　島安次郎の発想で先輪と第一動輪に独特の構造を持つ 8620 の設計主任技師は津田鋳雄、687 両製造され、蒸気機関車終焉間際まで日本全国で活躍した寿命の長い機関車であった。

図 1-5　9600 は弁装置の設計を間違えた

1.1.2 定時運転の確立

日本の鉄道の運転時刻の定時制は世界に広く知られるところであるが、これも一夜にしてできたものではない。定時運転は奇行で知られ、豪放磊落であったと言われる結城弘毅によって明治時代に確立された。結城は運転の神様とか運転の左甚五郎と呼ばれるほどの人物で、蒸気機関車の焚火作業の理論、実技にも長けていたといわれている。結城弘毅は1905年東京帝国大学を卒業、山陽鉄道に入ったが、会社はほぼ完成していて、神戸～下関に日本初の特急列車を走らせていた。社長は牛場卓蔵、結城は技士（山陽鉄道では技師を技士と呼んでいた）で採用された。山陽鉄道は運転中心の会社で、課長の職は重役でほとんどのポストを運転関係者が占めていた。運転課長は後に帝国鉄道庁の西部管理局長になった岩崎彦松、その下に石原正治が居たが、彼は山陽鉄道時代にお召し列車に添乗した際にも、機関手（当時の職名・現在は機関士）が加減弁を絞ろうとすると、それを許さない奇行の持ち主であったという。山陽鉄道の特急は明治時代に神戸～下関を11:20で走破するもので、振動も大きく後に鉄道院総裁になる仙石 貢は恐れて乗らず、汽船に乗ったとの逸話が残されている。

1906年山陽鉄道が国有化されると結城弘毅は国鉄に移り、一時期北海道に勤務していた。本省は新鋭の旅客用の名機関車8620を北海道に配属する。結城はこれは良い機関車であると言って、旅客列車に使わず、夕張に貨車を集結させ、室蘭まで石炭輸送に充当した。結果、輸送力は二倍三倍と上がった。本省では旅客用の機関車が貨物を牽くのはけしからんと叱ったが、結城はこのほうが社会に貢献できると言って改めなかった。結城がずば抜けた仕事ができたのも、彼の才能を見抜いた鈴木鑒次郎という運転出身の局長が居たお陰である。結城は島 安次郎に多くの教えを乞うたと言われ、結城の質問に、島は常に完璧な答えを与えて、応えられなかったことは無かったという。

結城は投炭の名人であったともいわれ、模擬投炭場を作り投炭練習を指導したため、お陰で従来よりも多くの貨車を牽引できるようになり同僚も舌を巻いた。模擬投炭場は蒸気機関車が無くなるまでほとんどの蒸気機関区に存在し、

投炭競技や後輩の指導に活用されていた。

　結城は明治41年長野機関庫主任になるが、明治30年代の機関車には速度計も無く、かなりの遅れが当たり前で、それを全世界に比類ない定時運転を確立する源を作った。長野機関庫の受け持ちは軽井沢〜直江津、機関手に定時運転を命じ、自らも機関手と共に研究した。当時、時計は高価なもので普通の家では持てない頃、結城は機関手には良い時計を与え機関庫には標準時計を置いた結果、機関庫の時計の正確さが知れて、時刻の問い合わせもあったという。

　1914年当時の賃金、職種別の初任給（日給）を見ると、機関手60銭・操車掛、信号掛50銭・機関助手40銭・車掌38銭であったという。ちなみに当時、米は10kgで1円8銭、山手線の初乗り運賃は5銭であった。

　当時の国鉄の列車は勿論、ほとんどが蒸気機関車による牽引、蒸気機関車の機関士は難解な熱力学をはじめ、複雑な弁装置の運動等、高度の専門理論を必要とした。また、自ら動力源を作り運転室は夏は高温、冬は寒風吹きさらしという劣悪な労働環境の中で、運転にも高度の技量と高い経済性を求められる厳しい職業であったため、それだけに当時はかなりの好待遇を得ており、プライドも高かった。それは世界各国で共通のものであった。

　ちなみに機関車の速度計は1923年に60両の18900（後のC51）に付けられたのが初めであった。結城は沿線の風物を目標物にし、夜でも解る目標物をたくさん作り、そこを通る時間を秒単位で計測させたという。情熱的な青年機関庫主任の情熱に機関手たちも皆共感し、焚火作業、加減弁の開閉、締め切り操作まで含めて共に研究した。名古屋に転じた結城はこれを実行させ大阪鉄道局の運転課長になると、大阪でもこれを命じた。その甲斐あって、それは全国に広がっていった。結城は前述のとおり豪放磊落、大酒飲みで、奇行も多く、大阪の運転課長になった時は、よくあれまで出世したものだと周囲が驚いたという。その一方、結城は部下思いで、名古屋時代に加太トンネルにトンネル手当（当時は長大トンネルにはトンネル手当が支給されていた）を支給しないのはおかしいと言って再三主張し、これを実現させた。名鉄・東鉄の管理局長であった久保田敬一が1929年運輸局長になると、結城弘毅を勅任ポスト、本省の運

転課長に抜擢する。本省の運転課長になった結城は、定時運転、終結輸送、蒸気機関車の経済運行など、彼の平素の主張に磨きをかけていき、それはやがて超特急「燕」の大成功へとつながる。

1.1.3　関東大震災

1923年9月1日11時58分32秒、関東大震災が発生した。後述する超特急「燕」の機関手であった、1895年生まれの猪原平次郎と1901年生まれで後に指導機関手になる杉本源六の2人が運転する、山北を発車した貨物列車は旧東海道本線（現在の御殿場線）で地震による軌道破壊で脱線転覆をした。本務機は杉本源六機関手、補機は猪原平次郎機関手で、当時は補機の機関手の方が高度の技量を要求され、猪原機関手の方がベテラン、杉本機関手は新米で本務機の運転に当たっていた。杉本源六に超特急「燕」の話を聞きに行った折、「箱根山が噴火したと思った」と当時の様を話してくれた。脱線した場所は辺りに何もないところであったが、杉本機関手と同乗した芹沢機関助手が鮎とりの名人で、鮎を捕ってくれたという。そして「御殿場は蚊が居ないので、野宿は苦にならなかったよ」と言っていた。その後、山北機関庫の指示で機関車の火を落とし、箱根山を徒歩で越えて沼津に帰った。当時、猪原機関手のお母様が、近所の人から「猪原さんは隧道の下敷きになったそうですね」と悔やみを言われたと、泣いてお宅に来られたとの話や、3日後には疲れ果てた姿ながら、杖をつき、元気な姿で帰宅されたという話を猪原機関手の奥さまから聞いた。

関東大震災ののち1926年9月23日には山陽本線の安芸中野・海田市で特急列車が路盤崩壊で脱線転覆、37人が即死するという初の特急列車の大事故が起こっている。

当時の列車はブレーキも不十分で、客車列車は真空制動機、貨物列車は貨車には貫通ブレーキはなく、機関車のスチームブレーキのみであった。列車は止まるという大前提があって運転可能なのであり、当時の列車は、はなはだ保安度の低いものであった。峠越えをする貨物列車は、頂上駅ですべての貨車に手ブレーキをかけ、中には手ブレーキを付けた制動車を組み込み、そこに制動手

が乗り込み、機関手の汽笛合図でブレーキをかけたり、緩めたりして下り勾配を運転したという。すべての手ブレーキを降ろした貨物列車が峠の駅を下る時の発車は、天を揺るがすもの凄いブラストの音がしたという。そして、下り勾配を運転する時は想像を絶する緊張があったそうだ。

　空気ブレーキ装置の採用にあたってドイツのクノール社とウエスティングハウス社で空気ブレーキを比較した、性能はクノール社の方が優れていたが、すでにウエスティングハウスのものを使用していた車両もあり、結果ウエスティングハウスのものを採用した。1927年から、幹線の貨物列車にそのエアブレーキが装備されはじめ、その後、旅客列車へも装備されるようになり、高速運転が可能になった。前述の通り列車は停めるという大前提があってこそ運転できるものである。それ以前、旅客列車は真空ブレーキが貨物列車はスチームブレーキが採用されていた。真空ブレーキは真空を破壊しながらブレーキをかけるが、1気圧しかブレーキ力は得られず、スチームブレーキは機関車のみのブレーキなので、かなりの制動距離を必要とし、低い減速度でだらだらと減速するため、沼津地区の国鉄職員が通勤で貨物列車に乗って、自宅近くで貨物列車から飛び降りたり、飛び乗ったりすることもよくやったとの話を沼津機関区で「つばめ」の指導機関士であった一杉甚五郎が話していた。

　当時の真空ブレーキ、スチームブレーキの話は、肥薩線の人吉機関区で機関手をしていた、久保田正義からも聞いた。当時の肥薩線は鹿児島本線で、人吉―大畑―矢岳―真幸―吉松の矢岳越えには4110が配置されていた。峠越えは30.3/1000の急勾配とカーブと隧道も多く、大畑、真幸と二つのスイッチバック駅を擁する有数の難所で、貨物列車は頂上の矢岳駅ですべてのサイドブレーキを下ろした（ブレーキを掛けるの意）状態で列車を引き出し、制動手とのコンビで急勾配を降りていたが、ブレーキが効かず恐ろしい思いを幾度かしたという。また逆に、勾配を上る時は牽引力が大きいと空転し、牽引力が小さいと勾配を上り切れなくなるため、線路と車輪にギリギリの粘着状態を作り出して運転しないと、勾配を登り切れず停止してしまう。そして、時には、上り切れずに一度バックした。再度加速させて、勾配を上り切ったという話や、どうし

ても上れずに、バックして、幾両かの貨車を減らして、勾配を上った人も居たという。また、隧道内ではばい煙に悩まされ、特に後部補機では先頭機関車のばい煙と、風向きが悪いと自己の機関車の煙にもまかれた。この肥薩線では終戦後間もない、1945年8月22日、吉松～真幸で、駅員の制止を聞かず、吉松で郷里に帰宅を急ぐ大勢の復員兵や買出し客が乗り込んだ。D51牽引にD51後補機の列車が低発熱量の石炭のせいもあり勾配を上り切れず、山神第二トンネル内に停止、隧道内はばい煙が立ち込め、機関車乗務員もばい煙に巻かれ、多くの旅客が苦しさから降車、隧道内を歩行し始めた。機関車乗務員はこのままでは乗客が窒息するとして、当該列車が後退を始め、53名の人たちが亡くなった痛ましい事故があり、その地点に碑が建っている。

図1-6 吉松～真幸にある受難の碑　　図1-7 肥薩線 真幸駅のスイッチバック

蒸気機関車の乗務員が煙にまかれる事例は幾多あるが、1928年12月6日北陸本線柳ケ瀬隧道で乗務員12名が窒息、荷扱手、機関助士見習、車掌の3名が死亡した。1959年4月6日には播但線の新井～生野でC54の牽く回送列車の機関車乗務員が隧道内でばい煙に巻かれ失神し、列車はそのまま勾配を上り切り、給気運転のまま25‰の下り勾配を暴走し、トンネルの壁に激突、機関士・機関助士の2人がテンダーとエンジンに挟まれて即死するという痛ましい事故も起きている。一度上り勾配で停止すると起動できない恐れのあるような一部の場所では、徐行許容標識と言って、貨物列車は赤信号でも細心の注意を払う

ことを条件に停止しないでよいとする例外処置も存在する位、輸送の需要は大きく、重量列車を牽引する機関車乗務員には高度の技量が要求されていた。

1.1.4　黎明期の名機関士　杉山久吉

　さて、ここで時代を遡って大先輩で国鉄機関士の草分け時代を過ごされた方の、時効になったと思う話を含め紹介しよう。杉山久吉は1896年、現在の静岡市清水区で生まれ、幼少の頃から機関手の雄姿に憧れ、小学校時代から毎日、約一里（4km）の道を歩いて江尻駅（現在の清水駅）まで機関車を見に行き、それが日課になっていた。毎日のことなので、当時の入れ換え機関車の機関手とすっかり顔馴染みになり、内緒で機関車に乗せてもらったが機関手は本線を列車が通過する時は見られないように隠れろと言っていた。それは機関手への大きな憧れに発展していく元になった。しかし彼は国鉄に就職する機会に中々恵まれず、時間のみが徒に過ぎ、徴兵検査も済んでいた。ある日、友人が、浜松に行った折、機関夫募集の張り紙を見たという話を聞き、応募、採用試験に合格、1916年12月8日浜松機関庫に試みの機関夫として採用され、12月26日機関夫に採用された。当時の日給は33銭（山手線初乗り5銭）機関夫とは機関車掃除の仕事で、毎日油まみれ、煤まみれになって機関車を磨いた、お陰で機関車の細部をよく見ることができたため、構造を隅々まで勉強することができた。この仕事にも序列があり、新米は夏には熱いボイラー、冬には冷たいテンダーや足回りの掃除を担当し、運転室の掃除は古参の受け持ちで、新米は立ち入りさえ許されない聖域であった。

　国鉄は改訂職制度であり、昇職にはすべて試験が伴った。当時は火夫（機関助手）の登用も少なく、試験に中々合格できず、機関夫（機関車掃除＝後に庫内手から整備掛と職名は変わる）を10年もやっていて、すでに子供のいる人もいた。杉山は、就職が遅れた分、人一倍努力した。昇職試験の受験には一定の経過年数と管理者の推薦を必要とし、当時は試験に受からない古参の人たちが、後輩を呼び出して、訳もなく殴ると言うことが結構各地で行われていて、機関区によっては終戦後にもあったという。こんな奴に負けてたまるかと、一

念発起し猛勉強し、殴った奴を見返してやったと言う話も幾人かの人から聞いたことがある。

　余談になるが、私の小学校時代、貧しい家の子供は、些細なことで、よく教師にビンタを張られた。1946年小学校2年の時、教師に些細なことでよく叩かれたことを今でも鮮明に覚えている。

　国鉄の管理職には各人を把握し長所を見抜ける人格者が沢山いて、人を育て、能力のあるものは（勉強だけではない）、試験に合格できて、昇進できる当たり前の時代であった。

　杉山は火夫の試験に一発で合格し、教習所に入所、1917年9月4日火夫見習いになり日給42銭、その後、実科試験に合格、1918年3月12日火夫を拝命し、日給は50銭になった。また、乗務員には、給与と別に、年齢には無関係に乗務キロに応じて乗務旅費という、かなりの額の乗務手当が支給されていた。

　ちなみに当時の山手線の初乗りは5銭、東京～大阪の三等片道運賃は4円59銭であった。1918年12月16日には火夫が機関助手と言う職名に改められた。杉山はその後、難関の機関手科の入所試験も一発で合格し、名古屋鉄道教習所・機関手科に入所、1921年3月31日、機関手見習いを拝命、同年12月8日、機関手の発令を受け、浜松機関庫勤務、給料は、月53円、翌1922年1月15日に55円（当時の教員の初任給は45円）になった。

　これは当時としてはかなりの高額で、中間駅の駅長よりも遥かに高かったという。この55円の給料と、高額の乗務旅費の話は多くの大先輩から折りあるごとに聞かされた。

　就職して満5年ピッタリで機関士になった杉山は、就職以来、満五年で機関手になった者はそう多くは居ないと、「えらく褒められた」という。その後、難関の判任官試験に合格し、*判任官機関手（技手）として勤務した。そして1925年6月16日に月給は60円、1927年1月1日に66円になった。

*判任官＝当時の国鉄には明確な身分制度があり、本社採用にあたる人たちは高等管と呼ばれ、制服に入る金モールの数が多く、短剣を付けたりしていた。判任官は高度の学科試験に合格し上司も認める人格見識を持った人で、一般職の最高峰であった。

1.1 在来線のはじまり

　機関士の中でも定年まで1人も轢死事故に出合わない運のいい人もいるが、杉山は多くの事故に出くわした。彼は機関士生活中、実に52人の轢死事故に遭遇し、3件の心中にも出くわした。ひどい時は一週間毎日出くわし、帰宅して「おーい、塩だ、塩を持ってこい」と奥さんに言うと「またですか？」と奥様も驚いていた。「俺はどうしてこんな目にあうのか？」と、42人目にお坊さんを呼んでお祓いをしてもらったが、その後も出くわした。

　これも運である。私の電車運転士科の同期生にも1年間に7人の飛び込み自殺に出会った人や、自殺を処理して（当時は、生死を確認し、死亡していれば、線路わきに死体を安置し、運転を再開した）走り出したら、また飛び込まれたという運の悪い者もいた。飛び込み自殺の少ない新幹線でも、1人で5回も飛び込まれ、しかも2日連続という運の悪い人もいた。

　当時は大津に機関庫があり、浜松の機関手は大津まで行ったこともあったという、普段は米原通いで、関ヶ原越えは難所であり、機関助手は2名乗務していた。米原でさえ蒸気機関車での乗務はかなりのロングランと過重労働であるのに、大津までの乗務は、かなりの超重労働であった。杉山が死傷事故以外に出くわした大きな事故は、1928年2月11日（旧紀元節）に浜松から米原へ29列車に乗務、復路16列車を担当する仕業で、岡崎〜安城間の大浜と言う踏切で、定員オーバーでエンストしたバスと衝突したことである。4人が即死。バスと衝突した瞬間、人間が天高く舞い上がって泥田の中に落ちたという。中には、目が飛び出して垂れ下がっている人が居て、その人は、俺はマントを着て居たはずだがと言っていたがそれどころではない、でもその方は助かったという。各駅で停まる度に電話に掛れと言われたが、列車の運転に従事しなけらばならず、それどころではなかった。機関庫への帰着は真夜中であったが、当時としては大事故であり、機関庫の幹部一同が全員揃って杉山の到着を待っていた。

　その後、岡崎の裁判所に呼び出しを受け、現場検証を行い、「ここで発見、ここで非常ブレーキ」と、各地点にビール瓶を投げて位置確認をし、軌道上にも非常制動時の散砂の跡もあり、その実態は供述と寸分の違いがなく、裁判所から供述の驚異的な正確さをとても褒められたという。

1933 年の夏、浜松から急行列車を乗り継ぎ交代して C531 に乗務、沼津へ上る途中、原付近を運転中、床下で物凄い音がして、タービンも止まってしまった。同乗の足立幸三郎と言う機関助手が「杉山さん止めなさいよ」としきりに言うがその頃は毎日轢死事故に出くわし、もう仕事に行くのも嫌になっていて、精神的にも参っていた頃であり、普段なら当然非常制動手配をするのだが、また犬でもやったと思い、そのまま沼津まで 1 分回復して運転した。ちなみに、多くの場合、止めるか走るか躊躇した時は大体非常制動手配をとらない。非常制動手配は一瞬の判断であり、タイミングを外すと間が抜ける。

　列車が沼津に着くと、乗客が窓から一様に顔を出し、機関車を見て騒いでおり、車掌も「機関手さん、原を通過した頃、何かあったでしょう？」と問われたが「否、何もなかった」と答えた。車掌は「何しろ、床下からバリバリと音をして、乗って居られなかった」と言っていたがシラを切り通した。

　沼津機関庫に入庫、「足立君、一寸見てくるからな」と言ってカンテラの芯を一杯に出し機関車の床下を点検した、動物であれば、灰箱に肉片が付いているが、何の痕跡もない。不思議に思ってふと動輪をみると、左の第三動輪がバカに小さい、よく見ると、何と車輪が浮き上がり、タイヤが無かったという。少々のことでは驚かない杉山も驚いて、浜松機関庫に電話した。浜松機関庫では早速、現地に赴き調査をしたが、幸い運転に支障をきたすような状態ではなく、付近の桃畑の中にも飛散したタイヤのかけらがあったと言う。

　杉山は帰りに、沼津で機関車を借りて浜松に帰った。機関庫に到着し、風呂から上がって、勤務の確認に名札を捜したところ、翌日の所定勤務のところに彼の名札（運転職場には誰が、何ダイヤに乗務するか仕業番号の下に乗務員の名札が下がっていた）がなく予備の外れに掛っていた。

　助役に昇進したい人は幾人もいるが、誰でもいいというわけではない。優秀な杉山を何とか管理職にしようと、以前から上司は「君は子供もいないし、旅費位無くとも良いだろう」と、何度も声をかけ、働きかけ続けたが、機関車に魅了された彼は頑として断り続けて来た。しかし、事故を起こした弱みを利用して、チャンスとばかりに機関庫主任（区長）は「君は大胆というか、無鉄砲

と言うか、危なくて乗せておけない、明日から助役をやれ」と言われ、仕方なく応じた。そして「事故をやって出世したのは杉山君位だ、だからどうせやるならデッカイのをやれ！」などと冗談が飛んだという。そしてこの事故に対して、一切の事故報告を書かなくこともなく、譴責もなかったという。そして、杉山の事故の直後、天竜川の鉄橋上で、浜松機関庫の鳥誠一機関手の運転するC51の左の第三動輪のタイヤが外れた。鳥機関手は機関庫にタイヤが外れた旨を報告、指示を仰いだところ、助役は「部位はどこか？」の問いに対し、「左の第三動輪です」と言うと、「良いからそのまま来い、左の第三動輪は杉山君がすでに実験済みだ」と指示した。杉山は「では俺は功労者だな」と言って笑ったという。

　杉山の件を皮切りに、タイヤの脱落はその後も高山線の9600でも起こり、かなりの距離を走ったという。ちなみに杉山機関手が乗務していたC53はアメリカから輸入した、ワルシャーとグレスリー式弁装置の3シリンダー機、C52を手本に、昭和3年、伊東三枝主任設計技師のもと、大学を出て間もない「新幹線の父」島秀雄も、朝倉希一の奨めで設計に関わったとされるが、構造が複雑で、保守陣からは極めて評判が悪かった。

　C53は初め明石以東で使用されていたが、岡山運輸事務所からはC53は明石以西には使わないでほしい、どうしても使うなら、事前に関係機関区に連絡するよう、大阪運輸事務所に指示してほしいという申し入れを行った。機関士が排気音で速度観測を誤り、遅延が発生するのが主な理由であったが、慣れるにしたがって問題は解消していった。

　このC53は1928年11月に京都駅で8列車を牽引中、前にも後へも進まないという珍現象が起こった。機関車を点検しても何の異常もない、救援の手配をしようとしていた矢先、何のはずみか、起動し米原まで何の異常もなく運転できた。8列車は米原まで全駅通過であったが、同機を復路の7列車に充当する事が気がかりでならなかった。翌日7列車で再び起動不能になってはと、米原発車時、機関手に急激に加減弁（蒸気をシリンダーに供給・遮断を司る弁）を急激に引くよう指示したところ、大きな衝撃で、食堂車の食器の多くが転倒

し、折から食事中の小川平吉鐵道大臣以下多くの人たちの衣服をすっかり汚し、大臣はじめ乗客に詫びたことがあった。蒸気機関車は起動時、停止した時のクランク位置次第で牽引力が小さくなり、連結器の緊張状態と重なると出発抵抗が大きく出渋りという起動しにくいことはあるが、2シリンダー機では起動不能は起こりえない。当時、そんなことが起こりえるはずがないという者と、現実に起きた事象を受け止め何らかの理由が存在するという2つの見方があったが、出渋りで処理されてしまったようだ。

その後、1935年4月26日に糸崎で再びC5360が同様の現象で立ち往生したことがあったが、7年前の出来事は忘れ去られていた。だが当時のことを記憶していて、グレスリー式弁装置の3シリンダー機でのみ起こった特有の現象に着目し、その原因究明にあたったのが、1912年亀山機関庫に就職し福知山鉄道管理局長を務め、後に関西総支配人になった今村一郎であった。

今村は、多くの現車実験を重ね、機関車の停まり方次第で牽引力を上回る出発抵抗が存在し、こうしたことが起こることを現車を使って再現し、理論的に解明したが、果して本家イギリスではどうであったのかは不明である。

厄介なC53は名古屋・明石・下関・沼津を初め、各機関庫現場の検修陣の優れた技術力、知恵、そして大きな努力と犠牲によって運転されていた。ドイツでも3シリンダーの機関車は製作されているが、弁装置はグレスリー式を使わずワルシャート式で、かなりの両数が作られているところを見ると、こうしたことは無かったのではないかと思われる。現在もドイツでは趣味の個人、団体が所有する、01[1]・44・58等の3シリンダー機が、時折DBネッツから線路を借りて本線上で定期列車の合間をぬってイベント列車を運転している。

杉山は当時のほとんどの機関車に乗務した経験を持っていたが、特にアメリカから輸入し、C53のモデルになったC52と言う3シリンダーの機関車はすこぶる具合が悪かったということを幾度となく強調していた。またC51は使い良い機関車であったという。名機C51を設計したのは9600の主任設計技師を務めた朝倉希一で、新幹線の父、島秀雄は朝倉希一の門下生、明治・大正・昭和と国鉄時代、技術者としての哲学、人格は確実に受継がれてきた。朝倉希

一の師、島安次郎は「どんな農芸化学の秀才でも実際に野菜を作ればお百姓さんにはかなわない、どうしても理屈だけで行かない学問の弱さがある、そのことを忘れず謙虚であれ」と戒めていたと言われる（要旨：高橋団吉著 新幹線を作った男 138P）。このC51（18900）の性能が優れて居る故、広軌改築は不要だとされたという皮肉な話もあったようだ。C53は、1928年当時最強（1250PS）の機関車で97両製作されたが、1941年、北畠顕正（後の国鉄工作局長になる）設計の、2シリンダーの強力機関車C59（1290PS）が登場してくると、影が薄くなってくる。

超特急「燕」の指導機関手を務め、静岡駐在運輸長を務めた、1901年生まれの杉本源六から聞いた話だが、C53は保守に手間がかかり、戦後部品の手配もままならぬ時代、現場では不評であった。機関区にも政治力で力関係があり、終戦後、沼津のような力の強いところは、このC53をいち早く余り政治力のない静岡機関区に追っ払ったという言わば「厄介払い」をしたとの話もしていた。

杉山は二俣線（現在の天竜浜名湖鉄道）の全通にも多大な貢献をした。当時の二俣線は二俣東線と西線に分かれ、遠州森と金指の間は線路は敷設してあったが、列車の運行は無かったが戦争が激しくなり、軍部はもし、東海道本線が爆撃されると、輸送に多大な支障が出るとして、掛川から新所原（豊橋）まで浜名湖の北側を迂回する線（軍用線と呼ばれた）を全通させるようにした。

そして、その試運転を命ぜられたのが杉山で、8620を使って二往復の試運転が計画された。杉菜の生い茂った何も見えない線路上を走り、機関車が通過した後に線路が姿を現すという状態であった。当初、二往復やる計画が、一往復で良しとされた。杉山は日夜添乗指導に当たったが「当時の沿線の方々の喜びようは何とも表現のしようもないもので、ホームにござを敷き正座し列車を待っていた人たちも多く居り、敷地の駅では年配の婦人が客車の窓ガラスをしきりに撫でていた様を今もはっきり思い出す」と、当時を懐かしんでいた。そして、当時の慣らし運転には無料で乗せたという。機関士は美濃太田、名古屋、高山、遠くは敦賀からも集められたが、多くの優秀な機関士も兵士として駆り

出され、二俣線に集められた機関士は余り出来のいい人は来なかった。言ってみれば、自分の職場には優秀な機関士を残し、いわば「厄介払い」とも思われることも折に触れ行われたようだが、こうした厄介払いはその後もずっと、各所で行われていた。

杉山の後輩で、遠江二俣機関区から転勤して来た竹尾要一からも色々な話を聞いたが、1979年コロンビアレコードから発売された、名機関士の実録談「動輪」のライナーノートに竹尾の興味深い名文が記載されている。二俣線の蒸気機関車最終運転日1971年3月31日、C58200の牽引するさよなら列車で蒸気機関車の運転に終止符を打ったが、この列車の機関士 藤田善雄はその日が定年退職の日で、同乗の機関助士は息子の藤田俊一と言う演出が花を添えた。当日は杉山も出席してこの光景を懐かしげに見ていた。

図1-8　二俣線のさよなら蒸気機関車

1.1.5　超特急・燕

1920年代不況に見舞われた日本、国鉄もその例外でなく、1928年から乗客の落ち込みが大きくなり、起死回生の策を色々練っていた。1929年7月1日鉄道省、運転局、運転課長に就任した結城弘毅は東京〜大阪間を8時間で運転すると豪語した。当時の東海道線は現在の御殿場線を経由で、箱根越えは大きな難関であった。一部には高速運転には強度不足の37kg軌条も残っていて、保線はとても無理だと反対し、今まで無かった速度制限標識があちこちに立てられた話を杉本元六から聞いた。

1929年12月4日に品川機関庫の宮廷機関手（お召列車の機関手）梶山慶三・田口清八、両機関手による、「超特急・燕」の試運転が行われ、コップに水を入れての振動試験等も行われた。そして、1930年7月3日超特急「燕」の公

式試運転が行われ、抽選で旅客を公募したところ、約 12,000 人の応募があり、そのうち 300 人が選ばれた。中には当時の松竹蒲田の女優もいたという。「燕」の 8 時間運転については、データを集めて多くを検討したのではなく、俺の直感はよく当たるという、結城弘毅の直感で 8 時間と決めたと言われるが、実はかなり豊富な見識の持主であった。試運転の責任者である結城弘毅はこの試運転列車にウイスキーの角瓶を持って乗り込み、片隅で居眠りをしていた。結城が居眠りをしているくらいだから問題ないだろうと一同安心したという。

1930 年 10 月 1 日超特急「燕」が運転開始、超特急「燕」は東京〜名古屋間、途中箱根越えの後部補機連結のため、国府津で 30 秒停車以外は名古屋まで無停車、補機の切り離しは運転中行われた。当初、この補機を走行中に連結しようとする試みもあったが、トラブルもあり、余りにも危険だと言うので、国府津 30 秒停車になったと言う。この超特急「燕」は、東京〜神戸を 9 時間で走破し、運転時間を今までの特急列車より 2 時間 40 分も短縮、*表定速度 68.2km/h になった。戦後、1954 年に復活した特急「平和」の表定速度が熱海経由でも 62.1km/h であったことからも、御殿場(箱根峠)越えでのこの速度が如何に驚異的なものであったか理解できよう。

牽引機は沼津機関区の C51 で、C51171. 208. 247. 248. 249. が充当され、補機には C53 が充当された。が補機の運転も超特急の乗務員が当たり、補機は本務機に楽をさせるために最大の馬力を出したという。排気の回数は動輪一回転で 2 シリンダー機は 4 回だが C53 は 3 シリンダー機で 6 回あるためブラスト音はボッボ・ボッボ・ボッボ・ボッボではなくガーガーガーガーだったという。

*表定速度=距離を停車時分も含めた運転時間で除したもの

「燕」の機関手は名古屋以東を沼津機関区と名古屋機関区が担当、沼津機関区の機関手には市川猶吉、猪原平次郎、加藤文次郎、長井弘一、長橋鉄太郎、下山誠四郎、中山松蔵。機関助手には石脇岩吉、大久保金作、大川久磨、加藤正、佐藤孝、山本嘉雄、橋本健次郎、島沢明、芹沢一夫、指導機関手には、杉本元六、一杉甚五郎、大嶽林作、長島勉作の諸氏があたった(名古屋機関区の資料がないため沼津区についてのみ記した)。また、名古屋まで無停車のため、

缶水の不足を補うため、色々なことを試みたが、結局、機関車の次に水槽車を連結車することで解決したがその水槽車設計に島秀雄も関わった。

1930年10月1日初日の超特急「燕」は市川猶吉機関手、石脇岩吉、山本嘉雄両機関助手に杉本源六指導機関手添乗で東京を定時発車した。機関車にはお召列車の機関車同様に機関士の氏名札入れが設けてあった。

つばめの運転は大成功で、連日満員であった。当時超特急「燕」の運転に当たった猪原平次郎は「列車自体は軽いので運転は楽だったが、何せ高速で運転するのに軌条の強度も十分でなく、転轍器上や曲線を通過する時は怖いこともあった」という。また杉本源六は「東京発のつばめのブラストのすさまじい音はビルに反響し、それは物凄いものであった」と当時を回想していた。

超特急つばめは名古屋まで無停車のため、機関車乗務員は運転中に曲芸まがいの交代をした。三島（現在の下土狩）を過ぎると、先頭客車に便乗していた名古屋機関区の乗務員が、客車から水槽車に乗り移り手すりを伝って歩行、その後、テンダーによじ登り交代、代わりに、沼津の乗務員はテンダーから水槽車を伝って客車に行き、名古屋まで便乗したという。今では考えられないことをしていた。特に数の強い日などは、帽子が飛ばされないよう手拭いで頬かむりしたりして、かなり怖いこともあったという。1903年生まれで、当時指導機関手をしていた一杉甚五郎は「我々も若かったからできた。当時、超特急組には年配者は当てなかった」と話していた。また超特急「燕」はすべてが順調と言う訳でもなかった。ある日、C51208が大森を通過する頃、異臭があり、よく観察すると、動輪の軸受けから発煙していた。機関手は猪原平次郎で、一杉甚五郎が指導機関手として添乗していた。一杉は油さしを持って走行中の機関車の軸受けに給油しようとしたが、中々巧く行かず、給油と同時に即白煙になり、とても受け付ける状態ではなかったという（これは今では想像できない極めて危険な作業である）。

そして、この機関車は名古屋まで運転不能と判断し、沼津での機関車交換を機関庫に要請する投げ文を行った（機関車に筒が積んであり、通信文を書いて通過駅で駅員に投げる）。そして、国府津でも駅の助役に念を押し、猪原機関

手に細心の注意をはらいながら早着を依頼した。当日、沼津機関区では、点検中でバラしている機関車C51247をすぐさま組み上げ、待機した。この機関車交換は杉本源六指導機関手が担当したが、凄い勢いで煽って来るので、激突するのではないかとハラハラしながら見ていた。しかし、連結する時は連結器の鎖錠ピンがコトリと落ちるかすかな音で素早く連結し、駅の作業も機敏で沼津を定時に発車していった。また、超特急は死傷事故は一件も無しと言われているが実際にはあったという。杉本源六は当時を回想し「思えばずいぶん無理をした、今じゃとてもあんなことはできませんよ。西から結城さんと言う人が来て、私にしてみれば、やらされたと思ってますよ」とも話していた。当時の話は前述の「動輪」と言うレコードに記録されているから、すでにお聴きの方も居られると思う。つばめはその後も好評で、それに応えて、1931年12月25日臨時つばめ（当時［臨つば］と呼ばれた）が運転され、静岡停車となり、やがて、曲芸のような運転中の交代はなくなった。

ここに大正元年、沼津機関区に就職した、黎明期の元「燕」の機関士猪原平次郎の辞令をお示しする。大正元年に帝国鉄道庁就職、日給35銭であったことや大正9年当時、機関士の月給は56円と（山手線初乗り5銭・東京〜大阪の運賃5円95銭）かなりの高給であったことも興味深い。

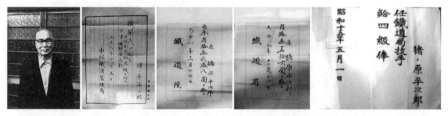

図1-9 「燕」の機関士猪原平次郎とその辞令、大正元年就職、帝国鉄道庁→鉄道院→鉄道省と移り変わる。

22　第1章　新幹線前史―在来線の発展―

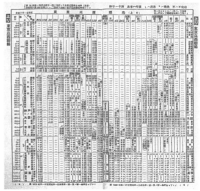

図1-10　「燕」の時刻表 日本交通公社発行 時刻表復刻版より

図1-11　燕を引くC51247、炭水車の後に水槽車ミキが連結されている

図1-12　箱根越えのC53補機
（提供：杉本元六）

　この、超特急「燕」の運転中交代するスタイルは、1958年11月に運転を開始した電車特急「こだま」にも受け継がれた。

　蒸気機関車牽引の燕の話は、沼津機関区で当時つばめに携わった方が書いた、ガリ版刷りの超特急物語という冊子があり、私はかなり前に、沼津機関区から新幹線に転勤してきた芹沢良光からコピーを頂いていた。沼津機関区百年史にも掲載され、その後、鉄道趣味誌にも掲載された。

　蒸気機関車の乗務員には不健康加算と言って、勤続年数を割り増しする制度があり、年金も増額されていた。

1.1 在来線のはじまり 23

図 1-13 沼津機関区に伝わる超特急物語

図 1-14 C51

図 1-15 電化寸前 C6230 牽引の特急「つばめ」

図 1-16 特急「つばめ」の展望車

機関士の退職後の寿命は五年だなどと言われていたが、それでも機関士と言う職業は多くの男たちを魅了した。

「つばめ」の成功と裏腹に当時の不況はひどいもので、浜口内閣の下、公務員の賃金の引き下げ、いわゆる「官吏減俸令」が 1929 年 10 月 15 日に発表され、これに猛反発をしたのが鉄道省と司法省であった。今まで散々、政治に翻弄され、そのお陰で薄給に我慢させられてきた鉄道省の怒りが一気に爆発した。局長（総裁）以下、216,000 人全職員が怒りの辞表を提出し、政府は 10 月 22 日閣議でこの減俸案を撤回する。1931 年 4 月発足した若槻内閣で井上準之助 蔵相・安達謙蔵 内相・江木 翼 鉄相が協議の結果月俸 100 円以上の者の俸給最大 2 割減とし辞表を取り下げ、6 月 1 日に実施した。しかし「超特急燕」の生みの親、結城弘毅だけは減俸に怒り、減俸は私の性に合いませんと言って久保田

運輸局長に出した辞表を撤回せず、「燕」運転開始後、僅か7ヶ月で国鉄を去った後、満鉄に移り、アジア号の運転にも寄与した。結城弘毅は、豪傑で変人奇人の類であったが、彼の能力を見抜いていた当時の東鉄の局長、久保田敬一が本省の運輸局長になると、彼を本省の運転課長に抜擢した。結城は戦後帰国し、1956年3月14日東京に移り住み78歳で静かに息を引きとった。当時は、上に立つ者の多くが社会的な使命感を持ち、働く者たちに愛情を注ぎ、人を見る目を持って人を育てていた。運転職場ではゴマスリ・タレコミの類は恥とされ、それが国鉄時代の運転職場の道徳となり、多くの上司もそれらに耳を貸さず、そうした人間は軽蔑された。そして長年、個人個人と接し続けてきた叩き上げの管理者が、すべての人間の能力、性格を把握していた。特に機関区では機関士、機関助士にはそれらを最大限に考慮して指導助役が乗り組み、勤務割りを作っていた。世相も今のように弱者同士が足の引っ張り合いをするようなこともなく、皆が優しく、今日のようにマスコミが些細なことを大騒ぎし、一般の弱者を叩くようなことも今ほど酷くはない、おおらかな時代であった。

　1934年9月1日丹那トンネルが開通すると東海道本線は熱海経由になり沼津まで電気機関車牽引になり、つばめの表定速度も69.6km/hになった。御殿場経由の旧東海道本線はローカル線の御殿場線になる。沼津機関区百年史によれば、電化された沼津機関区では東京、国府津からから電気機関車運転手が転入してきて、蒸気の乗務員は水戸、高崎、千葉へと転勤を余儀なくされた人たちがいた。機関手と言う職名は1936年9月1日の職制改正で機関士に、機関助手は機関助士に改められ、電気機関車運転手は電気機関士に改められた。

　1943年5月15日、山北機関区が廃止・閉区になり、転勤を余儀なくされ、品川地区には多くの人たちが転勤してきた。私が田町電車区に勤務している時にも多くの御殿場線（通称山線）通勤者が居た。ダイヤ改正で一番先にスジを引くのがヤマ線の920列車（御殿場線直通の東京行き）でこれが動かないと東海道が止まると言われた位であった。新幹線で品川構内の入換勤務の折、山北機関区から水戸に転勤になった機関士のOBの方から当時の話を聞いたことがあった。

1.1.6 電気機関車の輸入と使用の拡大

電気機関車の歴史は 1912 年横川～軽井沢のアプト式区間で始まるが、そのため 12 両の電気機関車をドイツの AEG（Allgemeine Elektricitäts-Gesellschaft（アルゲマイネ・エレクトリツィテート・ゲゼルシャフト）社から輸入し大宮工場で整備したが、島 安次郎はドイツに滞在し、技師・佐野清風を AEG に派遣し、学ばせている。1910 年 8 月に起こった大水害で資材の輸送に支障を来たした上、物価の高騰、労働者の病気や離散で工事はかなり遅れた。翌 1911 年 10 月に横川電車区の勝屋平三郎と軽井沢の多田清策の両氏が、技師・佐野清風と AEG から派遣された技師・クレーリングの指導を受けて、蒸気の機関手に電機の転換教育を行い試運転を行ったが、この試運転が 7ヶ月にもおよんだため永久試運転などと悪口も言われた。1912 年 5 月 11 日一部の列車を電機牽引にしたが、電気機関車の製造技術も保守技術も未熟と不慣れで、トラブルが多く、全面的に電気機関車牽引とは行かず、蒸気機関車もかなり充当せざるを得なかった。また、66.7‰と言う急勾配のためにピフという暖房車も兼ねたピニオンブレーキ車を連結していた。1918 年 3 月 7 日、熊の平～軽井沢にて貨物列車が機関車故障で逆走し、熊の平構内で脱線転覆、ピフの助手・車掌・地上の転轍手即死、本務運転手は重傷後死亡し、一方上り損いの機関車が逆行し高速度でバインド線（電機子のコイルが遠心力で飛び出さないようにワニスで固めた上更に外周から止める針金）が切れ、モーターの電機子が目茶苦茶で回転不能になり、それがブレーキになって更なる惨事に至らなかったこともあった。第一次世界大戦の影響で信越本線の輸送力の増強が求められるのだが、当時、EE 社（イングリッシュ・エレクトリック社）は、しきりにアプト式電気機関車の売り込みをかけて来た。時の工作局長、島安次郎はそれを拒否し、国産によることとする。しかし、国内には電気機関車を製造できる会社はなく、1919 年国鉄 大宮工場で製作することになり、工作局車両設計課の技師で、名機 18900（C51）の設計者である朝倉希一がその設計を担当し、1922 年までに 14 両の ED40 を製造する。ED40 はラック用電動機 1 台、粘着用電動機 1 台で

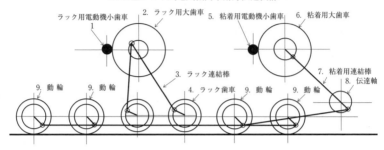
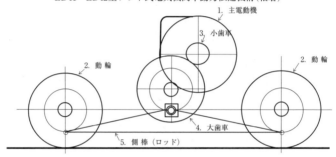
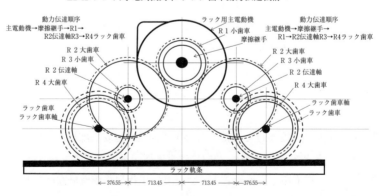

図 1-17　動力伝達機構

ロッドによって4軸の動輪を駆動していた。

その後、スイスのブラウンボベリー社から二両のアプト式電気機関車 ED41 を輸入したが、この機関車は粘着用電動機を二個装備し、ロッドを使って四軸の動輪を駆動する方式で、これをモデルに ED42 を製作した。ヨーロッパでは丸ハンドルの主幹制御器（マスコン）が多かったが、その影響からか、ED42 に使用されたマスコン MC8 は丸ハンドルを採用し主ハンドルは直列9段（9ノッチ）・渡り二段（選択不可）並列5段（5ノッチ）であった。MC8 マスコンは普通の電気機関車の主ハンドル、逆転ハンドルの他に、組み合わせハンドルがあり、粘着力行・粘着電制・ラック準備（ラック区間に入る前に予めラック電動機を回転させておく）・ラック力行・ラック電制の位置があった。粘着力行では14ノッチすべてが使用できたが、粘着準備（アプト式区間進入前で予めラック電動機を回転させておく）は4ノッチまで、電制時は粘着、ラック共に9ノッチ以上は扱えないように機械的なロック装置があり、また、主ハンドルが4ノッチまでの間は組合わせハンドルは自由に操作することができた。

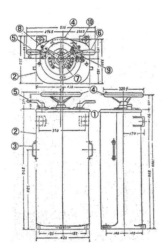

① 主幹制御器組立
② 主幹制御器カバー
③ 主幹制御器カバー把手
④ 速度制御主ハンドル
⑤ 逆転ハンドル
⑥ 組合わせハンドル
⑦ 主幹制御器ノッチ位置 銘板
⑧ 逆転ハンドル位置 銘板
⑨ 組合わせハンドル位置 銘板
⑩ 主幹制御器取付台

図 1-18　ED42 の主幹制御器 MC-8
　　　　（出典：田中隆三著 電気機関車工学）

図 1-19　ED42

28　第1章　新幹線前史―在来線の発展―

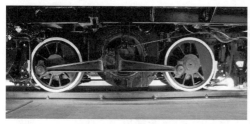

図1-20　ED42駆動装置　　　図1-21　ラックギヤ

　ED42の主回路の切換えは次頁の通りである。

　1936年6月、電力回生制動試験を行ったが、変電区の回転変流器が逆流に対する整流不良を起こし、使用できなかった。

　1950年当時は戦争の影響が完全に払拭されておらず、電力事情も悪く、東海道本線すら電圧降下があった。横川・軽井沢間も電圧降下が甚だしく下り列車では540V無いと定時運転できないにもかかわらず1月～8月では最高でも525V、ひどい時には300Vと半分になっていた。よって9月20・21日、供給電圧の昇圧試験を行い下り690～520V・上り700～550Vを示した。1950年11月、ED42型一編成（4両重連）で再び回生制動の試験を開始した。当時の記録によると、ED42、28両の改造費に210万円を要するが、20％回生可能とすると年間547万円の節減ができ、元が取れると記されている。

　1951年度4両、翌年度に残り23両、系28両全部に電力回生制動装置を付けることになったが、この改造工事は民間から部品を購入し、大宮工場で行われた。1953年4月1日から全列車、電力回生制動を使用開始したが、購入電気料金が28％の節約になり、改修費用の回収も当初より短縮できた。

　国鉄ではアブト式は過去のものになってしまったが、歴史の1ページとして意味があると思い、残された資料をもとにアブト式について触れた。旧、横川機関区跡地に、記念すべきアブト式電気機関車が保管されている。

　1914年12月20日東京駅が開業する。1914年12月18日、京浜線が電車運転を始めるや故障が続出し、お偉いさんが大勢乗った祝賀電車が立ち往生し大恥をかいた。電車はすべて即運休、翌年5月10日まで、運転できず鉄道省は

1.1 在来線のはじまり

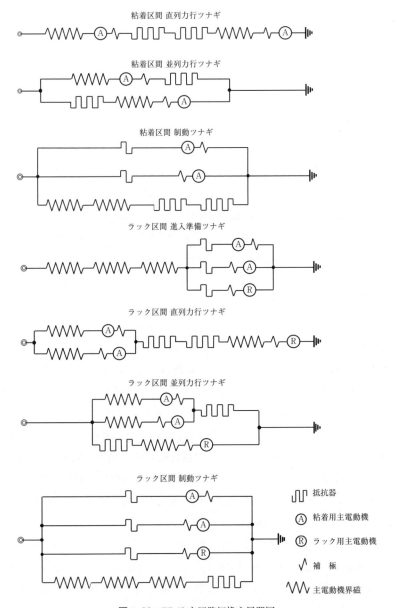

図 1-22　ED42 主回路切換え展開図

新聞に異例の謝罪広告を出した。時の総裁、仙石貢は激怒し最高技術総統括石丸重美を首にする。その時の副総裁、古川阪次郎は減俸処分、古川は一切の責任は功を焦った自分にある。すべて自分が悪いのであって誰にも責任はないと言いきった。しかし首を切られた石丸重美は恨みを持ち「いつか復帰してやると」言い、後に政友会にすり寄り、用がなくても原敬を訪問し、近づき鉄道院復帰工作を行った。その工作の甲斐あって鉄道院に返り咲き、後に古川阪次郎を辞職に追い込むというえげつない報復を行った。

　1919年7月11日閣議で石炭節約が決定し、同年7月31日鉄道電化調査会が設置される。1921年東海道本線電化実行特別委員会が設けられ、1928年竣工予定で協賛され、鉄道省は1922年9月、東京〜小田原の工事に着手したが、翌年9月1日関東大震災で一部完成した電力設備は既存の設備と共に大きな被害を受け電化計画は一時中断した。当時、我が国では電気機関車を製造する力がなく、輸入に頼らざるを得なかった。そして、米国のWH（ウエスティングハウス）・GE（ゼネラルエレクトリック）・スイスのBBC（ブラウンボベリー）・ドイツのボルジッヒ＋S・S（ジーメンス・シェルケット）・イギリスのMV（メトロポリタン・ヴィッカース）・EE（イングランドエレクトリック）から、電気機関車を輸入した。WH・GE・BBCは技術に定評があった。しかし、我が国は軍縮をめぐってイギリス・アメリカと対立し、日英関係が微妙になり、政府は国鉄に何の相談もなく、イギリスのご機嫌取りに政治上の交渉で1922年6月、勝手にEE社に34両の電気機関車を発注した。電気機関車が走っていないイギリス製EE（通称デッカー）の電気機関車は故障・事故が続出し、多額の修理費用を必要とし、電化にも支障を来たし、電化に疑問さえ持たれた。特にデッカー社の機関車は主電動機の閃絡事故がやたらに多く、蒸気機関車に比較して10倍の故障率を示した。

　小田急電鉄でSE車の運転にも尽力された山本利三郎が6005（ED52→ED17）の故障調査中に感電事故に会い重傷を負ったこともあった。F型電気機関車は主電動機を①直列②直並列③並列と切換え主抵抗器を組み併せて速度制御をする（輸入当時ED56はD型でも直並列制御が可能であった）。

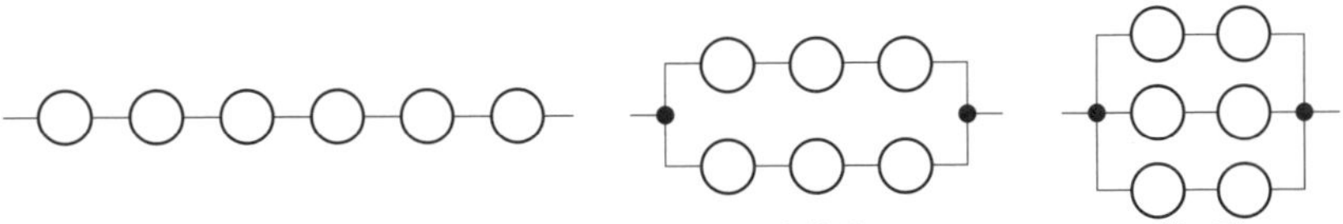

1.1 在来線のはじまり

直　列　　　　　　直並列　　　　　　並　列

図 1-23 回路図

　8000（後の EF50）は F 型にも関わらず、直並列制御ができず、＊カム軸接触器のシャフトが撓んで、カムが巧く動作しなかった。旧型電気機関車では電流計を見ながらノッチを進めてゆく（主電動機電圧を上げていく）が、電圧降下や均衡速度の選択で、時にはノッチを戻す操作も必要になるが、他のすべての電気機関車でできる戻しノッチもこの機関車はできず故障が続出した。1ノッチでも戻すと即 OFF になり接触器に過大電流が流れ、機器が焼損したり、機械的に一挙に牽引力がなくなるので、大歯車の欠損事故をしばしばひき起こした他にも補助回転機の故障やヒューズの爆発もあった。EE は路面電車や私鉄電車では好評であったが、電気機関車では製造経験に乏しかった。そのせいか熟練技術者も少なく、受注した電気機関車に対し技師の派遣もなく、鉄道省の要求で送ってきた指導書も内容が貧弱で役に立たなかった。アプト式の機関車導入に際し、EE から多く働き掛けを断った島安次郎はこのことをすでに見通していたのではあるまいか。デッカー社の電気機関車が不出来であったため、国鉄は独自に問題を克服せねばならず、お陰で我が国の電気機関車技術は飛躍的に進歩した。EF50 は（EF501・EF502・EF503・EF504・EF507）

図 1-24 EE 製の EF50

　＊カム軸接触器＝凹凸のあるカムを軸上に配置し回転させ、凹凸により梃子作用で電気接点を開閉する装置、34 ページ写真参照。

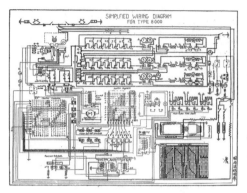 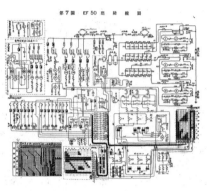

図 1-25 輸入当時の 8000（後の EF50）の結線図（提供：小林康三氏）　　図 1-26 後年国鉄が見やすく書きなおした EF50 の結線図（提供：小林康三氏）

五両が高崎線に投入され、出来が悪かった割に国鉄現場技術陣の熱意と努力のお陰で結構長命な機関車になった。

1.1.7　Buchli（ブッフリ）式駆動装置

　一方、スイスから輸入した 7000（後の ED54）は高性能で、無故障を誇る電装品を装備し、従来用いられている構造が簡単な釣り掛け方式と異なり、複雑なブッフリ駆動式を採用していた。ブッフリ式駆動装置は 1918 年頃スイス SLM の技師ヤコブ・ブッフリ（Jakob Buchli（1876 年 3 月 4 日〜1945 年 4 月 1 日））が考案した特殊な駆動装置で、機関車内に大きな主電動機を積み込み、特殊なリンク機構で車輪に動力を伝えるもので、ばね下重量が軽く軌道に与える悪影響も少ない上、乗り心地にも優れた機関車で、機関士にも好評であり、当時機関士であった大先輩は「大井町の 10‰ を 95km/h 上れるのはデゴヨンだけだったよ」と話していた。日本では馴染の少ない方式なのだった。

　ED54 の動輪配置は 1D1 に見えるが、先輪と第一動輪が一体化され 1ABA1 である。ヨーロッパではスイス・ドイツ・フランスで、ブッフリ式駆動はかなり用いられたが、当時、我が国の国鉄検修陣の技量未熟で保守ができず、宝の持ち腐れで、早期に休車になり、戦後も東京機関区に休車として放置されてい

1.1 在来線のはじまり 33

図 1-27 車体に搭載された大型の主電動機

図 1-28 ギヤケース

図 1-29 主電動機を外した状態（SBB Ae3/6）

図 1-30 Antrieb SNCF

図 1-31 ブッフリ駆動部品 SBB Zürich

図 1-32 SBB Ae4/7 の運転室

図 1-33 駆動部分の修理は側板を外す

て、EF50 とは対照的な優れた機関車であった。ある日、電動機の接続を間違え、75％界磁を 25％界磁で走り、やけに速度が出ると思ったこともあったが、それでも故障しなかった。ED54 もカム軸接触器による制御を行っていたが、デッカーとは異なり故障することはなかった。下記に ED54 の当時の結線図と、スイスの機関車（*SBB のクロコダイル Be6/8 Ce6/8）に使用されていたカム軸接触器の写真を示す。

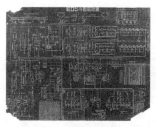  

図 1-34　ED54 結線図　　　図 1-35　カム軸接触器　　　図 1-36　カム軸接触器高圧側
　　　　（提供：小林康三）　　　　　　制御側

　当時東京機関区に勤務していて、新幹線に来た大先輩は休車中の ED54 の中を見たが、スイッチ類はガラスの扉が付いた配電盤にきちんと納められ、これが大先輩から聞いていたブラウンボベリーかと感心した。ED54 は大宮工場に長く保管されていたが、残念ながら歴史的にも価値あるこの機関車は新幹線開業の年 1964 年 2 月に解体されてしまった。解体中の写真を見るとブッフリーの構造が良く解る。
　ブラウンボベリーからは、ED12 も 2 両輸入したが、従来の方式なので、その後も使われ、やがて、西武鉄道に売却され、ED10 も西武鉄道に売却されている。
　また、WH の ED19、EF51 は優れた機関車で、日本の電気機関車製造に大いに役立った。この機関車の制御回路は 32V が用いられ、直列、直並列最終

＊SBB（Schweizerische Bundesbahn）＝スイス国鉄　SLM（Schweizerische Lokomotiv-und Maschinenfabrik Winterthur）スイス機関車・機械製作所ヴィンタートゥア

1.1 在来線のはじまり　35

図1-37　東京機関区で休車中のED542
　　　　（撮影：滝沢匡）

図1-38　解体中のED54
　　　　（撮影：滝沢匡）

図1-39　ED54のギヤケース
　　　　（撮影：滝沢匡）

図1-40　解体中にギヤケースを撤去した
　　　　ところ（撮影：滝沢匡）

図1-41　ドイツからも2両のED24電気機関
　　　　車が輸入された

図1-42　西武鉄道で活躍したブラウンボベリー
　　　　製のED12

段に2段の弱め界磁制御が付いていた。当時の電気機関車のデータを記すことにする。

輸入電気機関車のノッチはEEのEF50が直列9段・並列6段・弱め界磁2段。WHのEF51は直列13段・直並列7段・並列5段でそれぞれの最終ノッチ2段は弱め界磁であった。D型ではEEのED17は直列9段・並列6段・弱め界磁2段。WHのED19は直列13段・並列10段で、EF51同様、直列と並列の最終の2ノッチは弱め界磁であった。

図1-43 ドイツ製ED24のメーカーズプレート

表1-1 機関車の値段

形式		製作会社		両数	用途	1時間出力	整備重量	最高速度	契約年	単価円	関税
旧称号	改正	電気	機械								
1000	ED10	WH	BL	2	貨物	4×200	56.48		1921.10	181728	共
1010	ED11	GE	GE	2		4×205	59.60	65	1921.11	180000	
1020	ED12	BBC	SWF	2		4×225	59.22		1922.11	186200	
1030	ED13		PW	2		4×210	60.40		1921.08	176212	
1040	ED50	EE	NBL	17	地客	4×210	58.32	75	1922.06	144328.8	別
6000	ED51			9		4×210	56.60	85	1922.06	144328.8	
8000	EF50			8	急客	6×210	97.00	95	1922.06	237258	
1060	ED14	GE	GE	4	貨物	4×240	59.97	65		89590	
6010	ED53	WH	BL	6	地客	4×205	68.32		1924.06	106206	共
8010	EF51		BL	2	急客	6×205	84.32	95		290294.4	
7000	ED54	BBC	SLF	2		4×375	78.05			116983	
1070	ED15	日立	日立	3	貨物	4×210	58.12	65	1925.12	150000	
10040	ED41	BBC	SLF	2	アプト	3×180	56.85	25/18	1924.06	240078	無 し
	ED56	BBC	MV	1	地客	4×225	59.85			120090	
	ED57	SS	BG	2		4×227.5	60.90	85	1927.12	121780	無 し
	EF52	国産	国産	7	直客	6×225	108.00	95	1927.05	200000	

BBC=Brown Boveri・BG=Borsig・BL=Baldwin・EE=Englisch Ereckric (Dick Kerr)・GE=General Elektric・
MV=Metropolitan Vickers・NBL=NorthBritisch Locomotive・PW=Pekett & Sons Atlas Works・
SLM=Schweizerische Lokomotiv-und Maschinenfabrik・SWS=Schweiz Wagon und Aufzügefablik AG, Schlieren・
WH=Westinghous
※参考 1923年 山手線初乗り=5銭 東京～大阪 3等運賃=5円95銭

　その後、欧米に派遣した民間会社の技師が、電気機関車製造の技術を習得し、国鉄の車両課長 朝倉希一は国産電気機関車の増備計画を立て、民間会社と共同で電気機関車の設計に乗り出し、省型（鉄道省設計規格・鉄道省型）の本格

的なF型電気機関車EF52の共同設計に着手する。当時は現場からも設計会議に出席していて、東京機関庫からの要求で、直列12段、直並列8段、並列6段、弱め界磁2段の計28ノッチに定めた。

その後、省型電気機関車EF10・12・53・55・56・57は直列11段、直並列7段、並列5段、弱め界磁2

図1-44　国産初の大型電気機関車EF52

段の25ノッチになる。EF12の中には弱め界磁がなく、*マスコンの24・25ノッチを扱えないように機械的にロックしているものもあった。EF13は直列9段・直並列5段・並列4段の18段で弱め界磁制御はなかった。D型ではED16が直列10段・並列8段・弱め界磁2段制御になる。一時期ED16の旅客列車版、ED55も検討されたが実現しなかった。

*マスコン＝（master controller）マスターコントローラー＝主幹制御器・加速（時には電気制動）を司る主要機器。

1.2　戦前・戦後の国鉄

1.2.1　石炭事情

1936年当時の石炭事情は国内の出炭量は4100万トンで、世界五位を占め90％を充たしていたが、需要は4400万トン、不足分は朝鮮、台湾、樺太からの輸入で賄われており、全石炭消費量のうちの約10％の400万トンを国鉄が使用していた。戦争がたけなわになり、栄光の特急「つばめ」も1943年10月1日で廃止に追い込まれる。終戦間際から、国内の出炭量は、熟練労働者が兵役に駆り出され、未熟練労働者の増加、資材不足、材質不良、輸送手段の疲弊、資金難（戦後のインフレは1945年に10銭であった山手線の初乗り運賃が1947年1月に50銭と5倍に、半年後の7月には1円と10倍に、1951年11月

には10円と100倍になった）で、戦後の日本の産業再建に必要とされる最低の出炭量3000万トンにもおよばない中、石炭も発熱量も少ない劣悪なものが多く、国鉄の石炭使用量は増大し、実に740万トンと、国内総生産量の26％をも占めていた。蒸気機関車の炭水車には（C57、D51等）12トンの石炭を搭載できるが、発熱量が著しく低いために、必要な蒸気を確保するため、投炭量も著しく増え、食料もままならない中、栄養失調状態の彼らの焚火作業は、過酷を極め、まさに国鉄伝統の責任感・使命感そして誇りのみに支えられたものであった。中には15歳の機関助士も居て、石炭を使い果たし、空っぽのテンダーでやっとの思いで機関区にたどり着いたという話は幾人かの人から又聞きも含めて聞いた。蒸気機関車は、燃えカスが溜まってくると、罐替えと言って、燃えカスを捨て火床を薄くし、燃焼効率を上げる作業があり、途中で指定された駅に罐替え設備があるが、発熱量の少ない石炭では投炭量が増え罐が厚くなりそこまでもたないため、本来やってはいけない、走行中に罐替えをせざるを得ないこともあった。終戦直後、復興の要は鉄道輸送に在り、鉄道省の予算は国家予算の一割を使い、その内の20％は石炭費であった。

　第二次世界大戦の最中は多くの成人男子が戦場に駆り出されその留守を預かり、国鉄輸送の第一線、を支えたのは多くの若者であった。当時は機関士18歳、機関助士15歳などと言う「青少年」が動かす列車が沢山走り、こうした人たちが多くの旅客の生命財産を預かり、身を賭して乗客を空襲から守るため、必死に奮闘していた。艦載機の機銃掃射は機関車を狙い死傷した人たちもかなりいた。運転と言うのは想定外のことが起こるものであるが、戦時中はまさにその連続であった。戦後も車両や設備の荒廃が酷く想定外の連続で、運転と言う業務には想定外のことが常に起りうる危険をはらんでいる。運転職場では、頭でっかちのマニュアル人間ではとても対応できないどころか、その指揮に任せていたら大きな惨劇を生むであろう。当時の動力車乗務員には特別の訓練を施せるような状況になく、彼等の能力を信じ、それに一任せざるを得ない状況下にあった。それでも何とかなったのは年功序列社会に在って、親や先輩や社会全体から道徳、人の道を説かれていたことが功を奏したのではないかと思う。

1.2 戦前・戦後の国鉄

戦争末期、1944年1月28日疎開輸送本部が設置され、都市防衛のもと火災による延焼防止と言うことで多くの家が取り壊され、疎開も行われその輸送も国鉄に大きな使命としてのしかかる。東京の人口は603万8280人、必要な残留人口152万5085人を残して451万3192人を避難させる計画が決まる。疎開は遠距離疎開と近距離疎開に分けられる。東京地区の遠距離疎開向け（東北常磐・東海道・上信越北陸方面）疎開の平常の輸送力が日58,062人のところ、480186人を輸送するが、200%乗車として東北常磐3日、東海道4日、上信越北陸7日の日数を要する。また、学童疎開も縁故疎開と集団疎開に分けられ、東京都を例に挙げると縁故疎開334,570人・集団疎開459,818人・残留217,609人、794,388人の輸送も国鉄が行わなければならなかった。（要旨：国鉄100年史）

終戦間近の日本は制空権も奪われ、東京大空襲を初め、あちこちで艦載機の攻撃を受けて居た。

1945年2月16日中央線の浅川（現高尾）～与瀬（現相模湖）でED16 7牽引の419列車が米軍艦載機の無差別攻撃、機銃掃射を受け、民間人49人（一説には65人）が犠牲になるという惨劇があった。いわゆる湯の花トンネル事件である。

特に機関車が激しく攻撃され、架線が切れて停電したことも被害を拡大させた。何の罪もない善良な一般市民の乗る列車を繰り返し銃撃するという蛮行は如何に戦争とは言え、原爆投下や東京大空襲と共に絶対許されない戦時国際法に違反する犯罪である。だが、勝者の蛮行が裁かれることはなかった。戦時下の列車は乗客も乗務員も常に命がけであった。

尊敬する大先輩でもあり、新幹線電車運転士科の同期生でもある親友の渡辺嘉彦は、旧制中学を出て、20歳で八王子機関区の機関士として中央線に乗務しており、湯の花トンネル事件の救援に浅川へ赴いたがC58に牽引されて浅川に着いた列車のその惨状は目を覆うものであったという。

渡辺機関士はある日、ED16で大月から上り列車を担当八王子に進入したところ、場内信号機、出発信号機とも進行（青）を現示していた。八王子駅は停

止定位と言って、通過列車以外、出発信号機は常に停止（赤）であり、そのひとつ手前の場内信号機は注意（黄）を現示しており、列車が停止すると進行を指示する信号に変わるシステムであった。渡辺機関士はとっさに、ただごとでないと判断し、八王子通過を決意した。駅員も行け行けという合図をしており、豊田の山に列車を停止させ、八王子空襲から、多くの人命を救った。当時は的確な判断ができる無名の英雄が幾多存在したか解らない。八王子空襲後の八王子駅の惨状は酷いもので、いたるところに無残な焼死体が多数あったという。

図 1-45　ED16

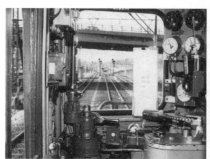

図 1-46　ED16 の運転室

図 1-47　ED16 の機械室（単位スイッチ）

戦時下、1944 年の時刻表には下記の表記があった。

取扱い制限　空襲警報が発令された時は乗車券の発売、荷物の受付、配達、引き取りなどを制限したり中止することがある。

空襲時の運行　空襲時には汽車、電車の乗降を禁止したり、時刻表通り運行しない場合がある。空襲時には列車などの運転状態を一般に発表しないから最寄りの駅の掲示など

で承知されたい。この場合電話の照会には答えないことになっている。

|旅客の行動| 列車内や駅内で空襲をうけた場合には待避やそのほか一切の行動は車掌や駅員などの指示に絶対に従われたい。殊に多数の人の集まりだから落ちついて、あわてず、すばやく行動されたい。

|燈火| 燈火管制は厳重に守られたい又燈火管制下では足元に特に注意されたい。

|車内の待避| 列車進行中空襲の危険ある場合長緩気笛を鳴らして徐行することがある、その時は窓側に手回品や腰掛などを集積し通路寄りで低姿勢をとられたい。又列車が停止しても危険だから車掌の指示までは下車しないで車内で待避されたい。

ここに、戦中尾久機関区で機関士をしていて、新幹線の開業準備委員でもあった、故、北川章が、国労新幹線東京運転所分会の文化誌「幹」に書かれた名文(レコード動輪のライナーノート)を転載させて頂く。

C57 の日々

北川 章(元 尾久機関区機関士 新幹線電車運転士)

縁の太いメガネをかけた色の浅黒い上州生まれのN機関士は、私によく言う。
「おめえにゃ、上越の火焚きはできねえな。尾久だから良いようなものの」
尾久機関区では上野から水戸、高崎、宇都宮までの旅客列車を、主にC57で牽いていた。どの線も割に平坦でトンネルもない。その頃、上越線ではD50で急勾配をよじ登っていた。水戸の泊まりは、駅に近い老夫婦だけの民家で、契約は素泊まり。しかし此処のおばさんは、食糧が乏しくていつも腹ペコの私たちに、さつま芋をよく出してくれた。
「尾久の三曲り」の一人H老機関士はその老婆に
「くせになるから喰わせるな」
その口とは別に眼は
「いつもすみませんね。ほら早く喰えよ」
N、H機関士とも言葉だけでは叱られているように聞こえるが、本当は可愛がってもらった。
若いM機関士は良く質問した。

「このパイプを外すとブレーキはどうなる。」勉強させられたあの人は戦場から二度と帰ってこなかった。

戦争末期になると艦載機が鉄道を狙った。乗務点呼の終わったA機関士は、かぶりもしない鉄兜とガスマスクの入った雑のうをかたにかけ

「きのうは小山駅でS機関士がやられたな。駅間じゃ空襲警報もなしにいきなりバリバリときやがる。家を出る時は水盃だよ」

重い足取りで機関車に向かった。C57のボイラーは16粍の鋼板が使われ、重さは20㌧。乗務員がこの上なく信頼しているそのボイラーを、グラマンの銃弾は苦もなく貫通した。

C57は終戦日も走った。鈴なりの人を乗せて走り続けた。選炭もされていない石混じりの石炭を燃やして。蒸気の洩るガタガタの軀に鞭うって。

戦後復興が一段落し不況になると首切りが始まった。朝鮮戦争の前夜でもあった。若い人から首を切られた。その日の晩、飲めない酒を無理に飲んで蒼白い顔をした小柄な助士のSは

「もう一度機関車に乗りたいよう。」

当直の名札架けをガタガタ揺すり方を震わせて泣いた。

電化と共に蒸気機関車は消えた。蒸気昇りのよかったC57134も、悪かった127も、よく空転したC5560も、流線形のC5538通称「豚のさんぱち」も、出足のよかったC51も、のどかな成田線を走ったC50も、小男の力持ちB6も、今はいない。今蒸気機関車ファンは多い。しかし蒸気機関車と共に過ごしてきた人たちには蒸気機関車ファンは少ないようだ。それは其の楽しさも苦しさも血肉の一部になっていて蒸気機関車を外から見ることができないためかも知れない。

(国労新幹線東京第二運転所分会文化誌〝みき〟より)

また、戦時中は資材不足の上、優れた職人が戦地に赴き技術力低下が著しかった。そうした中で製造された戦時設計の蒸気機関車D52のボイラー破裂事故も何件かあった。終戦間近の1945年8月11日山陽線万富駅を通過中の上り第2旅客列車牽引のD5282のボイラーが破裂、ボイラーの一部は高圧蒸気と高温水の反動でホームに飛んで行き、機関助士が即死した。機関士は重傷を負い、ホームの旅客も負傷した。

そして同年 10 月 19 日東海道線の醒ヶ井で D52209 のボイラーが破裂進行方向と逆向きに飛んでゆき、機関車乗務員 2 名が即死、2 名が重傷を負った。また、同年 12 月 7 日、山陽線の吉永～三石で D52371 のボイラーが破裂、焚口戸から高圧の汽水が噴出し機関車乗務員 2 名が機関車から投げ出され重傷を負ったが、機関車は自然停車の後退行を開始、負傷している機関士が機関車に飛び乗り制動管を開放して列車を停止させた。その後 D52 は缶圧を 1kg/cm 下げ当面乗り切ったが、原因は粗製、材質不良、製作にあたる人の技量不足であることは明らかであった。ボイラー破裂は D51 でもあった。1948 年 3 月 6 日、奥羽本線の白澤～陣場で D511140 のボイラーが破裂し、給水ポンプと空気圧縮機が落下したが、これも材質不良に加えメーカーの工作不良であった。しかし、戦争が終わって 9 年後、1954 年 8 月 30 日、またしても D52 のボイラーが破裂した。東海道本線の山科で、鷹取工場を出場したばかり D52365 のボイラーが破裂した。幸い、死傷者は出なかったが、噴出して蒸気で、付近の青かった稲田は一面茶色に変わったという。しかもその破裂した機関車の機関士・助士とも救援に来た代替え機に乗り換え 30 分ほど遅れで何事もなかったように乗務していった。如何に怪我がなかったとはいえ、一部始終を見ていた、鉄道ファンは、こんな強烈な体験をしながら、職務を全うしていく国鉄魂に驚嘆したという（要旨：湯口 徹著 国鉄時代 NO35）。

　1945 年 8 月 15 日、天皇陛下の玉音放送がラジオから流れた日、勝利を信じていた多くの国民は呆然自失の状態であった。しかし、そうした中でも国鉄は動いていたのである。それは多くの国民に大きな勇気と希望を与えた。1945 年 9 月 2 日降伏文書に調印、第二次世界大戦が無条件降伏で終了した。多くの日本人は軍部の手先になったマスコミに扇動・洗脳され、日本は必ず勝つと信じ続けて戦地に赴いた多くの純粋で優秀な若者を失った。純粋で多くの艱難に耐え「欲しがりません勝までは」と言い、勝利を信じてきた国民にとってはまさに何も信じられない状態であった。職場でも先輩から戦地での悲惨な話を色々聞かせてもらったが中には、なぜ本土決戦をやらぬのかと憤ったことや、少年飛行兵で二回も撃墜され九死に一生を得て、終戦時は上海の陸軍病院にい

たという人、重爆呑龍のパイロットだった人、成人式の時は捕虜だったという人もいた。8月9日、長崎では原爆被爆当日超法規的な救援列車さえ運転されたが、それに携わった中に、弱冠二十歳の長崎機関区の寺井邦人機関士がいた。記録によれば、被爆直後に、汽車の汽笛を聞いて多くの人たちが集まった来たがその人々は見るも無残な大火傷を負った人たちが沢山いて、まさに地獄絵であったという。大混乱の中でも即座に四本の救援列車が運行され、およそ3500人ともいわれる負傷者を諫早・大村・川棚・早岐へと運んだ。二十歳の寺井機関士も、彼の列車を第三号の救援列車に仕立て、乗務や救援に当たったが、負傷者を運ぶ列車であり、無理やり乗ろうとする健常者は、殴ってでも引きずり下ろしたという（参考：長崎原爆資料館）。広島で原爆投下の2日後に列車が動いた記録や、それらからも、国鉄が戦争で疲弊した多くの国民に希望や勇気を与える一助になったことは多くの記述からもうかがえる。

　前記の名越一男の話（参考：上田廣著　驀進）によれば、終戦の混乱期に多くの国鉄職員が戦地に赴き死傷、人手不足を知った、定年退職した多くの機関車乗務員が職場に馳せ参じ「何ダイヤに乗りましょう？」と申し出た。

　米軍はヨーロッパで活躍した鉄道輸送司令部を日本に移注させたが、進駐してみると省線電車は3分間隔で動いているし、日本の国鉄がきちんと機能していることで進駐軍専用の優等車両を接収したり、進駐軍用の列車の運行に口は出しながらも鉄道の統治を国鉄に任せた。

　1946年2月17日、我が国の鉄道発展に大きな功績を残した、島 安次郎が他界。1947年10月4日、日本機械学会で名誉会員、朝倉希一は島 安次郎博士の偉大な功績、徳をしのび追悼演説を行った。

　島 安次郎は22期（1918年）・27期（1923年～1925年）まで幹事長を1924年に法人化した初代会長も務め、朝倉希一も法人化後の9期の会長を務めている。

　戦争で電車の1/4を失い、戦争で電装部品を軍に供出させられ、モーターの無い電動車を機関車が牽引したりしていて、乗り切れない人は屋根にまで乗っていることも多々あった。当時の東京の省線電車の実態について、1949年電

気車の科学に掲載された「省線電車の窮状をどうして打開するか」と題する運転局運行課技官の土田宗作の記事から一部を引用させていただく。

省線電車の窮状をどうして打開するか

　山手線の沿線にある品川・五反田・目黒・渋谷・新宿・高田馬場・池袋・上野等から私鉄やバスが郊外に向かって放射線状に運転し、一部は山手線の内側に乗り入れておる。即ち省線電車が根幹となり、各私鉄が補助的な立場にあるのであって、都の内外交通の輸送に対する省線電車の果たす役割は洵に大きい。然るに、この省線電車の現状をみると実に申し訳なき次第で、主体がこのような状態にありこれを助ける私鉄もまた悲惨な輸送状態を続けている。

　殊に終戦後の住宅難や、食糧事情の影響で東京都の外郭に住居し朝夕都内に通勤する者が急激に増加した。また、買出しや売込みの特殊乗客も、新傾向で加わり、朝夕のラッシュにおける混雑状態はまったく言語に絶し、時には手首を折ったり、脳震盪を起こしたりするため〝殺人電車〟あるいは〝地獄電車〟と悪評されている。これは必ずしも誇張された表現でなく実際に日々経験している人たちの真の叫びである。然らばこのような混雑輸送に対して、当局者は一体何を考え計画しているのか‼ いつまでこんな状態が続くのか？ と憤慨し憂慮している人々も多いと思う。

都内人口と輸送量

　東京都内の総人口は戦争前約 700 万人いたが、戦時中疎開した者、戦災を受けて立退した者で、急激に減少し、終戦直後は実に 231 万人しかいなかった。その後順次復帰し、1948 年 8 月の人口調査では 455 万人に増加した。本年 1 月から都内に自由に転入ができることになったので更に一段と増加する傾向にある。而して東京都の都市計画では将来の人口を一応 350 万人と仮定して、これに対する住宅・道路・公園・上下水道の文化施設を計画しているが、すでに 450 万を超えているのでこの計画には相当の修正を加えられるものと思う。

　東京の人口は 1940 年 10 月 678 万人・終戦直後 231 万人・21 年 10 月 341 万人・22 年 10 月 421 万人・23 年 8 月 455 万人。

最近二、三年に実施すべき事項

（イ）山手線 7 両運転

現在6両運転であるが、1両の半車は進駐軍専用車に提供し実際には5両半の輸送力しかないため、内廻り外廻り共に約300％の乗車効率を示しておる。この編成が田町 田端間の京浜山手併用区間に入ると、京浜東北電車が8両編成（内半室は進駐軍専用車）であるから、大小の編成が織込まれるため、小編成の山手線の客扱いで時間が押えられ後続の京浜電車が定時運転できない。

その影響が前記併用区間外に波及して両系の電車ダイヤを乱しておる。よってこれを7両にして極力両系統の差を小さくする必要がある。目下各駅のホームの延伸工事をやっているので、1949年4月頃から実施できるものと思う。

表1-2 東京付近電車交通量調べ

		1948（昭和23年）5月19日 混雑時最大30分間			
		乗車人員	1両の乗車人員	定員	混雑度%
京浜東北	大井町（北行）	15220	407	130	313
	秋葉原（南行）	17290	402	130	310
山手	秋葉原（外回り）	10260	367	130	283
	新大久保（内回り）	10944	384	130	295
中央	新宿（上り急行）	22750	477	140	340
	四ツ谷（下り急行）	19420	413	140	294
総武	平井（上り）	12600	420	140	323
	秋葉原（下り）	11340	470	140	336
横須賀	保土ヶ谷（上り）	6300	405	140	337
	大船（下り）	5740	410	120	342
横浜	小机（上り）	3000	500	130	385
	菊名（下り）	4250	370	130	284
南武	尻手（上り）	2150	358	100	358
常磐	北千住（上り）	7500	440	140	315
青梅	西立川（上り）	1200	343	100	343

＊（筆者：土田 註）本表は必ずしも正確ではないが一応の目安として参考までに掲載した

多くの人たちを疎開先送り届けた国鉄に、今度はその人たちを都会に帰す輸送と引揚者輸送の任務がのしかかる。第二次世界大戦、敗戦、6,606,875人の日本人が外地から命からがら引き揚げてきた。しかし鉄道は人も設備も車両も疲弊しきっていた。また、軍隊解体に大量の復員輸送が必要になりそれに伴う大変無理なものがあり、進駐軍に多くの客車を接収された国鉄は少ない車両をやり繰りし、日々の食料に事欠く中で国鉄労働者は不眠不休でそうした人たちを故郷に送り届けた。

引揚者で元の企業に復職できた人もいたが、マスコミに踊らされ職を辞して

満州に渡った人もかなり居て、そうした人たちは帰国しても生活の糧を失っていた。それを救済するために、時の政府は国鉄に多くの人間を採用させ、国鉄職員は60万人にもなっていた。やがて米軍は、時の初代国鉄総裁、下山定則に首切りを命じるのである。しかし下山総裁はこれに抵抗し、国鉄職員を守ろうと絶対的な統治権力を持つ駐留軍に抵抗する。しかし、巨大な権力には勝てず、止む無く1949年7月、行政機関職員定員法の施行で首切りをせざるを得ない羽目になる。そして、当時、著しく勤務態度の良くない人を除いて、恩給も貰えない世帯主として子育て真最中の人たちを国鉄に残し、若者と女子と年配者を中心に94,312人を退職させ、7月20日首切りを完了する。また、定員法に合わせて降職免職規定が定められ、全国鉄で108,200人の転職や降職を行った。

　前述の名機関士、杉山久吉や猪原平次郎も定員法の対象になり国鉄を去った。猪原平次郎は当時を回想し「労組の役員は総辞職するなどと息巻いていたが、実は震えていましたよ」と述懐していた。

　アメリカは日本人の軍国主義や、自らの命を賭して戦うカミカゼ精神を恐れていたが、昨日まで鬼畜米英などと国民を扇動していた軍部、官僚、政治家の中には、掌を返し親米になり「私は戦争に反対していた」と命乞いをするものがかなりいたと時の外相、重光葵や後藤田正晴がその醜さを述べている（参考：孫崎亨著 戦後史の正体）。それに対し、対抗勢力、共産党は、火炎瓶闘争をはじめ、過激な戦いを展開していて、国鉄、東芝等は共産党勢力の拠点でもあり定員法の他にも、11月にレッドパージ＝共産党員の公職追放があり467人が解雇された。

　1949年7月6日常磐線で国鉄総裁下山定則が謎の死を遂げる下山事件、同年7月17日に三鷹電車区でモハ63019を先頭に無人電車が暴走し民家に突っ込む三鷹事件、同年8月17日東北線でC51牽引の急行列車が線路の継ぎ目板を外されて脱線転覆する松川事件と国鉄には大事件が続いて発生する。当時のマスコミはそうした一連の事件に共産党の仕業を匂わせる記事の書き方をしていて、共産党は一気に国民の支持を失う。

下山事件は自殺説・他殺説が熱く議論されたが自殺とされ、下山に親しい人たちはこの自殺説を信じていない。1949年当時東芝の社長であった石坂泰三は1959年10月11日付の朝日新聞に「とっておきの話」と題して「ぼくが社長になって間もなく国鉄の下山事件があった・・中略・・実は僕の整理（東芝の4600人の人員整理）断行の決意を更に勇気づけてくれたのが、ほかならぬ下山事件だった。あの事件に接した時、ぼくはこれは組合にとって大きなマイナスだ。これならうちの整理も断行できると感じて、大いに勇気を起こした。僕の東芝再建には下山氏の死に負うところが大きい。ぼくは今でも、同氏の犠牲は当時の混乱した色々の争議に大いに役立ったと思っている。同氏の死は犬死ではないと思った。あれ以来、ぜひ一度下山さんのお墓参りに行かねばとおもっているのだが・・・・（東芝会長）」とある。松川事件は全員が無罪になったが、三鷹事件だけは無罪にならず、死刑判決を受けた被告の竹内景助は獄死する。三鷹事件で当時現場に来た、堀越作治という人の話では一番先に現場に現れたのは米兵で、付近の住民の救出活動も許さずに追い返され、更に日本の警察の捜査も許されなかったという。

　樺太や満州、満鉄（南満州鉄道）や華北交通や朝鮮鉄道で多くの日本人が働いていて、引揚者の中には終戦と共に内地に引き揚げてきた人も大勢いた。そ

図1-48　三鷹電車区に長いこと放置されていた三鷹事件の先頭車モハ63019

して満鉄帰りの幾人かの方々から、貴重な体験談を伺った。満鉄は総合商社で、技術者を大切にし当時の左翼思想と言われる人でも、優秀な人は採用したという。後に国鉄総裁になる十河信二も、満鉄で後藤新平の下で青春時代を過ごすが、彼の影響を大きく受けていたと言われる。

　当時、満鉄の新京機関区で機関士をしていた松浦久男は、14歳で高等小学校を卒業、満鉄に就職した。機関区では庫内手のやる機関車掃除は現地人が行っていて、彼は直ぐ試験に合格し、現場で機関助士の教育を受け、総監からお前たちはモスクワの機関区長を目指して勉強せよと叱咤激励され、ロシア語も学ばされ15歳になったばかりで機関助士になった。満鉄では機関車をアメリカ式で呼び、ダブルエンダータンク＝ダブ・パシフィック＝パシ・ミカド＝ミカ・デカポット＝デカ・マウンテン＝マテ・コンソリデーション＝ソリ。数字の1＝イ・2＝ニ・3＝サ・4＝シ・5＝コ・6＝ロ・7＝ナ・8＝ハ・9＝ク・10＝チであった。アジア号を牽いたパシナはパシフィック型の7番である。当時、満鉄の機関士は、18歳以上とされていたが松浦は後に、選抜され17歳で特例扱いの機関士になり、ミカイ、マテイ、ミカニ、ミカシに乗務していたが、アジア号牽引のパシナには、ベテランが乗務し、東北の平や郡山機関区から来た人も多くいた。松浦は引き揚げてきて、宮崎機関区に機関士ではなく、機関助士で就職したが、手動式の逆転器は奇異に感じたという。日本ではC53が動力逆転器を装備していた。

　新幹線の父、島秀雄の父上、島安次郎や結城弘毅も満鉄にいて高速化に貢献した。満鉄の機関車は、先端技術を取り入れ、動力給炭器、動力逆転器、自動バイパスを装備していた。松浦は若かったのでアジア号には、乗務しなかったという。アジア号を牽引したパシナは1923年から2年間アメリカンロコモティブで機関車の製造技術を学び、1927年満鉄が模倣から脱皮した、機関車と言われるパシコを設計し、機関車の王様と言われた吉野信太郎の設計になる名機で、日本最大の機関車C62の動輪直径1750mmに対し2000mm、火格子面積もC62/D52の3.85m^{2}に対し6.25m^2、加減弁はカム軸により開閉する5段階のものであった。アジア号の客車には、蒸気を使った冷房装置をもっていた。終

戦、松浦機関士は進駐してきたソ連軍に、機関士は技術者だとして大切にされ、現地人に仕事を教え、スターリン待遇と言われる高待遇を受け、新京駅長の給与が700円の時、機関助士が1800円、機関士は3000円という高待遇を得ていたという。しかしこうした恵まれた人は少なく、多くの人は苦難を余儀なくされたという。

　満鉄や樺太、鮮鉄、華北交通に勤務していて終戦で引き揚げてきた人の多くが国鉄に就職したが、当時は混乱していて機関士をやっていたと嘘をついた人もいたという。当時は国鉄の機関士であった人たちが復員してきても機関士はだぶつき、満鉄で機関士をやっていた人もすべて機関士で採用されたわけではなく、国鉄では機関助士で採用された人が多かった。私の電車運転士科の同期生にも満鉄で機関士をしていて、機関助士で国鉄に採用された人がいた。その人からも満鉄当時のことや、終戦、敗戦、その後の引き揚げの苦労話も色々な方々から聞いた。その内の一つ、敗戦当時、満鉄、牡丹江機関区で機関助士をしていた、松本 隆の敗戦当時の満州での実情を記した「1965年9月15日の国労東京運転所分会ニュース」の記事をご紹介しよう。

悪　夢

松本　隆（元 新幹線東京第運転所 新幹線電車検査掛・
後に新幹線電車指令長）

　二十年前、八月十三日。十六ダイヤ、機関士 張 耀勤、機関助士 松本、海林までの小運転。出勤時に聞いた、ソ連軍国境突破、のニュースに気の重い出庫だった。しかし、関東軍が必ず守ってくれるということを信じて疑わなかった。着発線に誘導される途中に、異様な貨車の一編成とすれちがった。国境から送られる負傷兵ではないか。皆、土色の顔をして・・・事態の異常を感知した。本当に大丈夫なのか・・・と一抹の不安をどうすることもできなかった。と、その時、上空に見慣れぬ編隊。『我が空軍健在なり』と喜んだのも束の間、市街から上がる数条の黒煙にわが目を疑った。こんな馬鹿なことが・・・しかしまぎれもない事実。

張機関士のその時の目。日本人に対する、同情とあわれみに似た、まなざしはこれから先の苦難を予測するかのようであった。家族のことが心配と、機関車をそのままに、社宅に急いで行ってしまった。さあ自分はどうしたものかと思案したが、早速電話に走った。コールベルの長かったこと。「直ちに帰区せよ」。

そのまま罐を置いてゆけず、「よし‼　服務規程違反だ。運転台に座った。その時の速度感は助士席のそれよりもいやに速く感ずる。ポイントを自分で返しながら、入区。何時も迎えに来る合図手もいない。

運転事務室はワーンという騒音しか聞こえない。誰かが「各自宿舎の環境整理をし、直ちに出勤しろ‼」とどなった。一斉に青年寮へ走った。しかし、窓から吹き出す黒煙にすべてを悟り、着の身着のままで出勤する。あの寮には、内地の母が貧しいながらも、精一杯の愛情をこめて作ってくれた、布団、姉が少ない給料の中から編んでくれたセーター、小学校の先生の励ましの色紙等　しかし今更どうしようもない。

太陽がいそがしく地平線に沈んだ。避難の列車が、次々と南下する。ソ連軍は近くまで来ているらしいというニュースが入る。日本人の頼みの綱ともいうべき、関東軍が、南下する列車で去って行くではないか。

なんということだ。怒りとも、失望ともつかぬ溜息がでる。

陽はとっぷりと暮れた。機関区構内の人影もまばら　我々数名は残る機関車に水を、石炭をいっぱいに積んだ。

構内にある油庫に誰かが火を放ったか。ドラム缶が、宙天高く飛び上り、大きな火の玉になって照明の消えた構内をオレンジ色に浮かび上がらせる。駅には病院列車が置き去りになっている。静かな列車には息絶えた兵隊が多く、衛生兵が忙しく動いている。北方の場内信号機付近で、機銃の音、それに答えるかのように砲声‼　とにかく逃げるんだ。水野機関士のあせった顔が、焚口の火に白く浮き上がる。列車の周囲をサーチライトが舐め回す。戦車だ‼　列車の加速が遅く、いらだたしい。大きく二三度空転した。火の粉が窓の外を流れた。

夢中で走った三時間、機関車も我々もへとへとに疲れた。横道河子駅、かつて教習所当時元気に飛び歩いた山々が敵機の投下した照明弾に青白く浮かび我々に忠告するかのように「もう君たちと会うことはあるまいからよく見ておきたまえ」とそして「あなたたちは自分の国に帰りなさい」と。

ここから先は全然走ったことのない線路だ。明朝まで待とう、しかしソ連軍はいつ追いつくかも知れぬ、徐行運転が始まった。同僚の堀池君は不安げにだまって炭を投入する。先行列車が通過してだいぶたったのか、夜明けのレールは夜露に赤く錆びていた。眠そうなドラフトの音、焚口扉がゆっくりと開閉している。テンダーに乗っていた小坂機関士が、代わってショベルを握ってくれた。八月十五日早朝、ハルピン駅にゆっくり進入していった。白いもやの中に滞留する貨車の列、列、その中にはどこに行くのかわからぬ避難民がいっぱい乗って不安気に我々の列車の進入を目だけで迎えた。その日の正午、敗戦の知らせを予期するかのように。

(引用：1965年9月15日国労新幹線東京運転所分会発行
分会ニュース12号・終戦から20年より)

　松本の記述にもあるが、満州からの避難の列車は皆、関東軍にとられてしまい、一般市民は置き去りにされ、何時になったら帰れるか？　心細かった体験を、運転士の野沢幸夫も「二十年前の八月十五日」（1965年8月25日発行）という題で満州の四平街駅での体験をやはり分会ニュースに書いている。

二十年前の八月十五日（野沢幸夫）

　815、パーイーウーと読む。満州で勝戦を祝って出されたタバコであるが、シャクだったねー。

　聖戦？も敗局に追い込まれ、北方からロシア軍が進入してくると言うので、八月十五日、一家そろって四平街の駅に出かけた。どこに行くというあてもないが、とにかく南の方に逃げようというわけであった。

　約束の時間になっても貨物列車は来ない。すべて軍部に取られてしまい、何時になるか解らないというありさま。昼のニュースで「日本は負け、戦争は終わった」と知らされたが、それまで平和にのどかな生活をしていた私たちにとって大した感慨もわかなかった。南に逃げる必要も、また手段もなくなり、昨日まで住んでいた家に帰ることにした。帰る道すがらさすがに足取りは重く、やけに暑く、マクワウリの旨かったことを覚えている。庭の一面が荒らされていた。母が大切にしていた瀬戸物をほじくり返し、つまらないものが出てきたというので、ほっぽり出したらしい。日本人にとっては疎開、

敗戦、動乱、内戦など、生まれて初めての経験であるが、満州人にとっては生を受けてこの方何回となく経験してきたことである。「穴を掘って埋める」こんな初歩的な隠匿方では通用するわけがないと後日満州人に言われて大笑いの一幕であった。海外に住んでいたものにとって、この日から苦難の第一歩を踏み出した。

　終戦と価値観が一変しマスコミが軍部と結託して嘘を報道、扇動してきたことも明らかになり、今までの政治、軍部への怒りや餓えで世の中は混乱していて、国鉄職員にもおよんでいた。アメリカは敵国日本を再起不能に陥れるために、経済を徹底的に破壊した。当時は物資不足で、国鉄職員の制服も不足、履物も下駄ばきで半ズボンとか、旧軍服など滅茶苦茶であり、電車も戦争で部品を供出したりで欠如もひどく、ドアの無い電車が馬栓棒（ませんぼう）（馬が小屋から出ないように出口をふさぐ棒）2本で走って居たことも結構あった。鉄道の切符も統制され、簡単に手に入る状態ではな

図1-49　馬栓棒（出典：朝日グラフ1946年6月）

く多くの人たちは、食料を求めて地方に買い出しに出かけ電気機関車のデッキは勿論、列車の屋根上まで人があふれていた。

　米は食糧管理法（食管法）で統制されていて、政府が管理していた。その中、主にヤミ米をさばく闇屋も多くいて、ヤミ米の取り締まりが結構頻繁にあり、取り締まった巡査が米を失敬することもかなりあったと言う。貨車からの荷抜き被害もかなりあり1947年12月17日運輸省令で鉄道公安官制度が発足した。

　当時の世相は隣人から米や味噌、醤油の貸し借りが日常で、戦争中の兵隊を作るための「産めや増やせ」の政策の影響で5人～6人の子持ちはざらであった。父親は定時に帰宅、父親1人の収入で生計を営み一家が共に粗末ながら夕飯の食卓を囲む団欒があり、皆が等しく貧しい反面、大きな格差のない和やか

で凶悪犯罪も滅多にないないおおらかな時代であった。

　当時はヤミ米を喰わねば生きてゆけない時代。食管法違反でヤミ米を取り締まる立場にいた山口良忠という判事が、ヤミ米を取り締まるものがヤミ米を喰っていてはいけないと、ヤミ米を拒否し餓死した。彼は食管法の違反者には極めて温情的な判決を書いた慈父のような人だったと言われる。

　しかしGHQの報道規制で、一般の人の手紙もGHQによってすべて開封されていた時代にこのことは報道されなかったが、その2ヶ月位たって朝日新聞で報道された。当時の日本人の栄養摂取量はヤミ米を喰っても現在の半分であり、生きて行けるギリギリであった。

　当時かろうじて輸送は保たれていたのは、国鉄職員の大きな犠牲と努力があった。人吉機関区で機関士から検査掛になった久保田政義は修理の部品も欠除し、蒸気機関車の煙室戸のパッキンに、山から粘土をとってきて使ったとか、蒸気は洩るし、消防ポンプが走っていると揶揄されたこともあったと話してくれた。また蒸気機関車に使用する石炭も泥炭に近いような発熱量の少ない石炭を使用し、栄養失調の若干15歳の機関助士が、時にはテンダーが空になるほどの石炭をくべたという。これは同時に燃えカスが多くたまる、いわゆる罐が厚くなるという状況になり、走りながら罐替えをしたという。

　また、極度のインフレは社会をも荒廃させた。当時の米の値段の変遷を見るとそれがよくわかる。ちなみに米の値段は物価指数の目安にもなっていた。1945年、10kgで6円の米が翌1946年には36円、1951年620円になっている。国鉄のインフレによる悪影響は後述する。職場も「堅いこと」は言って居られない状況であった。当時の話を渡辺嘉彦から聞いたが、南武線は1944年私鉄の南部鉄道を国が買収、国鉄になった線区で、南武線の貨物列車の機関士は「駅に貨物はあるか？」と聞き、無いと言うとそのまま勝手に走り機関区に早着した。機関助士が空いてる線を探し、ポイントを返して入庫して帰宅したこともあった。

　中央線では浅川から先の山線の貨物列車はデッカーと呼ばれるイギリス製の電気機関車ED17が重連で山をよじ登っていた。これは総括制御ができない

め、それぞれに機関士と助士が乗務していた。次位補機は信号注視の義務はなく、ただ本務機と協調して汽笛合図で力行し惰行をするのだが、栄養失調から来る疲労と世相の荒廃も国鉄におよんでいた制動試験の汽笛合図を発車と間違い突然押されたとか、上り勾配に掛っても全然力行してくれず、機関助士に補機に行って力行して来いと命じたり、下りになって惰行合図の汽笛を吹いても、惰行してくれず助士にオフして来いと言い、補機に赴くと、補機の2人は居眠りしていたなどと言う珍事が多々あったという。

当時の中央線は浅川（現高尾）から先は単線で通票閉塞式でタブレットを用いて居り、これの交換は助士の大きな職務であった。走行中にこの通票を取るのはかなりの熟練と苦痛が伴う作業で、これにより負傷した者もかなり居た。戦中戦後、当時の八王子機関区の据え付けボイラー室にはブレーキの技術を競う機関士仲間の落書き掲示板があり、何km/hで、どこで非常を掛けてピッタリ停まったというようなことが書いてあり、皆が技術を競ったりしたこともあったという。三鷹電車区は乗り継ぎで待機する詰所と電車区の本区がかなり離れて居たため、栄養失調も手伝って雨の日などは歩くのが大変で、仕事を終った運転士が運転台に乗り込み本区近くで電車を止めて降車するということも行われていた。

1947年8月、鉄道省は国鉄の窮状を訴える国鉄白書を発表した。

国鉄白書

8年有余にわたる戦争中、国鉄は国内輸送の膨大な重荷を負ってきた。特に、太平洋戦争以降は、船という船はほとんど全部を作戦に徴用され、しかも次から次えと沈められていった。海上輸送力は急激に減少し石炭、木材、鉱石とうの大量貨物の輸送が大幅に鉄道に転嫁されて、輸送は膨張に膨張を重ね、遂に戦前の2倍半を超えた。尋常一様な手段では、輸送力はこれに追従することができなくなったので、17年10月以降数次にわたり、旅客列車を減らして貨物列車を増加し辛うじて要請に応じて来た。旅客輸送も貨物同様戦前の3倍に増加したにもかかわらず、旅客列車は減る一方、遂に強度の抑制を余儀なくされ、次第に混乱の様相を呈してきた。

かくして、19年春までは、従来蓄積された力でどうやら無理押しに押してきたが、19年夏国鉄は漸く長年の疲れが出て、最も輸送量の増加の激しかった山陽線から遂に破綻を見せ始め、輸送力はジリジリと落ちて行った。

　加うるに震害、風水害、雪害と相次ぐ天災地変に禍いされ、衰弱の病状は次第に他の線にも伝播した。20年に入り空襲の激化と共に輸送の混乱は益々激しくなり、従業員のあらゆる努力にもかかわらず、輸送力は急転直下激減し、遂に敗戦の日を迎えたのである。

　思えば、戦争中は随分無理をした。車輛の検査期限を延長して修理能力の不足を補い、又貨車には無理な増積をして、これを酷使した。比較的閑散な線のレールをはがして、幹線の線路を増強した。しかも国力の衰退に応じ基礎資材の生産は落調を示し、国鉄に対する配当も次第に少なくなり、線路も車両もその状態は急速に悪化した。

　国鉄は、まったくヘトヘトになって終戦を迎えたのである。しかし終戦によって国鉄の使命は終わったのではなかった。一般産業界は仮死状態に入り、すべての生産は、敗戦を境として一時ほとんど停止してしまったのであるが、国民の足といわれ国民の動脈といわれる国鉄は、一瞬たりとも休止することは許されない。敗戦という未曽有の事態に逢着して国民均しく呆然たる中に、国鉄従業員は、一時の休息をも与えられず疲れた車両にむちうち、新しい使命を以って再出発しなければならなかったのである。

　敗戦後、貨物の輸送は産業生産の停止により戦争中の3分の1に激減したが、戦に疲れた国民は、食を求め、家を求めて駅に殺到した。陸海軍の解体による膨大な復員輸送は、ほとんど無計画裡に行われた。しかも敗戦1か月を出ずして進駐軍の軍隊輸送が開始された。かくして国鉄は、次から次へと息つく暇もなく押し寄せる輸送の大波と戦って、どうにかこうにかその責務を果たしてきたのである。

　終戦直後「汽車が動いている。」とは安堵の吐息と共に到る処で聞かれた言葉であった。たとえ旅客輸送が極度の混乱はあったとしても、あの混沌とした世情の中にあって、とにもかくにも輸送が止まらなかったことは如何に国民に安心を与え、治安の維持にひいては占領軍の無血進駐に大きな役割を果たしてきたことか。

　その後平和産業の復活に伴い、貨物輸送は、20年9月を最低として順次増加の傾向を示した。旅客輸送は依然として落潮を示さず、食糧事情の窮迫、インフレの昂進は却って輸送量を急激に増大せしめ、遂に21年度の実績は戦争中の最高記録を突破するに至っ

た。言い換えれば食糧や住宅の窮迫、都市交通機関の弱体、自動車船舶輸送力の低下等経済的悪条件は全国鉄の負担となり、輸送量を異常に増大せしめ、現在は戦前に比して250％におよんでいる。かかる輸送の現状に対応し、車輛や線路はどうなっているか。

戦争中の酷使や空襲被害、敗戦後の負担過重と補修資材の極端な不足等に原因して、その状態は著しく低下した。進駐軍専用車やごく少数の新車を除いては、戦前のような完全な車両は皆無に等しく、又レールは摩耗し、枕木は腐って線路は線路は所々に欠陥を生じ」戦災した施設はほとんど未復旧のままになっている。

国鉄の財政、また国家の財政、国民の家計とその軌を一とし、創始いらい60％台を上下して、どうやら黒字を示していた営業収入に対する営業費の割合は、昭和16年度以降次第に悪化し、遂に20年度は127％、21年度は166％に達し、22年度では今回の2倍半の運賃値上げを見込んでも、猶且120億円の欠損が予想され、まさに国鉄財政は破局的赤字を現出するに至った。国鉄はまさに危機に直面している。疲弊し切った車輛と荒廃した施設にむちうち破たん的赤字財政に苦しみながら膨大な輸送量を背負ってあえいでいるというのが、国鉄の偽らざる現状である。

国鉄で使用する資材の値上がり率は大きく、物件費の3分の1を占める石炭価格に至っては、1947年7月は戦前の133倍に跳ね上り、翌23年には331倍に跳ねがった。1949年3月に給与改定を行ったが戦前の国鉄の平均基本給も120倍に跳ね上がった。蒸気機関車D51の購入価格は戦前8万円であったものが1945年12月には54万6000円、翌1946年6月には196万円と20.4倍に、電車も1948年8月には、戦前に比較して312倍になっている。（参考：日本国有鉄道100年史）

第1章 新幹線前史―在来線の発展―

表1-3 当時の物価推移

西暦	和暦	米価(円)10kg	葉書	もりそば	銀行員の初任給(大学卒)	鉄道運賃(三等)		東京～大阪(三等)		*準急料金
						山手線初乗り	東京～大阪	特急料金	急行料金	
1907	明治40年	1.09	1銭5厘	3銭0厘	40円	6銭	3.70円			
1912	大正元年	1.38	1銭5厘	3銭0厘	40円	5銭	4.59円		0.5円	
1923	大正12年	2.18	2銭0厘		50～70円	5銭	5.95円		1.0円	
1930	昭和5年	1.66	2銭0厘		70円	5銭	5.94円		1.0円	
1940	昭和15年	2.89	2銭0厘	15銭	70円	5銭	5.95円	2円	1.0円	
1942	昭和17年	3.32	2銭0厘		70～75円	5銭	5.95円	3.30円	2.20円	
					80円		7.03円(11月)	3.30円	2.50円	
1945	昭和20年	6.0	5銭		80円	10銭	15.5円		3.50円	
1946	昭和21年	36	15銭			20銭	36円		10円	
1947	昭和22年	150	50銭		210円	50銭(1/28)	45円(1/28)		12円(1/28)	5円
						1円(7/7)	155円(7/7)		50円	25円
1948	昭和23年	357	2円(7/10)		500円	3円	400円		130円(7/7)	65円
1949	昭和24年	405	2円	15円	3000円	5円(5/1)	640円(5/1)	400円	200円	100円
1950	昭和25年	445	2円		3000円	5円	620円	400円	200円	100円
1951	昭和26年	620	5円(11/1)		3000円	10円(11/1)	770円(11/1)	500円	250円	125円
1952	昭和27年	620	5円	17円	6000円	10円	770円	500円	250円	125円
1955	昭和31年	765	5円		5600円	10円	870円	600円	300円	150円
1958	昭和33年	850	5円		12700円	10円	990円	800円	300円	

葉書・銀行員の初任給・もりそばの値段は週刊朝日版による・鉄道運賃関係は時刻表・日本国有鉄道百年史による。 東京～大阪に準急の設定はなく、キロ程対料金の参考に記載。

昭和20年から33年の間、米価の上昇142倍に対し、国鉄運賃は山手線初乗り100倍、東京～大阪で64倍しか上がっていない。

　戦後の鉄道は国鉄私鉄を問わず運営は自前で行っていたが、連合軍の統治下におかれ鉄道は連合軍の監督、指令に従い協力する義務を負わされ、鉄道の監督は1946年9月以降、新設された民間運輸局CTS（Civil Transportation Section）に変わったがCTSの改革方針は日本の実情に合わなかった。国鉄は例え無条件降伏であっても、国情や国民性に合わない不当な干渉を拒否することが必要という自主独立国の精神に立って連合国側と協議した。軍部からやっと解放された国鉄に今度は進駐軍が干渉する、国鉄の電化を志していた島秀雄は意に反して蒸気機関車の製作を命じられ、C62を完成させるが「心ならずも計画した蒸気機関車は、狭軌では極限まで大きいものにして、これだけ大きい蒸気機関車にしてもこの程度の性能しか出ないんだぞということを証明して見せるも目的もあったのです。電車の方が良いぞということを理解させる意味も込めて作ってやれというのがこの時の僕の考えだったのです」と語ったという（参考：前間孝則著 技術者たちの敗戦）。

図 1-50　最後の新製蒸気機関車 E10

　最後の新製蒸気機関車は1948年製作された5両のE10で、1948年3月16日祝賀列車が運転された。この機関車の設計主任技師はC62と同じ衣笠敦雄で、従来のタンク機関車と機関士席が逆配置であった。当時酷使で老朽化著しい庭坂の4110の補充に充てられ板谷峠で使用、後に倶梨伽羅峠や肥薩線等で使用されたが、勾配用の機関車で用途は限られ、最後は米原・田村の交直ジャンクションの機関車で使用され使命を終えた。

　1949年2月、マッカーサーの最高顧問として来日したドッジによる金融政策により国鉄の工事経費は大幅に縮小され発注はほとんど中止状態になり、車両メーカーは私鉄の発注で何とか経営を維持していた。この影響を受けて東芝で半完成状態であったEF5832〜34の3両は貨物用に転用されEF1832〜34になった。足回りはEF58と同じで先台車がLT221の二軸で軸重が軽くなるため、コンクリートの死重15トンを積み込み歯車比をEF58の2.68からEF15と同じ4.15に変えた、このためEF58は32〜34は欠番になった。

　また、現場も疲弊し荒廃していた。富士電車区から来た新幹線運転士科の同期生の凩 勤から聞いた話で、身延線で運転士がブレーキのハンドルを忘れて発車したために電車を停止させることができないという珍事件があった。大分前に富士車掌区から新幹線の東京車掌所に転勤してきた斉藤文昭にその話をし

たことがある。過日、斉藤からその電車に便乗していた運転士が書いた本が見つかったと連絡があったので転載させて頂く。

善光寺通過事故

　昭和24年8月、身延線善光寺を甲府発の一番始発電車が異常に早い速度で通過して行った。ホームに出場していた駅長は、これを見て驚き管理部列車指令に速報し、第二の三鷹事件ではないかと思い「暴走電車通過」と報告した。本務運転士は佐原さんで私は便乗運転士として運転台に乗っていたので、否応なしに、この事故に巻き込まれてしまう。佐原運転士は教導運転士として見習い養成に当たるベテランであった。なお、当時、善光寺駅は甲府駅の次の停車場であった。今は甲府―金手―善光寺となっている。
　甲府駅を定時発車、佐原運転士は3ノッチ投入（定時なら2ノッチ）更にオフ地点を相当過ぎてから、マスコンをオフにしたので、かなりの速度が出ていた。佐原運転士はブレーキをかけようとして、その時、初めてハンドルのないのに気が付き「ハンドルがない」と大声をあげた。直ちに逆行ノッチを扱う。しかし、速度が高いのでオーバーロードしてしまい効果がなく、更に車掌弁を扱うがダメだった。
　佐原運転士は「助けてくれ」と叫びながら、走る電車の運転台のドアを開けて身を乗り出し、前端にあるブレーキ管肘コックを開けたが、ブレーキは効かない。それは補助空気溜にエアーが込められていないためであり、甲府駅で出庫点検をやらないで発車してしまったからであった。電車はすでに南甲府駅遠方信号機付近を走っている。もう南甲府駅は間近だ。私は佐原運転士に「又入れ、逆行ノッチと叫んだ。電気的にオーバーロードしないようにしておいて、主電動機を逆回転させ、速度を落とすと言う発想がひらめいたからだ。電車「ガックン」という衝動と共に速度がかなり落ちた。更にもう一回、停車間際にもう一回、計三回扱って辛うじて停止位置に止まることができた。私は直ちに下車して床下を見たところ、主制御器から煙が出ているのでカバーを開けて燻っている個所を布切れで磨き運転台に戻って起動試験をやったところ、異常なく動いた。
　道具箱からペンチを取り出し制動弁を動かしてみる。何とか行けると言うことで南甲府駅を発車、途中不測の事態に備えて何時でも車掌弁を引く用意をしていたが無事、富士駅に到着した。
　事故があってから、暫くして、私は区長に呼ばれた。区長は真剣な顔で「先日の事故

のことであるが、南甲府駅発車の時制動弁ハンドルを甲府の検査掛に頼んで持って来てもらって運転したと証言してもらえないか」と言った。新米運転士の私に対して、あまりにも低姿勢であるのに驚いて「承知しました」と答えた。

その後、管理部保安係が事故調査に電車区に見え、私は証人として呼び出される。色々と調べられたが、その末に、保安係から「嘘発見器にかけるぞ」と一喝された。

当時、鉄道をいつ辞めても良いと思っていたので、開き直って「私は無いものを有るなどと言えません。嘘発見器にかけるなら何時でもかけてください」と答えた。

その後、管理部からの事故警報に「便乗運転士は甲府駅発車の際、制動弁ハンドルがないのになぜ気付かなかったのか、注意力が足りない」と書かれていた。

この事故は制動弁ハンドル無し、空気ブレーキのエヤー無しで運転すると言う前代未聞の事故であり、一晩、留置すればエヤーは無くなるわけで、それを出庫点検もやらずに電車を動かすなど、考えられないことで、魔がさしたとしか言わざるを得ない。そして人間とは誠にもろいものだと思う。当時の佐原運転士は事の大きさに驚き気が動転し、冷静な判断を失うと言う状態に陥ってしまったのだ。事故の際、私たちが乗っていた車「モハ30078」は東鉄から転入してきた「下駄電」と言われた頑丈な車であった。

国鉄は1944年から輸送の急場を凌ぐべくモハ63型電車を製造した。当時銅の欠乏からモーターのコイルにはアルミニュームが使われたこともあったという。モハ63は昭和19年春に完成するが視察に来た東条大将の「この電車の寿命は？」の問いに鉄道省幹部が「大東亜戦争完遂までです」と答えたという。

軍事優先、戦争末期は家庭の鍋釜まで戦争に供出させられた時代、資材、労力不足で多数は製作されず、しかもその多くを空襲で失った。63型電車は多数の戦災による消失電車の補充、超多数混雑緩和のために戦後ギリギリのコストで無理に無理を重ねて急速に製作され作られた電車であった。戦後、私鉄の疲弊も甚だしく、国鉄は東武鉄道40両、東急20両、名古屋鉄道20両、近畿日本鉄道20両、山陽電鉄20両、計120両の63型電車を供給し、1947年・1948年機関車43両、貨車1960両を特別廃車にして、私鉄に供給し活力を与えた。西武鉄道では戦災で焼けた電車を購入し再生したり、国鉄払下げ車両を

つなぎ合わせたりして、急場をしのいでいた。戦前、戦後の物資不足はひどいもので、63の計画は当時の工作局動力車設計課長で、後の新幹線の父になる島 秀雄をトップに、名機C59の設計者であり、1957年副技師長で国鉄を退任するまで島 秀雄技師長に仕えた北畠顕正氏の設計であった。北畠顕正は島 秀雄氏の人柄を受け継いだ温厚な紳士で、国鉄を退職後に請われて日立製作所に入社するが、乗用車の送迎も嫌い、二等車（現在のグリーン車）に乗ることもなく、忽然と職場に現れた。緻密な頭脳と其の人柄は皆に尊敬され、氏の下で働いていた私の友人も氏に限りない尊敬の念を抱きわが子に顕正と名付け、北畠さんにお名前を頂戴しましたと話したという。

　63型の椅子は板張りで天井の化粧版も無く、電球はむき出しの状態であった。終戦直後、国電ではドアの無い電車もあり、中央線では1946年6月4日、通勤ラッシュの最中に走行中、中央線の大久保・東中野間で電車のドアが外れてそこから旅客が神田川に転落三名が死亡した。当然、戸閉め連動（ドアが閉まらないと制御回路が構成されない）も機能せず国電の発車合図は室内等の点滅に依っていて、戸閉め連動が完全に実施できたのは1948年11月1日であった。社会も疲弊荒廃していて、電球の盗難があったり、シートの布が靴磨きに良いためカミソリで切り取られることもあった。

　1948年10・11月東京鉄道管理局管内で取り換えた電球数は23,025個、吊革14,337、シート修理個所966、硝子の交換数はドア1348、窓3425枚に上り、4月の休車156、要注車両24両に上っていた。

　1947年戦前ストックしてあった余剰になったジュラルミンを使った63型、・モハ63900・63901・63902・サハ78200・78201・78202、を試作、6両の銀色に輝くジュラルミン電車が完成した。しかし強度不足、リベット仕上げ、汚れの除去の困難等で工場も手を焼き、1953年一般車同様半鋼鐵制に改造されている。多くの人が蚤や虱を持っていて列車の中から持ち帰ることもかなりあり、帰宅すると家に入る前に縫い目に巣食う蚤や虱を退治するのに服を煮沸し着替えたりする人もかなりいた。終戦直後は不衛生の極み、伝染病を恐れた進駐軍の命令で市民はDDTの一斉消毒をされ、体中がメリケン粉（小麦粉）をまぶ

したように真っ白にされた記憶がある。鉄道車両も車内消毒も義務付けられ、電車に消毒実施記録が掲出されていた。

　機関車でも物資不足はひどく、前照灯の電球も機関士個人で所持していて、乗り継ぎの際は電球を取り外して交代し、乗ると自分の電球を使用していた。蒸気機関車では水面計のガラスの質が悪く、破損交換が多発し、ただでさえ低発熱量の石炭の焚火作業に忙しい蒸気機関車の乗務員を苦しめた。

　電気機関車も戦後設計の資材を節約した貨物用の凸型のEF13を製作する。その後、旅客列車用にEF58、貨物用にEF15の設計に着手するが1945年12月、EF58の設計を開始、翌年4月、主要部分の設計を終え、1946年10月30日、最初のEF5821が川崎車両で誕生する。その後、1948年9月7日、第一次型最後のEF5813が三菱電機で完成、31両が勢ぞろいするが、かなりケチった機関車で、後に色々な問題が多発する。

　1948年当時の解説書（鉄道教科書(株)刊）、田中隆三著、電気機関車工学には次のように記されている。

EF13

　EF13型はEF12を多量、且つ急速生産本位に簡素強力化したもので、従ってその構成および製作方法は製作の簡易化を図るため、これまでの習慣を脱して新しい構想を取り入れている。以下他の省型と相違点を略述する。

　ア・パンタグラフ断路器の設けがない。よってパンタグラフを開放せんとする時は、屋上配線のパンタグラフつなぎ銅帯を取り外してこれを主回路から切り離す必要がある。イ・高速度遮断器の設けがない。〈中略〉オ・界磁スイッチの設けはない。よって弱め界磁制御はできない。〈中略〉キ・単位スイッチの使用個数は25個、主電動機組合スイッチ10個。抵抗短絡スイッチ9個。断流器6個。ク。ノッチ数は18ノッチでその内訳は次の通りである。直列ノッチ・・・9ノッチ。直並列・・・5ノッチ。並列・・・4ノッチ。

　EF15、58型はいわゆる戦時型EF13を母体として、終戦後設計されたもので、その特徴とするところは、戦争の要求から資材と工程を極度にきりつめるために、従来の構

造を一変したEF13型の、多量産的な設計・工法を更に改良して、戦後の我が国の経済状態から勘案し、資材の調達・製作の迅速化をはかることに重点を置き、これと同時に重要部分に対しは高度の資材を使用し、また工作の生産度を高めてEF13の欠点を補うことに努めたことにある。前略

ウ。ノッチ数はは旧省型の25ノッチに復しその内訳も従来通り次の如くなる。直列・・・11ノッチ。直波列・・・7ノッチ。並列7ノッチ。ただし並列ノッチのうち2ノッチは弱め界磁とする。EF15・58共にパンタグラフに断路器がないのも、高速度遮断器がないのもEF13と共通である。

EF13・15・58では、電気機関車も高速度遮断器がないため事故電流が遮断できずに、機械室丸焦げになったりする様な大きな事故が多発した。これ以外にも材質不良による制動管ホースの破裂や電気回路の故障もあった。

図1-51 戦時設計の凸型EF13

図1-52 EF58のボディーを載せ換えたEF13

新製機関車もパンタグラフはバネ上昇式のPS13を使ったりして東京機関区では、高速度遮断器の付いていない機関車には乗務しないということもあった。国鉄は1948年から改造に着手する。電気事故の絶滅と、車体振動の軽減を主要課題に、高速度遮断器の新設、パンタグラフ断路器の設置を初め主回路の変更、単位スイッチの容量の増大と火花吹消しコイルの連続熱容量の増大、主接触子の大型化を実施、主回路絶縁電線の増大を図り100mm^{2}を150mm^2、にするほか、鎧戸からの雨水の進入での主電動機の故障防止に鎧戸の変更、制御関係では主幹制御器の接点の改良を実施した。製作途上に改良したものもあり、

それらは車体の高さ（床面）が通常 2060mm のところ 1960mm と 100mm 低くなった（改良車でも EF5818〜20 の 3 両は 1960mm であった）。別表に EF58 の製造、改造の状況を一覧表で示す。その後、EF58 は新たに暖房用のボイラーを搭載するため車体が長くなりそのため EF58 のボディーを新製 EF58 1〜31 から外したボディーを EF13 に載せ替えることにした。

1.2.2　新製 EF58 の運転室と機械室の例

図 1-53　お召列車牽引機 EF5861 運転室　　　　図 1-54　EF5861 機械室

表 1-4　EF58 電気機関車一次型のデータ

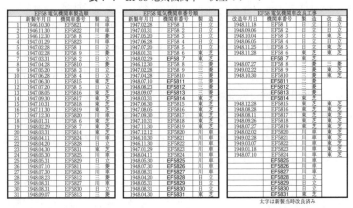

1958 年 1 月 6 日 EF5810 → EF1316 を東芝で、EF5811 → を日立でボディー載せ換えを開始し 1957 年 1 月 21 日、EF13 5（新鶴見機関区）最後の東芝府

中工場に送り、凸型 EF13 は姿を消した（EF13 も EF58 も同じ 31 両製造された）。この改造費は一組 3100 万円で、機関車の購入単価は EF58 が 6172 万円、EF15 は 5483 万円であった（国電初乗り 10 円、東京・大阪運賃 980 円）。

戦時設計の機関車の改造が済んだ 1955 年 9 月 17 日、03：47、沼津機関区所属の EF1541 牽引の貨 384 列車が鶴操到着寸前に、運転室の電気暖房器が突然地気発火し、口出し線を伝い機械室に引火して、機械室の半分を焼損した。担当機関士・助士は非常制動手配をとり、機関車から非難したが、添乗中の指導機関士が機械室の扉を開けた瞬間フラッシュオーバーによる火焔を浴びて全治 2 ヶ月の重傷を負う事故が発生した。

電気機関車の事故電流は大きいので速やかに遮断しないと、機械室が丸焦げになる。普通の事故電流遮断器では、遮断が 6/100 秒位だが、高速度遮断器は 6/1000～15/1000 で事故電流を確実に遮断できる。高速度遮断器には次のような基準が設けられ、基準をクリアしなければならなかった。

①.目盛 2500A で 1500V・3500A の電流を通じ、確実に遮断できること。②.目盛 2500A で 1200V 回路に電流を制限するための抵抗を入れないで全短絡した場合に、電流が切れ始めてから最大電流になるまでの時間は 0.012 秒以下、最大電流から切れるまでの時間は 0.007～0.012 秒以下。③.目盛 2500A で 1500V 回路に適当な抵抗を入れて電流を 3500A に制限した場合に、電流が流れ始めてから切れるまでの時間 0.03 秒以下。制御回路の電圧は 100V であるが、80V でも目盛 2500A で定格電流 1250A を保持できること。作用圧力は標準 5kg/cm^2 とし、最低 4kg/cm^2 でも確実に動作すること、となっていた。

電気機関車では制御回路（100V）故障の応急処置で不良個所を探す際、結線図を見ながら指をなめて電気回路に触れ（ビリビリ来るか）体感で電圧の有無の判断をしたが、この方法は教習所で教える方法で、実際に本線で故障が起きた時もこの方法によってだった。電気機関助士の仕事に運転中の機械室点検と後方反顧が義務付けられていた。しかし、電化の進捗につれて蒸気機関車からの電気機関車への転換教育が行われるようになり、蒸気と電機では仕事内容も異なり、不慣れから感電事故もあり、運転中の機械室立ち入りは禁止される。

しかし、車両故障が発生すれば嫌でも機械室に立ち入らねばならない。1966年2月3日東海道線の清水～草薙で電気機関士が故障した機関車を点検中に大やけどを負い、その後病院で死亡する悲惨な事故が起きた。EF60117（吹二）が突然力行不能になり助士に点検を命じたが異状なしとのことで付近に停車し、助士に救援を迎えるよう地上電話を指示し、近くの踏切に電話をかけに赴いた。

その間、機関士が機械室を点検中、誤って高速度遮断器に何かが触れ大きなアークが発生し着衣に燃え移り全身が火だるまになった。機関助士は救援要請の帰路250m位手前で機関車内の大きなアークを見て急遽機械室に入ると機関士が火だるまになっていて、急遽消火器で消しとめ、進行してきた対向列車を発煙筒で止め、同列車の乗務員の助けを借りて同列車に移乗させ病院に運んだが、機関士は病院で亡くなった。

1.2.3 特急列車復活に向けて試運転

1949年までは、国鉄も混乱の余波がかなり残っていて、1948年7月のダイヤ改正では石炭の発熱量不足で蒸気不昇騰を起こしたり、列車遅延が多発していたが3月18～20日にわたり特急列車の試運転が行われた。

1948年末、沼津・静岡の電化が完成、12月27日28日と翌年1月5日～9日EF58を使って650トン牽引の試験を行ったが、静岡・草薙では780Vまで電圧降下があった。また戦争で軌条の荒廃は甚だしく保守も不十分で、この計画も幾分難関があったが、速度向上による軌道の影響を調査し8月のダイヤ改正で特急列車の復活を俎上にあげた。試運転は東京～大阪下りは3月18日、4003列車通し、上りは3月19日・4002列車（大阪～名古屋）、3月20日4004列車（名古屋～東京）を設定した。

牽引機はEF5820とC593・113.119.185。当時の東京～大阪の急行列車の運転時間11時間45分、それを9時間30分に短縮する目標であったが9時間に変更した。運転時刻表はあってもそれによらず飛ばせるだけ飛ばせと機関士に指示したが、90km/h以上の速度を記録したのは電気牽引区間の下りの大磯～

二宮（90km/h）、草薙〜静岡（93km/h）、上りの袋井〜掛川（90km/h）だけで徐行による遅延を回復できる程度であった。編成は電化区間の暖房車の連結を考慮し東京〜浜松現車16両、換算55両（550トン）浜松〜大阪は現車15両換算52両（520トン）機関車は東京〜静岡、EF5820 静岡〜浜松 C59113 + C59119、名古屋〜米原 C593、米原〜大阪 C59185。4002列車（大阪〜米原）C59185、（米原〜名古屋）C593．4004（名古屋〜浜松）C593、（浜松〜静岡）C59113 + C59119、（静岡〜東京）EF5820 であった。浜松〜静岡を C59 の重連としたのは、特急が実現する頃は静岡〜浜松は電化され、電気機関車牽引になるので、電気機関車と同じ牽引力（C59 一両では牽引力が小さい）でテストするためであった。

表 1-5 特急試運転 牽引機および時刻表 1949年3月18日〜20日

| 東京 | 横濱 | 沼津 | 静岡 | 濱松 | 名古屋 | 米原 | 京都 | 大阪 |

試4003レ

3月18日 06:15 — 6:41'30" / 6:46'30" 横濱 — 8:15 / 18 沼津 — 9:03'30" / 15 静岡 — 10:19 / 38 濱松 — 12:18'30" / 12:25 名古屋 — 13:54 / 14:00 米原 — 15:02 / 15 京都 — 14:00 大阪

区間牽引機：EF5820（東京〜静岡）、C59113+C59119（静岡〜濱松）、C593（濱松〜米原）、C59185（米原〜大阪）

試4002レ

3月19日 14:25'30" 濱松 — 13:00 / 10 名古屋 — 11:43'30" / 50'30" 米原 — 11:05 大阪

区間牽引機：C593（名古屋〜米原）、C59185（米原〜大阪）

試4004レ

3月20日 15:58 東京 — 15:13'30" / 31'30" 横濱 — 13:25'30" / 45 沼津 — 12:21 / 40 静岡 — 10:57'30" / 11:15 濱松 — 9:13 名古屋

区間牽引機：EF5820（東京〜静岡）、C59113+C59119（静岡〜濱松）、C593（濱松〜名古屋）

静岡・浜松間の電化工事は完成次第、石炭節約から運転開始時期を早め5月1日から静岡・浜松12往復の旅客列車を電気牽引に、貨物5往復を電気運転、5月20日から全旅客列車を電気運転に切換えた。この結果を受けて、国鉄は1949年8月のダイヤ改正で特急列車の復活を考えたが、7月から始まる行政整

理(国家公務員定員法による首切り)による配置転換に手間取り計画は一時延期された。当時は石炭節約が急務であり、中野・吉祥寺・国府津上り・富士の入換を電機にし、蒸気機関車3両を削減できるとしている。

1949年9月8日特急の公式試運転が行われ、1949年9月15日特急「平和」が復活運転開始するが、石炭事情も悪く発熱量の多い良質な石炭の確保は困難であり、また電力事情も悪く東京～大阪を9時間運転、表定速度(走行距離を停車時間も含めた全運転時間で割ったもの)は62.1km/hで、1938年、御殿場越えで走った蒸気機関車による超特急「燕」の68.2km/hを下回るものであった。「平和」は1950年元旦に「つばめ」に改められる。

世相がまだ混乱している中、国鉄職員による大がかりな組織的な泥棒事件もあった。俗に言う「大月事件」である。八王子地区の国鉄職員を中心に組織した窃盗団で、頭目は八王子機関区の機関士で温厚な人だったと聞いた。彼らは途中で待っているトラックの横に列車を止め、貨車の積荷を抜き取るという大胆な犯行を行う、大がかりの組織であったが、間もなく一網打尽に逮捕された。物資不足で空腹化の中、職場でもコソ泥が居て、弁当が盗まれたりすることもあった。酷い時には、休養室で睡眠中に靴を盗まれ、復路を裸足で蒸気機関車に乗務して帰区した人もいた。

当時、武蔵野市にグリーンパークという野球場ができて、1951年4月14日、三鷹～武蔵野競技場3.2kmの中央支線(武蔵野支線)が開通するが、野球のある日だけ臨時電車が運転されていた。三鷹を出ると直ぐ半径160mの急カーブがあり、フランジが減ってたまらないと検修関係の人はぼやいていた。

当時は朝鮮動乱で金属が高騰し、特に銅は一貫目(3.75kg)1000円ともいわれ、我々子供も金属を拾い集めバタヤとか屑屋と言われた廃品回収業者に売って小遣い稼ぎもした。また、建築中の家の屋内配線の銅線が盗まれたり、鉄道では線路と線路を繋ぐレールボンドが純度の高い銅線であったため、よく盗まれ信号が赤に成りっ放しになったこともあった。なお、1951年には全国鉄で97件のレールボンド盗難が発生している。中央支線(三鷹～武蔵野競技場)は野球のある日のみ電車が運転され、運転しない日は饋電停止になるため、そ

の隙に架線が盗まれる事件もあった。

　国電には通常、白帯車と呼ばれる、先頭車の半室を白い線に US ARMYONRY の表記をし、進駐軍専用の車室車両も連結されていた。車掌が一人乗っていて、シートはえんじ色をしていた。日本人は米兵と同行（よく日本人女性を連れていた）でない限り立ち入れなかった。また、米兵の横暴は目に余るものがあった、かつての敵国に一番乗りしてくるような兵隊が荒くれなのは定番である。しばしば運転士にピストルを突き付け「ヘイ、ドライブ」などと言って電車の運転を強要したことが頻発していて、断って暴行された例は多々あった。私の従兄も戦中戦後、三鷹電車区で電車運転士をしていて、そうした目に何度も遭遇したと言う。当時 RTO（Railway Trafic Office・鉄道指令部）と言う米軍の機関があり、運転台の出入扉には OFF LIMIT の表記はしてあったが、こうしたことへの RTO 取り締まりは余り機能していなかったそうだ。

　1962 年私が武蔵小金井電車区で運転士を拝命した当時、ある大先輩は、ラッシュ時に「アメ公に乗られ、信号にお構いなしにノッチを入れっ放しで言うことを聞かず、追突寸前になり「RTO！」と叫んでひるんだ隙を見て無理やり非常制動を執りことなきを得た」と当時の話をしてくれた。米兵への対峙はまさに命がけであった。

　また運転台は物資欠乏のため、運転台の後ろはすべて板張りであった。中には、運転台で米兵の目に余る行為におよんだ者もいて、酷い状態であった。当時三鷹電車区の運転士をしていて、下河原線で砂利を満載したトラックと踏切で衝突する事故に遭い瀕死の重傷を負い、電車運転士を降り、新幹線電車検査掛になった山中貞夫から、女性の将校に運転台に乗られた話や、アメリカ本土で運転士をやっていたと思われる、運転の巧い米兵も居たという話も聞いた。ケースは若干異なるが蒸気機関車でも同じようなことがあったという。こうした事態が続き、エスカレートしてきて米軍も頭を痛めたようで、そのため、運転室に無関係な人間の立ち入りが一目瞭然に解るよう、動力車乗務員は腕章を巻き、機関士には機関士の表記の下に ENGINMAN、電車運転士には MOTORMAN の表記があった。その後、英語表記は無くなった。しかしこの

腕章制度は昭和40年代まで続き、途中から胸章に変わり、新幹線ではワッペンになった。また戦後、特に都会では食料も満足に無く、鉄道員も例外ではなかった。多くが栄養失調で乗務したため疲労も倍加してかなり事故があり、寝室も米軍の命令で作られたとも聞かされた。中央線では白帯車は下りの先頭に連結されていた。立川～国立にパラダイス踏切と言う小さな乗降台があり、米兵がそこで手を挙げると電車は停止して車掌がDコックを切って米人を乗せ、白帯車の米人が降車を申し出るとそこに合わせて停止、降車させていた。

1.2.4　RTO・白帯車の廃止

白帯車は1952年4月1日RTOと共に廃止になり、駐留軍専用車の白帯を青色に塗り変えただけで二等車として運用されるが、運賃の割に良くないと不評で東京ではクロハ55806、をクロスシートにし、灰皿も取り付け（二等車に乗ればタバコも吸えた）赤色市松模様のシートに緑色のカーテン室内塗装を換えたものを試作、1953年10月2日、東京駅中央線の引き込み線で展示会を行い、京浜東北線に投入された。しかし後が続かず、1957年2月9日青梅線（沿線に米軍横田基地があった）で廃止され、その後6月1日中央線、京浜東北線でも廃止になり東京地区から二等車は姿を消し、老幼優先車として運用されたが工場入場時仕切りを撤去しシートを緑色に戻し廃止された。1947年5月5日から中央線で朝の急行には婦人子供専用車が設けられ、現在女性専用車があるが痴漢の冤罪を思うと男性専用車を設けて欲しいと切実に思う。

東京では二等車が廃止されたが関西では二等車は残った。二等車の不評は同じで、クロハ69に特ロ（特別二等車）と言われる改装を施し、1953年1月1日から京阪神間の各駅停車に投入開始した。その後クハ55097～99をクロハ69003～5に、クハ55100～105をクロハ69006～11改造、薄いピンク色に塗った室内にえんじ色のシートを用い、調和のとれた照明装置も採用し好評を得た。戦前は田町電車区にクロ49001・49002の2両の貴賓車が配置され、逗子への皇室輸送に用いられていたが、戦後、クロハ49に改造され、更にサロハ49に改造されて、伊東線で使用されていた。

72　第1章　新幹線前史―在来線の発展―

図1-55　中央線の二・三等車クロハ55と16

図1-56　かつての貴賓車クロハ49002

図1-57　老幼優先車

図1-58　クロハ55806

図1-59　クロハ69

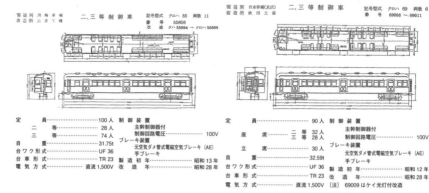

図1-60　東京地区の二等車クロハ55と関西地区のクロハ69
　　　　（出典：電気車研究会刊 電気車形式図集）

1.2.5 国鉄部内の戦後処理

国鉄の戦後処理はかなり長く続き、私が 1959 年 3 月 1 日正式に国鉄職員に採用された八王子機関区でも先輩から当時の話を聞かされた。当時、終戦処理で、パイロットを養成していた、逓信省 航空機乗員養成所が占領政策で廃校になり、その人たちの多くを国鉄が受け入れた。航空機乗員養成所は、貧しいために教育を受ける機会に恵まれない、優秀な子に公費で教育を施すことが国のためになるとしてできた機関の一つで、陸軍系と海軍系があった。小学校 6 年修了で受験でき、学術優秀、心身共に強健なものを選抜、修業年限 5 年、卒業後は操縦士の免許と中学（旧制）卒業の資格を与えた。終戦で軍関係の機関は閉鎖され、国鉄は彼らを受け入れ中等部運転科という新しい制度を設け教育を行った。乗員養成所から来た人たちは優秀な人が揃っていて、中等部を出た人は、蒸気機関車・電気機関車・電車の中で、好みの運転車種を選択するはずであったが、要員需給で必ずしも 100％希望通りにはならなかった。後年多くの人たちが新幹線電車運転士や検査掛として転入してきた。

　また、戦場からかつての機関士・機関助士が多く帰還し、職場には多くがだぶつく状態になり、戦中の急場しのぎで機関士や機関助士になった人たちは降職させられ、機関士は副機関士の名のもとに機関助士の仕事を、機関助士は副機関助士になり、庫内手の仕事、いわゆる機関車磨きの仕事をさせられる人が出てきた。電車区でも若い電車運転士は副運転士に降格されて、車両手（電車の検査修繕の手助けをする雑務）の仕事に就かされ、失望や怒りから、勤労意欲も著しく減退していた。やがて、副機関士は機関士に、副機関助士は機関助士に復職してゆき、お陰で長いこと機関士科の生徒募集がなく、機関助士を長年務める人たちがどんどん増えていった。そして高卒の新規採用者が増え、実務には精通しながらも戦時中に十分に学ぶ機会の無かったために鉄道教習所の機関士科の入所試験には学力ではハンデを負うことになり、それが問題になった。機関士科の受験資格は規程では機関助士 2 年 9 ヶ月以上その職務に従事しなけらばならないが、これで試験をやったのではたまらないとし、古参対策が

立てられた。機関士科の受検資格は機関助士13年以上の者とするといった制限を設けたりする一方、それでは若者のやる気を削ぐと共に、古参対策がずっと続くと言ったことから、何回に一度は、オープンといって規定の2年9ヶ月で受験資格を与えることも行われた。広島地方では、機関士科に入所するために多額の賄賂を使ったが、試験に落ちそれを暴露し新聞記事になったこともあった。広島地区の機関助士から正規養成（学科6ヶ月・実務訓練6ヶ月）で新幹線に転勤してきた者にその話をしたところ、海苔の養殖で金持ちが沢山いて、地方では機関士は名誉職なので、そうしてことをやった人もいるとの話を聞いた。地方では鉄道員は堅い仕事で、特に機関士は皆から羨望の的であった。が、都会では鉄道員は安給料の代名詞みたいなもので、ポッポ屋と言って鉄道ファン以外には人気のある仕事ではなかった。1907年生まれの私の母は「当時、同級生に豊田駅の助役の娘が居て学用品にも事欠く」という鉄道員の低賃金を折に触れて話していたり、近所に幾人か機関車乗務員が居て、Sさんの奥さんは、旦那が中々機関士になれず悔しがっていたとか、機関士の待遇は良かったみたいだが夜中に仕事に出たり、帰って来たり、奥さんは明けで帰ってきた主人の休養の邪魔にならないように、子供を外に連れ出したりで、大変な世界、お陰で泥棒は来なかったけどね」と言っていた。私が国鉄に就職した時、「折角一流会社に入ったのに何でまた」と言って喜んではくれなかった。また、近所に飯田町機関区の機関士を退職、多くの家作を持ち、養鶏業を営んでいる裕福な人もいた。

1.2.6 鉄道信号

　ここで列車の運行に欠かせない信号について少し述べる。信号方式は線区によって異なるが、自動閉塞式と通票閉塞式がほとんどであった。後に述べる新幹線のATCも基本は自動閉塞式の思想に基づいている。信号は、色・音・形で列車の運行条件を指示するものであり、その指示は絶対である。

　信号にはルートシグナルとスピードシグナルがある。駅によっては複数の進入進出する線路があり、各番線毎に信号機が設けられていて、列車は指定され

た線路の信号機を確認して進入する。もし進入線路を変更する場合は運転通告券を発行して運転士に渡す。運転線路が分かれるところには、それぞれの線区に向かう出発信号機が設けられている。信号機と信号機の間を閉塞区間と言い、一閉塞区間一列車主義と言って、一閉塞区間には一列車しか入ってはいけない大原則がある。まず、自動閉塞式について述べる。自動閉塞式は色灯式で、赤＝停止・黄＝注意・青（緑色）＝進行を基本に、減速＝黄＋青・警戒＝黄＋黄の五現示があった。注意は45km/h以下、減速は次の信号機に進行以外の現示があるので注意して運転（後65km/h以下に制限）、警戒信号は25km/h以下と定められていた。信号機でも単に列車の有無、位置関係を表示するだけの閉塞信号機と、絶対信号機と言って列車の前後関係だけでなく運転線路に関わるような条件のある、重要な信号機、場内信号機、出発信号機がある。閉塞信号機は3分（東京では1分）以上停止信号現示の場合は、無閉塞運転と言って、いつでも停止できる速度、ただし見通し良好であっても15km/h以下で運転し進入できる場合があった。また、勾配のきついところで停止すると再び引き出しできないようなところには、閉塞信号機に徐行許容標識を着け、貨物列車は停止信号でも停止せず、無閉塞に準じて運転で停止信号を超えて運転を許されるところもあった。駅間の閉塞信号機は番号がつけてあり、出発信号機の次の信号機から場内信号機の手前の信号機まで番号が暫減していくようになっていて運転士はそれを熟知していた。例えば駅間に3本の閉塞信号機があると、出発、第三閉塞、第二閉塞、第一閉塞、場内という順になっていた。国電区間のように朝夕のラッシュ時多くの列車を運行しなけらばならない場合、閉塞区間を短くしなければならず、閉塞区間の短い区間には減速や警戒信号が設けられた。その他、列車が同時に進入・発車した場合、側面衝突する恐れがある場合があり、同時進入・進出を禁止しているが、警戒信号を現示した場合は同時に進出、進入することができた。また、前記の他の番線に急遽進入線路を変更させなければならない時は、警戒信号を現示すると無通告で着線変更が可能であった。

　通票閉塞式は単線区間に用いられ、駅間が一閉塞区間になる。通票という砲

金製の丸い金属の中に穴をあけた（第一種＝丸・第二種＝四角・第三種＝三角・第四種＝楕円）ものを革製のキャリアーという革製に袋に収めたものを運転士が携行し、携帯した者のみが列車を運転できるシステムで、区間ごとに通票の形状＝（第一種から四種）が定められていた。通票の取り出しは駅間を電信連絡で相互に通信し、一つしか通票が取り出せないような機構になっていた。信号機はまれに色灯式のところもあったが、多くは腕木式で腕が下がると進行、水平だと停止の二現示であった。二現示であると進行の次は停止、停車列車の場合は問題ないが通過列車の場合は、場内信号機が進行でも出発信号機が進行である保証はない。場内進行で進入したら、出発信号機が停止の場合には、ブレーキ操作をしても手前に止まれる保証はない。そのため、通過列車のために通過信号機を設け、通過信号機が進行なら出発信号機も進行であるというお墨付きを与える信号機もあった。通過信号機のない駅ではホームに青旗を掲げ通過手信号を、夜間は青のカンテラを現示した。通過列車ではこの通票の授受で怪我をするケースもままあった。

図1-61　腕木式信号機の現示

1.2.7　機関車労働組合の分裂

蒸気機関車の乗務員は高度の技量を求められ、勤務は過酷を極めていて、不健康加算と言って勤続年数が割り増しされていて年金に反映されていた。1950年朝鮮動乱が起こり、朝鮮特需と言われた時代、戦争関係の輸送も多忙を極め

た時代であった。機関士は元々誇り高い職業で、エリート意識も強く、これは世界共通のものだった。そこに付け込んだのが当時の運転局長 木島虎蔵で、当時の国労の機関車協議会に「切符切りと同じ待遇でいいのか」と働きかけ、1951年5月23日国労から機関車労働組合（機労）を分裂させる。木島虎蔵は、俺の組合だと言っていたという。しかし、全員が機労に行ったわけでなかった。「働く者は皆、貧しいんだ」自分だけ良ければ良いというのは間違いだし「当局の作った御用組合になんかに行けるか機関士だけで汽車は走れない」という人も多くいた。蒸気機関車全盛時代に北海道の遠軽機関区で定年まで国労の機関士でいた方たちから、当時の苦しかった時代の話を沢山聞く機会があった。権力をバックに同じ職場で働く労働者が同じ労働者を攻撃する。酷いもので、国鉄当局と機労が手を組んだ国労攻撃は、本当に凄いものであった。年功序列賃金の中、定期昇給が70〜80％の時代もあり、落ち度がなくても国労の人間はよく定期昇給も蹴飛ばされた。その損失は年金にも影響し終生付いて回る。国労組合員の些細なミスも大きく取り上げられ制裁や昇給の蹴飛ばしなどざらにあった。

　当局の掲示板にも今の国労にいるような奴は、共産党の手先で国鉄を破壊しようとしている輩であるという掲示を初め、国労攻撃の掲示が良く出されたという。それでも皆は、俺たちは何も悪いことをしていないという誇りをもって歯を食いしばり頑張ったという。当時の合言葉は「仕事のミスは絶対するな、だれにも負けない仕事をし、付け込まれる隙を作るな」であったという。「俺たちは彼らのやり口を色々と見てきた。そういう時代がまた来るよ、当時の虐めを思えば、〝マル生攻撃〟なんてチョロイもんだ」という話や、戦中戦後、国府津機関区で機関士をしていた国労の役員、勝又清美の「肝心な時に彼らは寝返るぞ」という予言は、当時、過激な行動、言動で鳴らした、泣く子も黙る「鬼の動労」の日常の「戦闘的・過激」な行為からは俄かには信じられなかったが、国鉄分割民営化で、大先輩の話、予言は現実ものとなった。また、選挙で機労の設立に関った人が社会党から立候補し、国労本部から応援しろと言ってきたが、いくら社会党支持でもあいつは絶対許せないという声も多く出た。

しかし組織が社会党を支持しているのだからと仕方なく従ったとはいうが、中には絶対いやだと言う人もいた。また、新鶴見機関区出身で運転士科の年長の同期生の話では、機関車労働組合員の対象は機関車乗務員だけで、同じ機関区内でも事務掛や検修の人たちは入れなかった。新鶴見から教習所の教官に出ていた人が機労の設立準備委員になっていて、100人位入る講堂で加入活動をし、500人位いた乗務員の中で、国労に残ったのは50～60人位「乗務から帰ってくると機労の奴らに囲まれてつるしあげられた、その度に助役が止めに入ることも日常だった」という。しかし、東京地区では東京機関区、国府津機関区、八王子機関区、沼津機関区は、国労が多数を占めていた。同じ職場の中で働く、個人的に何の恨みのない者同士が、労働組合の看板でいがみ合うことは、労働条件の改善以前の問題で、労働組合自ら労働環境を悪化させている。民族意識は在っても、何の憎しみのない弱い貧しい者同士が戦争に駆り出され戦う悲劇に似て、惨めで悲しい。

　戦後、サプライズテストというものが行われていた。これは、信号機を消灯し、運転士が気がつくか？　速度計の付いていない電車で、制限速度や徐行区間を規定通り走っているか？　汽笛を決められた長さ吹いているか？　などで、時には、後ろで隠れての監視などが行われ、反発が広がっていた。丹那トンネルのような長大トンネルで、付近の景色に何の変化もないところでは、信号確認喚呼票識で、信号が見えないことに気づいて肝を冷やし、急遽、非常制動を採るということもあり、何事もなくホッとした後の腹立たしさは運転した者でなければ分からない。中には、信号が消えているので、傍まで行ったところ、何と制帽で信号機が隠されていることがあった。その運転士は信号によじ登り、帽子を多摩川の鉄橋から川に捨ててやったと、怒っていた。また、皇族（宮様）の乗った列車にサプライズテストを行い、非常制動で止まったため、大きなショックがあったと問題になったりした。当時、定期昇給率も低かったこともあり、何とか差をつけるための策であったと思われるが、運転現場の組合員の反発もあり、結局、このテストは中止された。運転職場には指導原簿があり、添乗してきた指導運転士が荒探しに近いようなことをしていた。指導原簿は本

人には見せるのだが、二重帳簿になっていたと言われる。

いわゆる動力の近代化で、電車化、気動車化が進み優等列車が電車化・気動車化され、機関車の分野も狭まり、機関士から、電車運転士や気動車運転士に学科、実務それぞれ2ヶ月間の転換教育を施し、機関車から電車や気動車運転士に転換していった。逆に運用の都合で、電車運転士から機関士の転換教育を受けた者もいて、中には電車運転士兼機関士や気動車運転士兼機関士いう職名もあった。往路が機関車・復路は電車などということもあったが、三兼務は問題があるという労働組合の指摘もあり、兼務は二職種までになった。

正規の機関士科の試験も少なくなり、救済策で、機関助士（電気・蒸気）の助士、2年6ヶ月経験者（正規では2年9ヶ月）に、電車運転士科の受験資格を与え、合格者は電車運転士科に入学、正規の6ヶ月の教育と、5.5ヶ月の実務訓練を受け、実地試験に合格し、欠員が生じると、電車運転士を発令した。機関士は誇り高い仕事であり、中には電車に行きたくないとして、機関士科の試験を待っている人もいた。その後、ドライバーコースという制度ができて、鉄道創始以来伝統であった学科試験制度は廃止されてしまった。

1.2.8 湘南電車

湘南電車の計画実現に向けて、1948年4月25日、三島〜沼津で、モハ52を使い試運転を実施している。1949年12月19日〜21日東京〜沼津にモハ63型15両編成で試運転を行い、15両という長大編成の電車列車が可能であるか種々の試験を行い、126.2kmを150分で走破し大丈夫ということで開発が始まった。しかし変電所の容量不足が明らかになり、結果4M・6Tの10両編成になった。初の湘南電車が5社から納入されたのは1950年1月31日であった。早速2月4日から性能試験を開始したが、1950年2月9日試運転中に湘南電車が戸塚付近でパンタグラフに異物がひっかかり火災を起こした。しかし変電所の遮断器が動作せず、通電中のため放水消化もできず、モハ80027・クハ86017の二両が炎上した。営業開始に必要な全編成が納入されたのは2月の中旬であった。湘南電車の落成公式試運転は1950年2月24日15両編成の列車

を仕立て、多くの招待客、名士を乗せて東京〜熱海〜沼津・伊東で行われた。営業開始すると中継弁の動作が巧く行かず、しばしばブレーキの緩解不良を起こし、遭難電車などと揶揄されたこともあった。

図 1-62　モハ 52

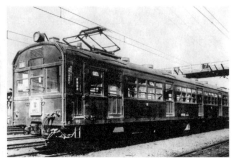

図 1-63　モハ 63 運転室付近に進駐軍の命により運転室立ち入り禁止の標記がある

　東京〜沼津間に湘南電車が営業列車として誕生したのは 1950 年 3 月 1 日、車両は田町電車区に配属されていた。元々湘南電車は、輸送量が増大しつつある東海道線の東京〜熱海間を速やかに折り返すことができる電車方式にしようという話から始まったという。当時の東海道線の混雑はかなりのもので、1953 年 7 月のダイヤ改正で朝夕混雑時は 15 両編成になったがそれでも藤沢、辻堂、茅ケ崎で乗り切れない人、積み残しが発生していた。機関車列車では、機関車を付け代えるための機廻り線を必要とし、そのために長い時間、輸送を終えた用のない列車がホームを塞ぐことは得策でなく、構内ダイヤも輻輳して車両の運用効率も落ちるということで計画されたという話を故西尾源太郎から聞いた。

　この湘南電車登場は、国鉄の技術屋と GHQ 内の CTS（民間運輸局）との戦いでもあり、CTS は些細なことにも干渉してきた。GHQ の中にはアメリカの車両メーカーと通じている者もいて電化をやめてディーゼル化にしろ、口利きをしてやるとしつこく迫り、両方からリベートを取ろうとする者もいた。

　東京機関区には米軍が持ち込んだ、ペンキで 8500 番代の番号が書かれたディーゼル機関車がゴロゴロしていたがせいぜい小入換程度が頃合で、とても

本線で使えるような代物ではなかった。

　汐留の入換も品川機関区の明治生まれの輸入機関車 B6 が受け持ち、朝に機関区から汐留に向かう 5 重連の B6 が競って煽っていく雄姿を幾度も見た。この B6 は昭和 30 年代中頃まで活躍していたがその後 8620 に置き換えられ後に DD13 に置き換えられた。私鉄にも古い蒸気機関車を売却し東武鉄道や、各地の炭鉱で活躍していた。

図 1-64　汐留の B6

図 1-65　東武鉄道に売却された蒸気機関車

図 1-66　ネルソン社 1900 年製のプレート

　1948 年 3 月、島秀雄が工作局長に就任した。車両も含めたすべての設備を作る最高責任者である。

　CTS にいきなり、沼津や伊東まで電車を走らせると言うと、ディーゼル化しろと反対されるのは目に見えているので、横須賀線と同程度の通勤電車と大まかな説明をして認めさせた（要旨：前間孝則著　技術者たちの敗戦）。現に湘南電車は DT16 という電動台車（電動機を搭載した台車）、ARE という新しいブレーキ装置、過電流表示灯（モーターに過大電流が流れ、回路を遮断したという表示灯）のほか、特に目新しいものがあったわけでなく、当時の技術を最大限に生かして作られていた。例えばモーターを制御する制御器は空気カム軸式の CS5 という昭和初期から使用されている旧来の方式で、直列 5 段、並列 4 段、弱め界磁 1 段で、他の電気回路も旧来の電車（旧型国電）と同じであったが CS5 は長い実績があるトラブルの少ない制御器であった。1953 年電動カム軸式の主制御器 CS10 が開発され、新製されるいわゆる旧型国電に使用されて行く。CS10 は直列 7 段、並列 6 段、弱め界磁 1 段であった。

旧型国電のブレーキ装置（AEブレーキ装置）はブレーキ管という管が編成の最前部から最後部まで貫通していて、走行中は5kg/cm²の空気圧で保たれており、ブレーキをかける時はブレーキ管の圧力をブレーキ弁で減圧、制御弁を介し空気ブレーキがかかるような仕組みになっていた。駅に停車する際の最大減圧量（それ以上減圧してもブレーキ効果は変わらない）は1.4kg/cm²（ブレーキ管の圧力にして3.6kg/cm²）であり、非常ブレーキをかけると速やかにゼロになり、非常ブレーキが動作した。また、万一列車分離の際は、切れたところからブレーキ管の空気が噴出し圧力が即ゼロになるため、速やかに非常ブレーキがかかる保安装置でもあった。

ただ、このブレーキは前述の自動ブレーキであったが、電車列車の場合の動作は先頭のブレーキ弁からの減圧の他、ブレーキの動作時間短縮のために、他の車両からも電磁弁という電磁石により電気的に空気を制御する弁が同時に動作して、ブレーキ管を減圧していた。逆に緩める時は、最前部の車両からブレーキ管に空気を込め、その空気は次に使うブレーキの空気として補助、空気ダメに蓄えられるのだが、ブレーキが緩んでも、次のブレーキに備えるための十分な圧力になるには時間を要した。そのため、朝のラッシュ時のように、頻繁にブレーキをかけたり、緩めたりする時は、ブレーキに必要な十分な量の空気が補助空気ダメに蓄積されなかった（込め不足と呼んでいた）。

そのため、運転士が思ったようなブレーキ力が発揮できず、オーバーランをはじめ、肝を冷やすようなことがしばしばあった。元々、電車には計器類はブレーキ管と、元空気溜の2針の圧力計が1個あるだけで、速度計もなく、後は

図1-67　湘南電車に付けられた速度計　図1-68　速度計はメカニックなものであった

すべてが勘によるものであった（機関車に速度計を付け始めたのは1923年）。

湘南電車では高速運転をする関係から、速度計も装備し、ブレーキ装置も改良し、補助空気ダメの圧力を直接ブレーキシリンダーに供給するのでなく、その圧力を中継弁という弁を介して作用させ、ブレーキシリンダーには元空気ダメから $5kg/cm^2$ に減圧したエアーを供給してコメ不足の解消を図るという改良が加えられ（AREのRは中継弁＝ relay valve のR）、ARE式と呼んだ。

また、運転台のある車両に電磁弛め弁と言う電磁弁を設け（モユニ81には電磁弛め弁は着いてなかった）、同時にブレーキ管にエアーを込めてブレーキの緩解を促進するようにした。

湘南電車の編成には色々変遷があった。当初、基本編成は4M6Tサロは一両で、付属編成はクハ86＋モハ80＋モハ80＋クハ86の4両、甲府乗り入れ

図1-69　二枚窓と三枚窓のクハ86

図1-70　二枚窓のクハ86を先頭の湘南電車

図1-71　クハ86の車内

図1-72　二等車 サロ85の室内

図1-73 湘南電車の横須賀線版クハ76を先頭に横須賀線の編成　　図1-74 湘南電車の二等車サロ85

は4両で行っていた。私の助士時代の編成はクハ86＋モハ80＋サハ87＋モハ80＋サロ85＋サロ85＋モハ80＋サハ87＋モハ80＋クハ86の10両編成を基本編成（A）にクハ86＋モハ80＋サハ87＋モハ80＋クハ86の5両の付属編成（C）を小田原か平塚で分割・併合していた。更に下り寄りに1両のモユニ81という郵便・荷物車を連結、最長編成は16（320m）になった。しかし、基本編成の10両4モハ、15両6モハの力不足は否めず、並走する京浜東北とのスピード競争にはいつも苦戦した。当時は動力の近代化で、機関助士の余剰人員を電車運転助士に転換養成し、これに充てた。

　湘南電車の15両編成という長大列車のドアに開閉や、ホームの安全は車掌1人に負わせるのは無理があるとしてサロの中間で分け、前半分を電車運転助士、後部を車掌が扱っていた。電車の制御回路電源は全部のドアが閉まったことを確認して構成するため、湘南電車の15両編成では、15両×4（1両のドアの数）60ヶ所の電気接点を通過して300mの距離を通ってくるため接点での接触抵抗が馬鹿にならず、電圧降下が大きいためノッチを入れると、パイロットランプ（戸閉め表示灯）がかなり暗くなった。酷い時には心配になって、非連動（ドアが閉扉しなくとも戸閉め接点を通らずバイパスして直接制御電源を供給する）にして力行運転したこともあった。クハ86は三枚窓であったが、クハ86021・22から二枚窓になり、このスタイルは湘南型として私鉄にも波及

する。

　この二枚窓の試作とも思われるクハ86021・22はその後に製作される型と少々異なり窓下が丸みを帯びた形をしていた。その後、前面の窓ガラスがHゴム化されたが、前面ガラスが隧道内で風圧によって外れそうになり、慌てて手で押さえながら運転したという話や、東京発車前にサボを取り付ける際、前面ガラスに小さなひびが入り、それが徐々に大きくなり、隧道に入るとひびが段々大きくなり、終着に着く頃はかなり破損状態で肝を冷やしたとの話を伊東電車支区の栗原良雄から聞いた。その後、Hゴムはアングルで補強され、前面ガラスも合わせガラスの強度なものに変えられた。

　栗原は沼津機関区で古参の先輩に訳もなくよく殴られ、悔しさから一念発起、猛勉強し、お陰で早く機関士になれたと話していた。その殴った助士はと聞いたら「まだ奴等は助士をやっているよ」と話していた。まさに臥薪嘗胆の日々であった。1944年伊東線が電化され伊東機関区は沼津機関区伊東支区になり、1950年8月1日田町電車区　伊東支区になった。

　1950年8月11日夜半と18日には湘南電車の温泉準急「いでゆ」の運転にむけて「超特急試運転」が行われた。当時の特急の東京〜熱海94分に対して湘南電車準急は85分で走破する「超特急」には特別料金も検討された様であったが普通の準急料金で運転された。

図1-75　1954年湘南準急「はつしま」のヘッドマーク

図1-76　根府川・白糸川橋梁をいく準急「伊豆」

1951年3月のダイヤ改正で東京発15:00湘南準急「いでゆ」が登場した。その後12:55発「いず」も誕生するが「いでゆ」は伊東持ち「いず」は田町持ちであった。14両編成の先頭10両基本編成（A）が伊東行き、熱海で分割し付属編成（C）が修善寺行きで三島で駿豆線の運転士と交代したが、以前の駿豆線は600Vであるため、三島のセクションで助士が床下にある切換えスイッチを駿豆線用に切換えていた。駿豆線に入るとMG（Motor Generator 電動発電機）も何とか100V発電していたが、コンプレッサーの動作音は当然ながらすごく緩慢であった。

 湘南電車は田町電車区と田町電車区伊東支区、沼津機関区が担当していたが、東京地区では他の線区への乗り入れもすべて田町電車区の運転士が担当し、他の電車より格付けがワンランク上だというような感じであり、当時の湘南電車の運転士は電動列車運転士と呼ばれていたという話を沼津機関区で電車運転士をしていた川口茂夫から聞かされた。戦前軍部の反対で滞っていた電化が今度は米軍の圧力で延ばされる。1934年12月1日丹那隧道開通と共に東海道線の電化は沼津まで進んだが、それ以降は軍部の反対で電化は進んでいなかった。戦後、国鉄の石炭の使用量は石炭の使用量は全生産量の20％近くを占める。石炭節約の意味でも電化の推進を考えるが、GHQは国鉄の電化に反対であったため説得する必要があった。丹那トンネル開通、沼津電化以来、14年ぶり東海道線の電化工事が進み、1948年静岡まで電化され、電機による試運転が12月27・28日と翌年1月5日から9日までの7日行われ、EF58で650トン牽引の試運転の結果、従来の蒸気機関車牽引と比べ下りで9分、上りで8分45秒短縮になった。湘南電車は運転範囲を広げ、その後1950年6月26・27の両日、25年度第一次新製電車、東急車両製の新製電車（クハ86021・22モハ80033～36・サハ87017～19・サロ85006）を使って入線試験を行い1950年7月16日静岡まで延長になり、同年12月5日に島田まで臨時に乗り入れる。同年11月19日には甲府まで臨時乗り入れ（付属4両編成）をしたが、運転は田町電車区の東海道組の運転士が担当した。湘南電車は1951年2月15日浜松まで延長される。田町電車区内は、組み分けされていて、ベテランしか湘南電

車には乗れず、若い人は横須賀線専門であった。後に新幹線の運転士になる茂木博は優秀である故に検修助役が手放したくなく、お前は運転士にならず、検修で働けと言って手離さず、運転士科の試験には成績が抜群なのに幾度か落とされ、湘南電車の運転士に憧れていた氏が抗議してやっと運転士になれたとの話も聞いた。優秀な茂木博は希望もしないのに、若いのに勝手に湘南電車の運転士に抜擢され、同期生や先輩から僻まれ、新幹線に転勤してきた折、その時の苦い経験から当初に計画された組み分けは職場を暗くし、懲り懲りだと大反対していた。

この頃から機関車列車から電車列車への転換が始まり、湘南電車の運転士は、機関士から電車運転士に転換した人がかなり居た。沼津機関区では当初、東京からの転勤者を除いてすべてが機関士からの転換養成であった。

私鉄との競争の激しい関西地区にも 1950 年第二次新製電車クハ 86043～86056・モハ 80073～80086 の 80 系 28 両（Tc＋M＋M＋Tc）7 編成の投入を計画、実施する。それ以前クハ 68 を先頭にピンクと茶色に塗装された編成が走っていたが、80 系にもその塗装を施すこととなる。

図 1-77　関西の急行電車

図 1-78　関西の 80 系

1.2.9　モユニ 81 のノーブレーキ

モユニ 81 は深夜の新聞輸送電車として 1 両で運転されていたが、ある日何かの弾みで異物をはねて、それが補助空気溜のコックを破損につながり、ノー

ブレーキになったことがあった。運転士は必死で手ブレーキを巻いたがその効果は微々たるものであり、自然停車に近い状態で停車したと言う。幸い深夜であり、列車密度も極端に少ないために、大事には至らなかった。以後は、新聞電車はモユニ81の2両編成で運転された。運転士にとってブレーキが利かないほど恐ろしいことはない。列車は止めると言う大前提があって初めて運転できるのである。ノーブレーキ事故は1953年蒲原鉄道の冬鳥越～加茂でもあった。原因は空気溜コックの破損である。運転士はエアのは排気音が聞こえたので非常制動手配を取ったが制動効果はなく25‰の下り勾配を下りだし逆ノッチを使ったが効果なく、パンタグラフを降下し手ブレーキを必死で巻いたがこれも効果なく、25‰を下り始めた。添乗中の電力係員と赤旗を振りながら走行、60人ほどの乗客を制止したが、挟口・駒岡・東加茂の三駅を60km/hで通過、その後25‰の上り勾配で逆行を始め、振り子状態を繰り返し、谷底の東加茂駅構内で自然停止した（現在この路線は無い）。ノーブレーキ事故で大きいのは1949年3月31日、近鉄奈良線で起きた事故である。

1.2.10 桜木町事故・電車火災

1951年4月24日、京浜東北線の桜木町駅に進入する電車が、架線を引っ掛けて火災を起こすが、変電所が事故電流の遮断ができず、モハ63756とサハ78188の2両が炎上した。しかし、高架線上に止まり、車両も戦時設計で三段窓になっていて、乗客は窓や貫通ドアからの脱出もできず、106人の尊い人命が失われた。これを契機に貫通扉、Dコックが整備される。この時の、国鉄内部の責任のなすり合いに嫌気がさして、後の新幹線の父になる島秀雄は国鉄を去る。この63型は改良され、「復興整備電車」という表札を掲げて走っている編成もあった。

63型はその後72.73型と改造され、貫通路を設け、3段窓が固定から上まで開くように逐次改良された。その後も1958年まで製作が続けられる。電車の火災は同年6月9日大宮～与野でモハ63575の屋根が燃え屋根に2mが焼け、天井に300mm×150mm穴が開いた記録があり、6月26日には久里浜駅でク

ハ 76013 とサハ 48008 が全焼し損害額は 1800 万円と記録されている。この事故原因は高圧回路遮断時の異常電圧によって引き起こされたとあるが、同年 9 月までにこの異常電圧が 3 回発生している。異常なサージ電圧による事故は常磐線でもあり、1954 年 3 月 21 日、全車の主電動機が閃火短絡を起こし主スイッチと主ヒューズを焼損し発火に驚いた乗客 10 名が重軽傷を負っている。当時はまだ国電にサハ 19 やサハ 25 といった木造車が走っていた。1953 年には列車火災以外にもタイヤの割損と言う極めて危険な事故も起きている。4 月 5 日京浜東北線、鶴見〜川崎で 4 両目のモハ 73177 のタイヤが割損 1・2 軸が脱線、11 日には山手線目黒〜五反田で 3 両目のサハ 36037 のタイヤが割損、1 軸脱線していた。この編成は一両のモハ 72 以外はすべて 17m の編成（モハ 31 ＋サハ 75 ＋サハ 36 ＋モハ 72 ＋モハ 31 ＋モハ 31 ＋サハ 75 ＋モハ 50）であった。当時の山手線には古い 17m 車が集中配置されていて、山手線にボロ電車を集めたと悪口を言う人もいた。この 17m 電車の揺れ枕バネには多客でバネが撓み過ぎないように木片が介ってあった。

図 1-79　山手線に集められた旧型の 17m 車両

1.2.11　特急のスピードアップに向けて

1950 年機関車でもスピードアップへの取り組みが本格化し、電力事情もいくらか好転し、発熱量の大きい石炭も調達できるようになり、東海道線の特急「つばめ」を戦前の 8 時間運転に戻すべく取り組みが始まり、1950 年 8 月 29・

30の両日、3001レ・3004レの試運転が行われた。試験列車は現車12両、換算45両（9時間運転の「つばめ」は換算52両）牽引機は3001レが東京〜浜松がEF5818（東）、浜松〜大阪がC6215（濱）。8月30日の3004レが大阪〜浜松C6235（宮）・浜松〜東京がEF582（濱）換算7両（70トン）重量を減らした成果が出て、大成功を収めた。運転局列車課はこの結果を受けて、10月1日から特急「つばめ」は東京〜大阪が戦前の8時間運転になり、表定速度69.9km/hになる。下記に「つばめ」の速度の変遷と、試運転の結果を表にまとめた。

表1-6 特急「つばめ」運転速度の変遷

下り列車								起点から	停車場名	停車時間	上り列車							
1934.12/1〜1943.10/1		1949.09.15		1950.10/1 計画							1950.10/1 計画		1949.09.15				1934.12/1〜1943.10/1	
平均速度	停車時分	運転時分	平均速度	停車時分	運転時分	平均速度	停車時分	運転時分				運転時分	停車時分	平均速度	運転時分	停車時分	平均速度	運転時分	停車時分	平均速度
66.5		26'	62.5		26' 30	67.8		25' 30	0.0	東京	28.8	27' 30		61.4	28'		61.8	25'		69.2
66.6	1	68' 15	66.8	1	68'	73.0	1	62' 15	28.8	横濱	75.8	67' 15	1	67.6	72'	1	63.2	66' 45	1	68.4
62.5	↓	20' 45	63.2	↓	20' 30	73.0	↓	17' 45	104.6	熱海	21.6	18' 15	2	71.0	20'	3	64.8	20' 15	↓	64.0
61.0	4	45'	72.8	3	44' 30	76.2	3	42' 30	126.2	沼津	54.0	42'		77.2	45' 30		71.2	45'	4	61.0
71.8	3	64' 15	70.4		65' 30	76.9		60'	180.2	静岡	76.9	60'		76.9	65' 30		70.4	63' 45	3	72.3
77.4	↓	84' 15	67.6	4	97'	77.2		85'	257.1	浜松	109.3	84'	5	78.1	99'	5	66.2	85' 45	↓	76.5
71.8	5 大垣	25'	62.4		28' 45	71.8		25'	366.4	名古屋	29.9	27'	3	65.2	28' 30	4	63.0	24' 15	4	75.0
68.4	0' 30	43'	50.6	6	62' 15	61.8	4	51'	396.3	岐阜	下52.5 上49.6	44' 30		66.9	52'		60.0	42' 45		69.6
75.2		54'	59.8	4	68'	70.0		58'	445.9	米原	67.7	59'	2	68.9	69'		58.4	58' 30		69.5
75.5	4	34'	65.9	2	39'	67.6		38'	513.6	京都	42.8	35'	1	73.4	39'	3	65.9	34' 15	1' 45	75.0
全平均	合計	合計	全平均	合計	合計	全平均	合計	合計	556.4 559.3	大阪		合計	合計	全平均	合計	合計	全平均	合計	合計	全平均
71.8	14' 30	465'	64.5	20	520'	72.2	15	465'				465'	15	71.8	519'	21	64.3	466' 15	13' 45	71.6
8:00			9:00			8:00			運転時間表定速度			8:00			9:00			8:00		
69.6km/h			62.1km/h			69.9km/h						69.6km/h			61.8km/h			69.6km/h		

1942年垂井〜関ケ原下り線勾配変更迂回線開通、下り線は2.9km延長になる　　　数値は 電気車の科学 1950年11月号 野原英四郎 著より

1.2 戦前・戦後の国鉄

表1-7 特急「つばめ」8時間運転試運転（1950年8月29・30日実施）

8/29 3001レ EF5818(東) C6215(濱)					起点から	停車場名	停車場間	8/30 3004レ EF582(濱) C6235(宮)				
実際		計画						計画			実際	
平均速度	停車時分	平均速度	停車時分	運転時分				運転時分	停車時分	平均速度	停車時分	平均速度
69.1	1'23	67.8	1	25'30	0.0	東京	28.8	25'00	3	69.1	0'13	71.7
73.2	↓	73.0	↓	62'15	28.8	横濱	75.8	64'15	3	70.8	2'19	66.6
74.1	↓	73.0	↓	17'45	104.6	熱海	21.6	17'45	3	73.0	↑	73.9
76.7	2'28	76.2	2	42'30	126.2	沼津	54.0	41'30	↑	78.1	3'30	78.1
77.7	↓	77.8	↓	59'15	180.2	静岡	76.9	60'00	3	76.9	9'03	77.2
80.3	8'28	77.5	5	84'30	257.1	浜松	109.3	83'30	5	78.4	7'00	82.5
77.3	4'19	73.2	4	24'30	366.4	名古屋	29.9	24'00	5	74.8	↑	77.5
66.3	2'07	63.0	1	50'30	396.3	岐阜	下52.5 上49.6	43'45	4'45	68.0	6'30	70.4
72.1	7'11	71.9	5	56'30	445.9	米原	67.7	59'00	↑	68.9	3'34	70.7
74.5	4'30	73.9	4'30	34'45	513.6	京都	42.8	34'30	1	74.4		75.4
					上556.4 下559.3	大阪						
全平均 74.6	合計 30'26	全平均 73.3	合計 22'30	合計 457'30			下559.3 上556.4	合計 453'15	合計 24'15	全平均 73.7	合計 32'09	全平均 74.5

試運転列車客車構成 スハ42×1・スハニ32×1・マロネロ37×1・スロ60×6・スロ61・スイテ48×1・マヤ×1 現車12両 換算45両
数字データは 電気車の科学 1950年11月号 野原英四郎著より

　電化のほかに、ディーゼル化も始まり、1953年DD501・DD502が完成、3月25・26の両日、山陽線、糸崎・福山で本線試験を行い、3月31日、東京機関区に回送、4月3日品川・保土ヶ谷間行きは旅客線、復路は貨物線を使用し名士・鉄道ファン700名を招いて初めての試み「お披露目運転」を行い、4月4日～6日原宿駅 宮廷ホームで展示会を行った。

　戦前は軍部の圧力で電化されなかった東海道線の電化も順調に西に延びて行く。たが、戦後の電化はGHQを説得せねばならなかった。当時の記録によれば、浜松～米原間の電化工事は国鉄信濃川発電所からの送電コストがかかるということで一時中止していた。しかし国鉄信濃川発電所の電力を電力会社に売って、電力会社から電力を再び買うことで工事費の点でめどが付き、工事を再開した。1951年7月から開始した浜松・名古屋の電化工事が完成し6月21日から入線試験開始、架線清掃を行った後、7月3・4の両日、浜松・名古屋で停客・通客の牽引試験を行い、7月4日には浜松・名古屋1往復、500トン牽引、特急速度（通客甲A）の試運転を行った。

牽引機は浜松機関区の EF5825 を用い、成功裡に終了した。7月5日下り 121 列車（EF5855）、上り 124 列車から5往復の旅客列車を乗務員の訓練を兼ねて行った。その後電機牽引列車を暫増し、7月 18 日から移行運転、7月 21 日から本運転に移行し、当初予定されていた、8月1日開始を 10 日以上も早めることになった。

お召牽引機 EF5861（東）が日立製作所 水戸工場で落成、7月 15 日新鶴見・平塚で公式試運転が行われ、お召予備機 EF5860（濱）が 10 月8日公式試運転を行い、10 月 19・28 日のお召列車に使用するが、EF58 の SG は使わずに暖房車を連結した。この機関車には、前・後の運転室に伝声管が設けられていた。

その後、1955 年6月名古屋～米原の電化（それ以前、11 月 11 日に稲沢まで完成していた）が完成し、7月1日から一部列車が電機運転に置き換えた。6月 22 日、近畿車両製の5両の 80 系（86069・80102・80103・80104・86070）が6月 25 日に日本車輛製の5両（86075・80110・80111・80112・86075）が大垣に到着し、入線試験・練習運転を開始する。7月1日から一部急行をはじめ 15 本の列車を電気機関車牽引に置き換えるが、処女列車は7月2日名古屋 09 : 00 発の富山行き 711 列車であった。

その後7月5日に日本車輛製が4両、7月6日近畿車輛製5両、7月 15 日に日本車輛製が6両、近畿車輛製が5両計 30 両の 80 系が勢ぞろいし7月6日から一部をを電車列車に置き換え、80 系のほかにクハ 16 一両、モハ 40 二両の計 33 両を擁し7月 15 日大垣電車区が発足する。

7月 15 日から上下特急「つばめ」・「はと」ほか上下 10 本を電機牽引とし、7月 20 日予定通りの計画で電気運転に移行する。そして大府・豊橋 11 往復、名古屋・大府 12 往復、名古屋・大垣 13 往復を列車から電車運転に移行する。7月 20 日には大垣市で国鉄総裁（天坊副総裁代理）を迎え、電化完成祝賀会が盛大に挙行され、工事にかかわった人たちの総裁表彰が行われた。1949 年東海道線電化推進に対し国労愛知支部 名古屋地方電気工事部分会（11,000 名）が国鉄再建電化のために全員、給与の 10％を献金することを決議している。

1.2 戦前・戦後の国鉄　93

　米原まで電化が完成し逢坂山・東山トンネル拡張工事に着手した機関車族の執念と見るべきか、1955年東京大阪間電気機関車牽引による6:30運転の特急が俎上に上がっていた。そのための牽引機EH50を作る先駆けとして、EH1015に改造を施し主電動機をMT43から軽量化し回転数を25％上げた試作電動機を搭載し、歯車比を3.67から3.087に変えた。ブレーキもセルフラップ式の電磁直通ブレーキへの交換も視野に入れながら改造を施したのである。そして、EH1015による試運転が12月5日・6日、東京米原間1・2列車「つばめ」牽引でマヤ（検測車）と暖房用のEF58を連結して行われた。しかし3年後に、東京大阪間の特急に電車特急「こだま」が誕生するのはご承知の通りである。

1.2.12　十河信二国鉄総裁になる

　1955年5月20日十河信二が国鉄総裁に就任する。橋本克彦著「日本鉄道物語」に十河信二の人柄に触れたくだりが巧みに表現されている。「不正を嫌い、稚気溢れ人を信じきる人望は常に篤く、一種独特の影響力を持ち、周囲もそれを認めていた」、戦中戦後も必死に鉄道を支え続けながらも落ちぶれた国鉄の現状をみて「こうならないために、先人がどれほど粉骨砕身したか。現場の人間がどれほどの刻苦献身を以って国鉄を支えているか。国鉄中枢の高級職はそのことを恐れて、血の汗を流してでも現状を改善すべきである」といった思いがあった。そして、大胆な国鉄改革策を掲げ新線建設に予算を付けず、電化と幹線複線化全力を投入し、国鉄は息を吹き返す。学歴ではなく実力のある者を積極的に登用し、部内に鉄道大学を作り、多くの卒業者が後に新幹線で活躍する。また、中卒、高卒で就職した人たちで業務余暇を利用して夜間大学に通っていたものにも大学卒業認定試験を行い、合格者は大学卒の処遇を与えるなど、人を育てることに意欲を燃やした。新幹線の大成功はそれが功を奏していることは紛れもない事実である。1956年11月19日東海道本線全線電化完成、十河総裁のテープカットで特急「つばめ」はEF5857に牽かれ発車した。また、今まで一つの線を共用していた京浜東北・山手線がそれぞれ別の線路で運転を開

始し、その祝賀電車には三鷹電車区所属の最後の旧型国電シリーズ、新製の72系900番代の車両が充当された。そして、寄せ集めの客車編成による博多行き、寝台特急「あさかぜ」が誕生した。栄光の下り一番列車の機関車はEF58108、担当は東京機関区の石田丑之助機関士であった。また、上り「あさかぜ」の一番列車はEF5872に牽かれ翌20日東京に到着した。石田丑之助は鉄道誌に名機関士として紹介され名を残した人であった。彼は新幹線開業時、国労の専従役員として、新幹線の開業当時の労使交渉に当たった。

図1-80　寝台特急 下り「あさかぜ」処女列車(1951年11月19日)

図1-81　「あさかぜ」後方車両

図1-82　上り「あさかぜ」処女列車（1951年11月20日）

1956年11月19日東海道線全線電化完成記念と京浜・山手線分離を祝して記念乗車券が発行され、併せ東海道本線全線電化完成記念のタバコ・ピースが発売された。
　すでに電気機関車の項でも述べたが、東海道の電化は先人たちの大変な努力

図1-83 複々線完成記念東海道線
全線電化完成記念切符　　図1-84　京浜・山手分離記念祝賀電車

があった。まったく未知と言っていい電気機関車については碓氷峠での経験はあるものの、東京機関庫や田町機関庫の現場は政府が国鉄に何の前触れもなく勝手に輸入した出来の悪い通称デッカーEE製の電気機関車と格闘の日々であった。1922年11月汐留の教習所に電気機関車運転手科・助手科が開設され、10月2日第一回生33名が入所し、翌年3月29日に卒業して以後の実習に入ったが、教える先生すら本物の電気機関車を見たことも無い状態で教科書も無かったため、原書を訳したものの受け売り程度の講義が多かった。主として、現車の講義よりも難解な原理理論が先行し生徒を悩ませた。生徒の質問にも講師は実物を見ていないので解りませんという答えも多々あった。後に田町電車区の名区長になる渡辺　忠も第一回生として入所したが、新たなものへの挑戦は当時主流の蒸気機関車系統から睨まれ、電気に行くなら判任官試験は受けさせないという上司や先輩がいたのは、人材流出にはブレーキをかけたかったのではなかろうか。この流れは機関車から電車に移る人を色眼鏡で見る風潮と似ているように思う。実習を終えてそれぞれの人たちは元の職場に戻り、1925年4月10日に再招集をかけたが、来ない人もかなりいたという。1925年12月13日22:10、初の東海道線の横須賀行き旅客列車を区長以下4～5人が悲壮な万歳で送りだした。その列車は暖房用と万一に備えての蒸気機関車を併結した電蒸運転であった。

東海道本線全線電化を受け1957年6月20日東京～大垣で80系を使った通し試運転を行い、1957年10月1日のダイヤ改正で、東京～名古屋に準急「東海」と、名古屋～大阪に準急「比叡」に新造の80系を充当する。釣り掛け式駆動、車内は湘南電車の延長線上ではあったが、これによって電車の優位性は確立されていく。

図1-85　根府川・白糸川橋梁を行く80系準急「東海」

図1-86　東京駅15番線の準急「東海」16番線にはEF582が停車ここは現在新幹線ホームになっている。

1.2.13　気動車時代の幕開け

動力分散化が主流になりつつあり、電車化は優等列車にも拡大していったが、一方で非電化区間の無煙化を指向して気動車の開発も行われてきた。電気式と液圧式の二つの方式が検討され、工作局は当時の動力車課長の北畠顕正が三菱電機と協力して、キハ44000・44100・41200を開発、試作車を（1952年）日車と汽車会社に発注するが、一方の運転局は安上がりな液圧式を開発した。電気式気動車はコストが高いため結局、液圧式気動車が普及することになる。気動車を成功に導いた要因には、液体変速機の成功があげられるであろう。もちろん電気式制御（ディーゼル発電機で発電して、電動機に電力を供給する）もあったが、日本では機械式の気動車で、一部の小区間の運転に限られていた。速度制御は自動車のように、ギアチェンジで行い、もちろん総括制御はできず、編成になると、各々に運転士が乗り込み、電鈴合図で、ギアのアップダウンを

行うという原始的な方式で速度制御を行っていた。

気動車の開発は戦前に遡り、1936年7月、神戸製鋼所が神鋼自動流体変速機 DF-115 を試作し、大阪鉄道管理局の気動車 41000 の2両に装着、試験を行ったが、戦争で技術開発は中断し、変速機も行方不明になっていた。戦後、神戸製鋼所から分れた、振興造機社がこれを発見、加修し 1951 年秋、国鉄名古屋工場で大宮機関区の 41503 に取り付けて試験を開始した。最初の試験は 1951 年 11 月 2 日、関西線の笹島〜亀山で行われ、その後大宮機関区に回送して試験を開始し、11 月 27 日〜29 日 3 日間、東海道線の平塚〜茅ケ崎と、御殿場線の国府津〜沼津で公式試運転を行った。平坦線では全く問題はなかったが、勾配線に入り、谷峨〜駿河の 25‰ で安定性を失い、谷峨に到達することができなかった。試験は失敗に終わり、早々に山を下り、29 日には大宮に帰る羽目になった。30 日に川越線での 20‰ で試験を行ったが、クラッチが滑り、やはり試験は失敗に終わった。その後手直し、加修を行い、翌 1952 年 1 月 10 日大宮工場の試運転線で予備試験を行ったが、すべてに問題がなく、翌 11 日川越線での試運転を行ったが順調であった。その後、若干の手直しをして 1 月 17 日大宮〜八王子で公式試運転を行い大成功を納め、42503 は 1 月 20 日から川越線で営業線に投入され運転を開始した。その後、若干の紆余曲折はあったが、種々の難問を解決し 1953 年 4 月 20 日、45000 の試作、2 編成の 44500 液圧式気動車が川越線に投入された。その後の経過は順調で、続々と新形式の液圧式気動車が誕生し、全国に広がっていった。

気動車化のほかにディーゼル機関車の製作にも取り組み、1957 年には 2 月 22 日 DF501 が完成、岡山〜糸崎間で試運転が行われ、亜幹線に投入されて行った。

図 1-87　日豊本線で寝台特急「富士」を牽く DF50

1.2.14 新性能電車の誕生

1954年1月20日地下鉄丸の内線池袋～御茶ノ水間が開通する。そこに投入された電車は三菱電機とウエスティングハウスの開発によるWN継手駆動とセルフラップ式（ハンドル角度に応じたブレーキ力が得られる）の従来の制動管を減圧する自動ブレーキとまったく異なる電空併用の直通ブレーキ装置を備え、今まで私がまったく見たことのない、新しい装置を持った電車であった。ブレーキ弁もまったく異なった形状をしていて、その高加速性能に驚き大きなショックを受けた。当時の地下鉄の運転士は不慣れで、従来の制動開始点と思われる地点でブレーキをかけ始めていたようで、恐る恐る極度に浅いハンドル角度の弱いブレーキをかけ（旧車の減速度）、本来の性能を引き出す運転をしていないのが中学生の私にもわかった。今まで電車と言うと釣り掛け式のモーターの唸り音を聞きながら「快音」と独特の振動があったが、この電車はまったく違っていた。国鉄は昭和初期に開発された電空式制御器CS5A後に1953年に開発された電動カム軸式のCS10と、AE/ARE式の空気ブレーキ装置による、釣り掛け式の駆動方式を用い、主回路（電動機を制御する高圧回路）は直列5段・並列4段・弱め界磁1段制御の10段階制御で、湘南電車80系もそうであった。釣り掛け式駆動の旧型国電は、1958年を以ってその製造は終わる。1956年11月19日東海道本線が全線電化され、京浜東北と山手線が完全分離しその時の祝賀電車は新製された最後のグループ、三鷹電車区所属の72系900番代であった。

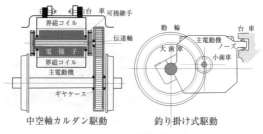

図1-88　電動機駆動図面

1957年6月、中空軸カルダン駆動、CS12制御器、ブレーキ方式を一新した、SELD（Straight Erectric variable Load Dynamic brake）セルフラップ式のブレーキを備え、2両1ユニットのモハ90（後、101）の試作車が完成した。数々のテストを重ね、6月28日には島秀雄技師長が試乗し、まずまずのできであると評価されたという（要旨：高橋団吉著 新幹線をつくった男）。その後中央線に登場し、三鷹電車区に配属される。この中空軸カルダン駆動は、島秀雄技師長の末弟、島文雄氏が東洋電機で開発したものである。

セルフラップ式の SELD ブレーキの直通ブレーキは機関車牽引の特急列車を展望し1957年2月25日・3月3日〜5日、EH1015とスハ43；スハフ42を使ってテストされている。

試作モハ90の10両編成、メーカーは日本車両・近畿車輛・汽車会社・川崎車両・国鉄大井工場であった。

図 1-89　試作モハ編成とメーカー

モハ90は当初、通勤輸送対策として、オール電動車、高加速度、高減速度で運転時分を短縮しようとの計画で始まった。しかし試験してみると、変電所の容量がまったく足りず、結局は基本編成8両（6M＋2T）＋混雑時2Mの付属編成から、基本編成7両（4M3T）＋混雑時3両（2M1T）の付属編成をつけることで落ち着き、当初計画した応加重装置は使用しないことになり、SED式ブレーキ装置になった。

CS12の主回路は直列13段・並列11段・弱め界磁4段と多段制御になり、制御器の動作も今までのCS5Aや10Aといったカム軸一軸のものと異なり、組み合わせカム軸＋抵抗カム軸の2つを備えた、動作も複雑なものになる。

試作のモハ90型に装備されたCS12はスポッティングという電気ブレーキをかけると即、速度に応じた電気ブレーキが得られるように、予め速度に応じ

図1-90 試作モハ90500　　図1-91 試作モハ90に使用されたCS12主制御器

たブレーキが立ち上がるようにブレーキ段を進段させておく機構のほか、前もって界磁コイルを予備励磁しておき、速やかに電気ブレーキが立ちあがるような装置になっていた。

しかし、量産車はスポッティングも予備励磁も撤去され、残留磁気だけで電気ブレーキを立ち上げるように変更されCS12Aになった。これらの予備励磁、スポッティングといった方式はその後、新幹線の0系に採用される。

このCS12A制御器とSED方式のブレーキはその後、中長距離電車、153系、155系、中距離通勤電車111系、特急電車151系にも広く使用されたが、歯車比はそれぞれ、運転速度に応じて異なっていて101系＝5.6・111系＝4.82・153系＝4.21・151＝3.5となっていた。

鉄道車両には配線にすべて番号が付けられていて、接点を一つ通ると線番号（記号）が変わった。例えば1線からリレー接点を通った後の線番号は1aに変わる。旧型では、331（制御回路）と209（補助回路）の二つに、ほとんどの負荷がぶら下がっていた。例えば制御回路、ドア、戸閉め表示灯回路は331・空気圧縮機やブレーキは209といった具合で一つの回路が悪くなると他の電気回路にも影響を与えた。モハ90は電動発電機、コンプレッサー等の補助回路もきちんと枝分けされていて、悪い回路をフューズ抜き取りで簡単にカットできるようになっていて、大変助かった。

その後形式称号の改番が行われ、新性能電車は100番台の形式を名乗ること

になり、モハ 90 は 101 系に、こだま型のクハ 26・モハ 20 は 151 系に、東海型クハ 96・モハ 91 は 153 系と変わっていく。101 系の現場への講習は大阪で行われ、各現場の運転・検修の代表が大阪に集められ、講習を受け、各現場に帰って、講師を務めた。田町電車区の運転では箕輪指導員が代表で 1 列車 (つばめ) に乗り大阪に向かった。

その後、101 系の全国への教育活動は三鷹電車区の大きな努力があり、戦前から在る鉄道出版の大御所、交友社から車両関連の解説書、結線図集等の優れた出版物が多くの出版されていた。要員不足で十分な講習を受けられない多くの運転・検修の人たちは自費で本を買い求め、余暇を惜しんで勉強していた。101 系の多くの教育書の編集の中心に居たのは大塚滋で、後にこのメンバーから多くの人たちが後に新幹線計画に参画する。

1.3 運転記録

1.3.1 鉄道趣味から本職へ

これから、時には人との出会いに触れて、時には時代を前後しながらも私の鉄道員人生について書きたいと思う。

私は幼い時から、鉄道に憧れ続け、国鉄の電車運転士になることを夢に見続けていた。それは、年を重ねても変わることなくむしろその思いは更に深くなっていき、当時の専門誌「電気車の科学」も愛読していた。

私は、幸い 1957 年に国鉄職員の採用試験に合格していた。当時、父親に早く死別し貧しい母子家庭の私は勤労学生として、昼は東芝堀川町工場のマツダ研究所に勤務し、ガラスの研究をしている部所に居た。室長は安部俊夫博士という島秀雄の従兄弟に当たる方であった。

私は、夜は夜間高校に通っていて定期券があったので、6800 円に値下げされたリコーフレックスを買い、両方を活用して、あちこち電車の写真を撮り歩き、田町電車区には良く出入りさせてもらった。当時のブローニーフィルムは 165 円とかなり高価であった。この時代の鉄道ファンはそう多くなく、写真を

撮っていると、「測量ですか？」などと声を掛けられた。また、鉄道ファンの公徳心も高く、国鉄の現場は鉄道ファンに好意的であった。

また、1957年9月26日小田急のSE車を使った高速度試験の写真撮影に向かう折、湘南電車の車内で、後の新幹線試作電車の設計課長を務めた西尾源太郎に声を掛けられ、試運転に乗せてもらうという幸運に恵まれた。SE車は143km/hの速度記録を樹立するが、運転士は田町電車区の山本進であった。

図1-92 東海道本線（貨物線）で行われたSE車による高速度試験

図1-93 車高速度実験室内

翌9月27日には函南～沼津で145km/hの記録を樹立した。

「こだま」のテストに101系を使った深夜の高速試験が行われたが、それにも乗せて頂いた。モハ90は高速度試験に向けて歯車比を5.6から3.95に変え、第一次試験を1957年10月25・26・28～30日の日程で大船平塚間の下り本線を使って行われ、最終日の10月30日03:38辻堂駅西方東京起点56.5km地点で135km/hを記録した。この試験のメンバーの中心にいたは西尾源太郎であった。

小田急のSE車の試運転も、101系の試運転も、田町電車区の山本進運転士が担当したが、この試運転の帰路、貨物線経由で品川に帰る際、本社の人らしい人が、山本運転士に「もっと飛ばせ！」と言われ「無茶言わないでくださいよ」と断る一幕もあった。この試験には斎藤雅男もメンバーとして乗っていた。

1955年東海道線電化前、5月の連休に、関西へC62牽引の「つばめ」を撮

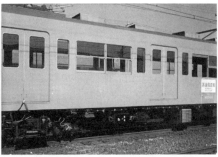

図1-94 モハ90による高速度試験と空気ばね付試験車両モハ90502

りに出かけた。当時の国鉄は粋で優しく、学割は100km以上は半額、私のような貧しい人のために、客車はオハ35やスハ32といった古いものではあったが、急行列車並みの停車駅の普通列車が走らせていた。東京発21:03発、大阪行き131普通列車は、関ケ原まで急行並みの停車駅、関ケ原で6時の時報を聞き、そこから各駅停車通勤列車になり、山科に着くと、程なくC62牽引の上りの特急「つばめ」が通過してゆき、それを撮影すると草津線から直通のC51牽引の下り普通列車が発車していった。

この131列車はヤミ米輸送列車で、野洲あたりに来ると、怖そうな一団が客車の中に入ってきて一斉に窓を開けて、周囲に構わずヤミ米の袋を窓から投げ込み、関西方面に運んでいた。

国鉄は鉄道ファンを大事にし、新製車両ができると原宿駅の宮廷ホームで車両の展示会を行ってくれた。展示された機関車の機械室や運転室も自由に出入りさせてもらえたが、これに尽力していたのも西尾源太郎であった。

西尾は大の鉄道ファンで、鉄道で働く人間は鉄道が本当に好きな奴でないと駄目だと折に触れて熱っぽく語っていた。

1.3.2 憧れの国鉄に就職

1958年4月1日帰宅すると、4月1日品川電車区に出勤せよの採用通知が来ていた。急遽、品川電車区に出勤し。東芝には即電話で退職を申し出るという

慌ただしいスタートであった。給与は日給230円だった。

　私より数年前採用された人たちの中には、青函連絡船洞爺丸事故、宇高連絡船・紫雲丸事故といった大事故が起こるたび、国鉄は多額の賠償を支払うために金策に窮し人件費を削ったため、2年以上も臨時雇用員をやらされた人たちもかなりいた。しかし、中には本人の能力とは一切無関係に、運やコネによって欠員状態から、すぐに試用員から正規の職員に登用された者も居て、その得失の差は大きかった。また、職員の臨時雇用員の期間は、受験に必要な職務経歴期間に認定されないため、先々かなり大きな不利益を被り、その不利益は年金にまでおよび、生涯付いて廻ることになる。元々は運転職場には自己の技術で勝負するという伝統文化が根付いていたが、その中でも自分さえ良ければ良いとする「ゴマスリ・タレコミ」は「汚いことだ」とされ、厳しく戒められる伝統が根付いていった。

　私の品川電車区での仕事は電車とは無縁な、江藤建設（監督が江藤という電車検査掛であった）という環境整備、いわば土木作業のような仕事ばかりであった。それは臨時雇用員という不安定な身分の者に、危険な作業はさせないという配慮があったのと、どうせ何時までもここには居まいということだったと思われる。現に臨雇は短期間にあちこちの職場へたらい廻しにされた。当時は人件費に事欠き、臨時雇用員は今月予算がないから、20日分しか払えないということも幾度かあり収入は激減した。

　そのうち、私は江藤建設から、雑務手になって検修事務室の雑務を手伝うことになる。この仕事はお茶入れや弁当の手配、その他事務所の清掃等雑務一般だが、初めにやらされたのはトイレットペーパー作りで、これは、乗客が読み捨てた新聞紙を電車から拾ってきて、適宜な大きさに切断し補給する作業であった。当時の便所は貯便式の便所で、新聞紙で尻を拭くのは普通の家庭でも行われていた。当時の運転職場のコスト意識は高く、資料は車内の吊広告の裏を使っていた。私が雑務手時代、検修規定の改定があり、その改定した規定を印刷物にして全職員に配布するのであるが、その資料の制作はすべて、中吊の広告紙の裏を使って、ガリ版印刷をして制作をした。また、この新聞紙のエコ

利用は、今思ってもかなりの先端を行っていた。

　何処の電車区にも大浴場があり、油まみれの体をきれいにして帰るのも、また公衆道徳の一環でもあった。そのため、昔から油汚れの激しい職場にはその日の作業が終わると、勤務時間終了前に入浴する特例が認められていた。運転の雑務にはおばさんがいて、その方は平気で大浴場に混浴で入っていた。今ならそれこそ女性の浴室を作れと、セクハラ騒動にでもなるのだろうか。

　私が国鉄に就職した1958年は色々なことがあった。8月14日、山陽本線の南岩国〜岩国の小津踏切で、73km/hで絶気運転中の特急「かもめ」が米軍の大型トレーラーと衝突、機関車と前3両が脱線転覆田んぼの中に横倒した。乗客、乗務員併せて371人のうち重傷3名、軽傷40人と大事故の割に死者は出なかったが、特急列車で乗客も少なく、軽量客車ナハ10が丈夫にできていたからとも言われた。この時、国鉄は重症者に15,000円、軽傷者に5,000円の見舞金を送っている。

1.3.3　新生「あさかぜ」・ビジネス特急「こだま」誕生

　私が品川電車区に勤務している間に、特急「あさかぜ」用の20系客車、特急「こだま」のモハ20系が完成し、「あさかぜ」用客車は9月4日、品川〜平塚で試運転を行っている。

図 1-95　特急「あさかぜ」

図 1-96　特急「こだま」

表1-8 特急「こだま」試験日程 1958年

川崎車両	9/17 落成	クハ26001モハ20001モハシ21001サロ25001 クハ26002モハ20002モハシ21002サロ25002	近畿車両	9月22日落成	クハ26003モハ20003モハシ21003サロ25003 クハ26004モハ20004モハシ21004サロ25004
	9月17日	本線試運転（吹田～西明石）		22日	本線試運転（宮操～西明石）
	23日	非公式試運転（品川～平塚）		24日	一般展示（大阪・京都・神戸）
	24日	招待運転（東京～平塚）		10月3日	大井工場試運転・夜間照明試験
	25日	一般展示（東京駅）		4日	ブレーキ定置試験（大井工場）
	26日	招待運転（京都～神戸）		4日～8日	走行性能試験（大船～平塚）
	29日	招待運転（名古屋～大垣）名古屋一般展示		10・11日	長距離試験（東京～大阪・神戸～東京）
	30日	勾配区間制動距離試験（木曽川～関ケ原）		12・13日	高速度試験
	10月1日～5日	宮原電車区地上訓練		16日	電気機器定置試験（大井工場）
	6日～11日	長期運転訓練（大阪～米原～名古屋）		20日	防音試験（大井工場）
	12日～24日	長期運転訓練（神戸・大阪～東京）		23日	展示会 名古屋 日本車輌
	26日～28日	大垣電車区地上訓練		25日～31日	長期運転訓練
	31日	長期運転訓練		走行キロ	12824km
	走行キロ	19827km		訓練運転キロ	5679km
	訓練運転キロ	17642km	汽車会社	9月25日落成	クハ26005モハ20005モハシ21005サロ25005 クハ26006モハ20006モハシ21006サロ25006
				25日	本線試運転（品川～平塚）
				10月2日～31日	長期試験運転訓練（東京～大阪）
				走行キロ	22813km
				訓練運転キロ	24251km

「あさかぜ」の編成は、博多方から、マニ20＋ナロネ20＋ナロネ21＋ナロネ21＋ナロ20＋ナシ20＋ナハネ20＋ナハネ20＋ナハネ20＋ナハ20＋ナハフ20、で、ナロネ20は個室と二人部屋でトイレは洋式であった。

「こだま」型は1958年9月17日宮原操から西明石で試運転を行い、東京口では9月23日試運転が品川～平塚の貨物線で行われ、私も乗せてもらった。

ビジネス特急の愛称は一般公募、6月末に締め切った。92,864通の応募があったが、374通送られてきた「こだま」に決定した。佳作は「さくら」692通・「はやぶさ」5957通・「平和」1076通・「はつかり」7通の四つが選ばれた。シンボルマークは応募総数5537通の中から羽をデザインしたものが採用され、ボンネットに付けられた。

この時、田町電車区で総指揮に当たったのが、後に新幹

図1-97 試運転「こだま」平塚（1958年9月23日）

図 1-98　検修スタッフ右から2人目が大塚滋

図 1-99　「こだま」の運転士に選ばれた人たち第一団

線の運転のトップで活躍する大塚滋で、実務にも精通し、実際に点検ハンマーを握り、第一線の検査掛、技術者と共に奮闘した。本社採用の選考学士（いわゆる超エリート）としてはまったく番外の実務能力を持っていた。国鉄には大塚滋のような大学出で本社採用の超エリート、大学を出て地方局に採用される局採用の人、専門部（部内の大学教育を受けた者、後の中央鉄道学園大学課程）卒業者、高等課程修了者、普通過程教育を受けた一般職員がいた。しかし、本社採用の選考学士は運転士見習いまでで、単独で乗務する運転士の仕事はさせなかった。それにはもし、事故でもやると履歴に傷が付くという気遣いがあり、見習い止まりで責任の伴う作業には就かせなかった。しかし、大塚滋だけは本社採用でありながら、半年間ではあるが、三鷹電車区で電車運転士として単独乗務を行った。それだけに、大塚に対する現場の職員からの信頼は、他に類を見ない絶大なものがあった。大塚滋は京都大学出身で、大の鉄道愛好家、卒業論文もPC（電車の制御）についてであった。氏はやがて新幹線の運転部門の中枢として活躍をする。

　10月1日ダイヤ改正が行われ、「こだま」より一足早く新製「あさかぜ」運転を開始する。当初、「こだま」も運転開始する予定であったが、準備不足で運転を1ヶ月延期した。

　機関車中心の中で特急の電車化は物議をかもし、機関車族との関係、色々激

論の末に実現した世紀の大仕事であり、慎重の上にも慎重を期し電車特急「こだま」の成功に万全を期した。電車の完成が9月、軌道改良もようやく9月末に完成と言う遅れが出たため、試運転も十分行えなかった。特に関ヶ原の連続20‰の下り勾配が懸念され、テストを行ったが103km/h自動非常ブレーキで450m、105km/h電空併用(直通非常ブレーキ80°)で480m、110km/h運転でも550m以内に停止できることがわかった。また、モハとモハシではモハシの重量が2トン重くなった分ブレーキのテコ比も変えた。工事が遅れた分、十分な訓練運転もできず、1ヶ月先送りをせざるを得なかった背景がある。幹部との交渉に奔走し尽力したのが斎藤雅男で、最終的に石井常務理事の理解を得て、10月1日ダイヤ改正直後に東京～大阪6:50運転のスジで試運転(訓練運転)が始まった。

1958年11月1日、特急「こだま」の運転当初、東京～大阪、6:50運転、名古屋以東は田町電車区と大垣電車区が受け持っていた。上り「こだま」は名古屋で宮原電車区の運転士と交代した大垣電車区の運転士が担当し、名古屋から客室最前部座席に便乗していた田町電車区の運転士と安倍川橋梁上で交代、大垣電車区の運転士は客室便乗し、横浜で下車した後に横浜機関区に宿泊した。翌日、横浜から最前部の客室座席に便乗し、安倍川橋梁上で田町電車区の運転士と交代して、田町電車区は客室に便乗し名古屋まで行った。名古屋以西は宮原電車区が担当した。開業初日、東京発の栄光の「第一こだま」の運転士は田

図1-100　運転開始直後の「こだま」(1958年11月)

図1-101　特急「はつかり」

町電車区の浅井三郎・岡山保 両運転士、当初の編成はクハ26＋モハ20＋モハシ21＋サロ25＋サロ25＋モハシ21＋モハ20＋クハ26であった。

1958年11月、8両編成で運転開始した「こだま」は好評に応えて、翌年12月13日には12両編成になる。このダイヤ改正で、東北本線（常磐線経由）に特急「はつかり」が登場する。本来、10月1日の運転開始であったが、常磐線が台風22号の被害を受けた影響で、10月10日の運転開始になった。

1.3.4 ちよだ号

皇太子殿下（今上天皇）の御成婚を祝して1959年4月10・12日の二日間だ

図1-102 ちよだ号

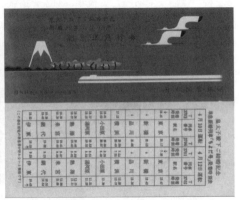

図1-103 ちよだ号の記念準急券

図1-104 日光号用の車両157系

図1-105 157系による特急「ひびき」

け151系を使った新婚特別列車「ちよだ号」が、東京～伊東に運転されたが、伊東線内は半数の車両の制御回路解放器を解放（伊東線は電力事情が極めて悪かった）して運転をしたがその陣頭指揮も大塚滋があたっていた。

1959年並行する東武鉄道の特急に対抗し、日光線の急勾配に対応するため抑速ブレーキを備えたCS12C制御装置を装備した日光型157系が登場する。客室内の椅子はこの151系同様の特急並みのシートにし、東武と競争した。157系は新宿発の「中禅寺」、上野発の「日光」と言った準急列車に使用された157系は、当初、運転台後ろの機械室に冷房用のMGは搭載されておらず、冷房装置はなかった。日光号の閑散期、特急「ひびき」に用いられ、冷房なしで特急料金は割安であった。後年、MGを搭載、冷房装置を備える。新幹線開業後は急行「伊豆」に用いられた。その後、特急「あまぎ」に使用されたほか、貴賓車クロ157の牽引車にも充当された。しかし下降式の窓構造のため雨水の進入で車体が腐食するということがあった。

1.3.5　品川電車区から池袋電車区・八王子機関区 五日市支区へ

品川電車区で半年間を過ごし、そのうち池袋電車区に転勤になったが、ここでも環境整備という仕事をし、1ヶ月後には八王子機関区、五日市支区へ転勤になった。ここは東京の僻地で、物品の配布も滞り、作業服も品物がなく、自宅から私物の作業着を持ってきて働いたが、仕事は機関車掃除であった。ここにはC10・C11の蒸気機関車が配置されていて、立川～武蔵五日市間に朝二往復、夕方一往復の蒸気機関車牽引の列車が走っていた。他には04と言う機械式の気動車が配置されていたが、総括制御はできず、一両に一人の運転士が乗務し電鈴合図で自動車と同じチェンジギヤのアップダウンを行っていた。他にキハ5112が居たが、反対側に運転台がないので運用には不便を来たした。ここでは昼休みには天然の山芋を掘ったりして、実に長閑な職場であった。

終点は武蔵岩井であったが、ここはもっと不便で武蔵五日市～武蔵岩井の一日の列車本数は本当にわずかであった。武蔵五日市からスイッチバックで急勾配を上っていく武蔵岩井にはセメント工場があり、貨物列車のブラストは、ま

さに天を破らんばかりの凄さであった。

　機関区での勤務は初めてであったが、機関車に石炭や水、砂を積み込む炭水手という力仕事は、体力のありそうな者がそれにあったため、内容のわりには、日当も良かった。この機関車掃除にも序列があり、運転室は古参の持ち場で、新米は立ち入ることもままならなかった。作業服の袖口に油が入らぬようボロを巻き付けるのだが、先輩から良いボロを取っていくため、新参者は残り物を使った。掃除の部署も新米は、冬はテンダー（炭水車）動輪等の下回りの冷たい部分を担当し、夏はボイラー掃除に回される。ボイラー清掃中に安全弁が吹くことがあるが、すごい音がし、気をつけないと驚いてボイラーから転落しかねない。そこで安全弁が吹きそうになると運転室担当の古参が「水送るぞ」と言って注水器を操作し、ボイラーに水を送っていた。

　その後、1959 年元日から八王子機関区の本区に転勤になり、ここで試用員の発令を受けるがこれは 2ヶ月後に正式の国鉄職員になれるという確約であり、ここからすべての試験に必要な職務経験年数に加算される。

　運転職場の最初の仕事は整備掛、聞こえは良いが機関車の清掃が主な仕事である。運転職場でも、機関区・電車区・客車区・客貨車区があり、それぞれの系統にしか昇職できなかった。機関区に入れば機関助士から機関士それも蒸気だけの庫では蒸気機関車関連にしか行けなかった。

　運転関係では悲惨だったのは客車区の整備掛、客車の清掃は地獄で職場で一緒になった同僚からその悲惨さを聞かされた。特に、当時の便所は垂れ流しであったので、その掃除は糞まみれになったという。また、この職に就くのは皆、若くて色気盛んな若者であり、いくら職業に貴賎はないとはいえ、同級生にも仕事の話はできなかったと述懐していた。尾久客車区等ではホームの真ん前に洗い場があり、電車が入ってくると「来たぞー！」との掛け声で、その度に皆が一斉に隠れたという。また、新宿客車区でホームの折り返し客車内を清掃する人は皆が大きなマスクで顔を隠し、人に解らないようにしていた。また、各現場ではお召列車が走る時、陛下に見苦しい姿をお見せしないように、物陰に隠れるよう指示も出された。

1.3.6 八王子機関区の機関車

運転関係の職場では後輩を育てる気風があり、機関区では機関車の隅々まで掃除するので、その構造は良く見ることができたため、構造を理解するのに大いに役立った。特に蒸気機関車はすべてがむき出しなので、機械的な構造がよくわかった。私がいた八王子機関区は機関車の博物館と言われるほど、多種の古い電気機関車が集まっていた。機関区では整備掛を庫内手の旧称で呼んでいた。庫内手仲間と旅行に行くと他の機関区の機関車の磨き方が常に気になったものであった。

八王子機関区はイギリス製の通称デッカーと言われた英国製のED17・国産初の電気機関車ED15・ドイツのボルジッヒ／ジーメンス製のED24・ED16・EF11がいた。不評のデッカーも、ドイツ製の名機ED24も省型に改造されていてボディーだけが英国製／ドイツ製であった。

蒸気機関車では8620・D50・D51・C58、気動車では45000を改番した、キハ17やキハ20がいた。八王子は中央線・八高線・八王子・立川・米軍横田基地・昭島・拝島・武蔵境・国分寺の構内入換えを受け持っていた。

八高線の旅客輸送はすでにすべて気動車化されていたが貨物列車は高崎第一機関区のC58も乗り入れて来た。

中央線の受け持ちはすべてが貨物列車であったが、多客時にはEF11を使っ

図1-106 国産初の電気機関車ED15

図1-107 4両製作された電力回生制動付のEF11、EF112

図1-108　EF114　　　　図1-109　ED6115に付けられた空気ばね台車

た臨客を受け持つことはあった。

　私が着任した当時は中央線の山（八王子からの下り列車）はED17の重連が山をよじ登っていたが、後に重連総括制御可能、電力回生制動付のED61が配属になり、ED17に代わっていった。

　ED61のうちED6115（甲）は試作の空気ばねが付いていた。ED61にはバーニア制御というマスコンのノッチとノッチの間に自動進段の進段ステップを設ける新しい方式が導入された。また、直列でも弱めの界磁を使えるハンドルが別に付き、他の形式にも採用されていく。ある日ED61大歯車の弛緩が発生、油を加熱し焼きばめをしているのを見たことがある。また、横浜線の菊名〜高島の貨物輸送が廃止になり、それに伴い横浜機関区から2両のC58＝C586、C58177が転属になってきた。

1.3.7　戦中戦後の八高線・中央線の大事故

　戦中戦後の混乱期はどこも大変であったが、八王子機関区を受け持つ中央線・八高線では大きな事故があった。

　終戦直前の1945年8月5日浅川（現在の高尾）〜与瀬（現在の相模湖）で艦載機による機銃掃射を受け多くの人が死傷し、その惨状は見るも無残であったという話は先述のとおりだが、八高線でも大きな事故が続いた。終戦間もない1945年8月24日台風で増水した多摩川の鉄橋上で8800牽引の列車が正面

衝突、多くの人たちが多摩川に転落して、亡くなった。中には多くの復員軍人がいて、やっと祖国の土を踏んだのに帰らぬ人になり、さぞかし無念なことであったであろう。そして、遺体は多摩川のかなり下流で発見されたという。また、担当機関士は逆転機が腹部に刺さり壮絶な死に方をしていて、遺体は外勤機関士（庫内勤務の機関士）詰所に安置されていたという。

1947年2月25日八高線 東飯能～高麗川20‰下り勾配で制動効果がなく、6両編成の客車列車のうち、4両が脱線転覆、5mの築堤下に転落、木造客車であったことと、買い出し等で大勢の乗客が乗車していたことも過重による制動効果を低下させた一因とされ、被害を大きくし184人が死亡、495人が重軽傷を負った。

1.3.8　八王子機関区の名士？

機関区では整備掛の監督には健康を損ねたりして、機関車に乗務できない古参の機関士が当たっていた。私の時代は上保広吉（かみほ）という人で、彼は初代の国労の分会長を務めた機関士で、八王子市議会議員を務め、後に市議会の副議長にもなった八王子では顔のきく実力者であった。選挙が始まると「庫内手」は皆、交代で選挙運動に駆り出された。彼が国労の分会長時代、大学を出たばかりの明石孝が機関区長に着任、上保は、新任の明石区長の手取り足取り彼を指導補佐したという。

上保は国鉄の採用試験の時に身長が不足していた。その時の医者が彼の眼をじっと見つめ「おい！飛び跳ねてみろ」と言って、身長を修正し、国鉄に就職できたという。「俺はその医者に終生感謝をし、何としても恩返ししたい」とことある毎に言っていた。上保監督は、中々機関士になれず、機関助士時代がかなり長くお情けで機関士になれたと話していた。1960年、中央線にキハ55を使った急行「アルプス」が誕生し、今までの運転時分を大幅に短縮する。この停車駅を巡って、八王子市は立川市と熾烈な停車駅争奪戦が行われ、そこで、上保広吉の大活躍が展開される。彼のその活躍は目を見張るものがあった。鉄道電話を使ってのあらゆる組織への陳情、これには運転畑のトップにいた明石

孝もかなり尽力したのではないかと推測している。結果、「アルプス」は八王子停車に決定し以後、特急・急行の優等列車はすべて八王子停車、立川通過が原則になる（現在は異なる）。

急行列車の停車駅は政治がらみで決まることも多かったようだ。後に、当時は田舎の小さな駅で

図 1-110　中央線の気動車急行「アルプス」

あった深谷に急行列車が停車することになるが、それが地元出身の運輸大臣荒船清十郎氏の力であったことが明らかになった。マスコミで非難されたが、時の総裁、石田礼助は「武士の情け」だと言い切り、騒ぎはそのうち沈静化した。

「アルプス」の甲府～新宿の運転はすべて甲府機関区が担当していた。気動車運転士の養成も本来は蒸気の機関士から転換養成をすべきところ、時間の関係か線路を知っている電気機関士が兼務で担当していた。

機関区・電車区の整備掛の仕事は他に起こし番と言って、就寝している乗務員を起こす仕事もあった。私が八王子機関区在任中に寝室の建て替え工事があった。寝室と言っても明るい時は見ないほうがいいくらいひどい設備で、乗務員は蚤にも悩まされた。一部屋に多くの人間が就寝し、鼾（いびき）、歯ぎしり、寝言に悩まされ、それに、多くの人間が出たり入ったりするので、まともな睡眠もとれなかった。特に夏は空調もなく、休みどころではなかった。機関区の建て替え中は会議室の床に蓆（むしろ）を引き、そこに大勢が雑魚寝状態で就寝し、枕元に仕業番号・起床時刻を書いた紙を置いて寝るのであるが、起床していく人がその札を蹴飛ばすため、起こし番がよく間違えて起こし「俺は今寝たばかりだ」と怒られ、当該乗務員を探すのに苦労したと愚痴っていた。

当時の機関車には寝板が積んであり、休養室に行く寸暇を惜しんで、板の上に寝ることもあった。この寝板はフランスの電気機関車でも見たことがある。

他にお使い番と言って運転事務室の雑務をやる仕事があった。これは清掃の他、助役の食事の世話や、達類の授受整理、諸々の雑務作業もした。また、当時は在宅予備という制度があり、電話が普及していないこともあり、その在宅予備に次の仕事を通知する仕事もした。私も使い番で乗務員と接する機会も多く、色々な私用も頼まれたが、お陰で多くの人と親しくなり、色々な情報も得ることができた。私は子供の頃から不思議と良い人との出会いに恵まれ、機関区でも多くの人たちに可愛がってもらい、色々なこと興味を持っていたので、多くのことを教えてもらったが、乗務員は皆貫禄があって若造の私には眩しい存在であった。

　ある日、立川からの入換機 8620 が単機で帰区する折、自動バイパスの試験機（加減弁を開けると脇道弁が空気で締まる）が閉まらなくなってしまった。蒸気機関車は蒸気でピストンを押し、反対側の蒸気は煙突から排気するが蒸気の供給がやむとピストンで押される側は圧縮、反対側は真空になるのでこれを防ぐのにシリンダを通にする動作を行う。脇道弁が動作しないと、加減弁を開けても蒸気はシリンダーには行かずほとんどが煙突から吐き出されてしまう。この機関車を担当したのは檜山機関士で、普段はほとんど気動車運転士として乗務しているが、当日は予備勤務でたまたま蒸気に乗り、これにあたってしまった。

　幸い八王子が近かったが八王子の入り口は上り勾配になっている。檜山は機関助士に良いか、行くぞと声をかけ、加減弁を満開にした。そして煙突からすごい量の蒸気を吐きながらやっと八王子にたどり着いた。ちなみに脇道弁は新しい機関車ではコックの開閉によって空気で動作するのだが、8620 は手動式で脇道弁の開閉も難儀であった。

　また、朝の八王子から国分寺や立川の入換えに向かう 8620 が回送単機の ED61 にぶら下がって立川まで行く仕業があった。菱山と言う古参の蒸気の機関助士から聞いた話だが、ある日ぶら下がって立川に行く折、途中で速度が極端に落ち停まりそうになった（運転時分が伸びている）ので、ぶら下がっている蒸気機関車が加減弁を開けて、電気機関車を少し押したところ、電気機関士

がへそを曲げてそれから猛烈な勢いで走りだし、振動もすごく怖かったという。こんな話もお使い番をやっていたお陰で乗務員の方々と知り合えたから、聞くことができた。

　機関助士の要員不足で、点火番と言う、本来は機関助士がやる仕事を代わりに庫内手が代務をすることになった。点火番は滞泊中の蒸気機関車の火を消さないように巡回して回る仕事で、また、安全弁を吹かしたりしないように見守る仕事もあった。私はこの点火番を1年近くやったが、今でも不思議なのは、夜間8620を見に行く時、運転室に上り、真っ先にタービンのバルブを開けて照明を点ける。この際、8620の蒸気分配室（運転室内に必要なバルブが集まっているブロック）は機関車ごとに皆異なっていて、タービンのバルブも機関車毎に位置が違うのに、機関車に上ると、真っ暗の中で反射的にタービンのバルブに手が行くことであった。また、機関車に点火し蒸気を上げる仕事もあったが、真夏にウナギの寝床のように火床の細長い8620を2台も点火して、蒸気を上げるのは、細身の私には重労働であった。火を点けてから、蒸気が上がり、その蒸気を使い通風が効くまでかなりの時間が必要で、缶圧の針が少しでも上がると、通風が効き蒸気もどんどん上り、嬉しくなった。また、冬季には暖房車も滞泊していた。蒸気機関車には埋火と言って、石炭で山を作って火種だけ残すようにするのだが、やたらによく燃える石炭があり、埋火して通風もないのに勝手に良く燃えて、安全弁を吹かすこともあり、要注意であった。こんな時、安全弁を吹かさないように、注水器でボイラーへ水を送ったり、非常ブレーキ位置を取ったり緩めたりして空気圧縮機を動作させ、蒸気を逃がして、缶圧を下げるのだが、それでも缶水がいっぱいになり、どうにもならなくなると、本来はやってはいけないのだが、非常ブレーキをかけて脇道弁を開け、加減弁を開けることで煙突から蒸気を逃がすという不経済極まりないこともやった。安全弁を吹かすと近所迷惑であり、乗務員の就寝の妨げにもなるため、神経を使った。こうした機関車は、火床も厚くなって、出庫の機関助士に「余りくべるなよー」と文句を言われることもあった。また、豆炭では火床が飴のようになるものもあり、罐替えではクリンカーの処理に手を焼くこともあった。

ある日、庫内手の点火番のKは横浜線用のC58の見回りを失念し、火を消してしまった。C58は帰区時間が早く、かなり離れた機関区の外れに駐機してあり、忘れ去られた罐はすっかり冷えていた。彼は慌ててブロアーを切るためにブロアーバルブを開けたとたん、缶圧の針がコトンと0になってしまった。C58は横浜線用の機関車で、通常は1両しか火が入っておらず、代替えの罐はない。8620では牽引定数で問題があり、貨車を減車なければならない。しかし、この日に限っては運よく据え付けボイラー（機関区の諸設備に蒸気を供給するボイラー）点検のため、代用にC58177が充てられていた。かくして、急遽この機関車を充当すべく作業が行われ、ことなきを得たが、まったくの偶然に救われた珍事であった。彼は大して怒られるわけでもなく笑い話で終わってしまった。もし、今のJRであったらどうなっていたであろうか。国鉄ではスケールの大きい人が大勢いて、人を育てることを常に考えていた。当時の主席助役は渡辺佐太郎で、取るに足りないことを大騒ぎし、大したことない肩書きを鼻にかけ威張り散らすJR東海の運転職場の学卒管理者からは微塵も感じられない風格、豪快さがあった。渡辺主席助役はかつて沼津機関区で超特急「つばめ」の乗務員として活躍したという。

八王子機関区の2はいのC58、C586とC58177であるが、C586は蒸気の上がりも良く好評であったが、C58177は不評であった。出来の悪い機関車は工場に幾度入場しても決して良くはならないらしい。ある日、C58177は横浜線の片倉～相原で上り損いを起こしたことがあり、報告書は線路内に人が立ち入ったため停まった後、引き出しに手間取ったことになっていたが実際は蒸気不昇騰であり機関助士にとって不名誉なことであった。機関助士はロッキングハンドルで火の粉防止用の金網（通称クルクルパーと呼ばれ、通風を妨げて乗務員には不評であった）を破ったと言うが、ここは電化区間であり、危険な作業でもある。これも、使い番で当直にいたから一部始終が解った。当日の当直助役は樫村と言う人で、戦前は台湾で機関士をしていて、泊まり勤務の日に一段落して暇になった際に、台湾で乗務中幽霊に遭遇した話を聞かせてもらったことがあった。

渡辺主席助役の甥にあたる、三須 一がアルバイトで庫内手として働いていた。彼はやがて国鉄に入り、大学課程を卒業し、新幹線の運転士として着任、一緒に新幹線電車運転士として働くことになった。

当時、東京運転所国労分会には馥郁たる文化の香りが漂い、最高の人間関係は彼を魅了し、「俺は新幹線の運転士を天職として定年まで勤めたい」と言っていたが、それも叶わず昇進ルートに乗せられ、彼はやがて JR 東海の東京駅長になる。

1.3.9 機関士と機関助士の関係

当時の機関区ではまだ戦地から多くの機関士が復員してきて、戦後処理が長引いていて、機関士は不足しておらず機関士科の試験も少ないため、古参の機関助士がかなりいたことは前にも述べたが、機関区では機関士と機関助士の組み合わせには神経を使っていた。機関士が若い人で、助士が年輩だと仕事はやりにくい。とは言って経験の浅い若い人同士の組み合わせだけはよくない。

詰所からは、あの機関士と乗ると、助士のことも考えずに蒸気を使いやがってと苦言を呈していたり、あいつとは乗りたくないなどと言う話も小耳に挟んだ。特に、蒸気機関車では機関士と機関助士のコンビは大きな意味を持つ、組み合わせ次第では運転にも協調性を欠くことになる。また、寝室の状態も酷く、寝酒をたしなむ人もいたが黙認されていた。

機関士が呑兵衛だと、機関助士には下戸をと言った組み合わせや、仲の悪い者同士を組ませるようなことは避けて個人を把握している指導機関士が交番表（勤務割り）を作っていた。青梅線では運転中に電気機関士と助士が喧嘩になり、列車が途中でストップしたこともあり、2 人とも懲戒解雇になった。

現場管理者も、現在の JR 東海の運転所の実務経験に乏しい素人のような労働組合の所属だけを唯一の物差しに人事考課するのと違い、老練の見識のある管理者が個々の性格や長所短所を把握していた。

1.4 機関車から電車へ

1.4.1 電車の時代

　八王子機関区時代、交流電化された東北線に新鋭の交流電気機関車ED71を見に行ったことがある。真っ赤な新車のED71はとても眩しく見えた。私は恐る恐る機関士に、身分を証し運転室を見せて頂けないかと、尋ねた。機関士は、当時の駆け出しの私にとって眩しい存在であったが、私の願いを快諾し、運転室に乗せてくれ、電気機関助士共々、詳しい説明をしてくれた。蒸気機関車の機関士から第一陣で選ばれ転換養成で電気機関士になったその方は、人格見識とも優れた方で、私のような若造を見下すこともなく、解りやすく説明してくれた。この時初めて位相制御の話を聞き、実際に位相制御という今までまったく見たことのないマスコン操作の運転方法を見せて頂いた。

　私は、湘南電車に魅せられて正直、機関区に配属されてがっかりしていたが「これからは電車の時代だから」と吹聴していたので、電車を下に見ていた一部の機関区の人たちは、機関士になれない人が電車に行くんだと話していた。そのうち動力の近代化で、機関車牽引の優等列車がどんどん電車化されていき、運転職場も機関区は機関車だけという昇進システムは変化し始め、機関区や客貨車区からも電車への昇進の道が開かれた。私は電車志望なので、機関助士の試験は受けず、電車の試験を待っていた。当時は、蒸気機関車も終焉の兆しが見え始めていた。また、重労働の蒸気機関車の機関助士は敬遠され、機関助士になっても機関士になれる見通しもなく、志望者は少なくなっていた。窮余の策で臨時雇用員期間も職務に通算するとか、最後は採用前提の臨時雇用員なら機関助士科の試験を受けて合格すれば即、入所と同時に正規の国鉄職員に採用するという状態であった。

　しかし、蒸気機関区の尾久機関区では蒸気機関車が絶対的な人気があったという。東京鉄道管理局管内では蒸気の機関士科は1963年を最後に長い養成の歴史に幕を閉じた。

1.4 機関車から電車へ

　八王子機関区は国労一本であったが、私の庫内手時代、一部の蒸気・気動車運転士（蒸気機関士との兼務）を中心に、動労が結成されが、国労の人たちが彼らを攻撃したりすることはなかった。

　電車化の進捗に伴って機関区から電車科（電車運転助士か電車掛）の募集が始まり、その第一陣として、吉田弘が、中央鉄道教習所の電車科に入所したが、当時、私は受験の資格がなかった。当時、一緒に庫内手をやっていた仲間の多くが電車職場に転勤していき、後で「信さんのお陰で早く士職になれた」と感謝され、後に新幹線東京第二運転所の副所長を務める岡部昌蔵もその時の仲間だった。

　1960年10月1日のダイヤ改正で機関車牽引の「つばめ」が電車化される。大阪寄りの1号車は一等展望車のパーラーカー、クロ151（クパロ151という名称も考えられていた）。また、初の電車の食堂車サシ151が完成、東京〜大阪は当初計画の06:30運転が実現する。12両編成で、クロ151 ＋ モロ151 ＋ モロ150 ＋ サロ ＋ 150 ＋ サロ151 ＋ サシ151 ＋ モハシ150 ＋ モハ151 ＋ サハ

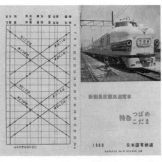

図1-111　名古屋に到着した電車化初日の「つばめ」と関連資料

150＋モハ＋150＋モハ151＋クハ151であった。

　私はその初日、名古屋まで「つばめ」の一番列車に乗り、シートに記念乗車券と絵葉書入りのシートが置いてあったが、席を外した一瞬の隙に盗まれてしまい、車掌に一部もらうということもあった。

　今でも通用するこの斬新なデザインの151系は大好評を博し、その後「おおとり」（東京～名古屋）、「うずしお」（大阪～宇野）も登場、やがて、「はと」も電車化され、電車特急の黄金期を迎え、更に、交直流の特急電車も製作され、電車特急は更に全国に広がっていく。

1.4.2　電車運転助士としてスタート

　1960年9月、中央鉄道教習所の電車科の入所試験に合格し入所した。同年12月24日に卒業し、25日付で田町電車区に配属になり、検修庫に配属された。田端機関区の名区長、成田松次郎と並んで、田町電車区には伝説の名区長、渡辺忠が名を残していて、多くの先輩からその人柄について聞かされた。渡辺区長はかつて東海道線電化の第一陣の電気機関車運転士として尽力された物腰の柔らかな人格者で皆から尊敬され慕われていた。宮原電車区長時代、定員法で止むなく解雇した人が、便所掃除までして退職の挨拶に来たことを知った渡辺忠は即座に復職に尽力した話も伺った。田端機関区の名区長、成田松次郎区長は栄転の話が出た時、機関区員が一丸となって転勤しないでくれと懇願し、機関区に留まったという伝説も聞いた。私は鉄道ファンで田町電車区に出入りしていた時、渡辺忠区長とお話する機会があり、「大塚滋さんを訪ねてみなさい」と、紹介状を書いて頂き、三鷹電車区に大塚を訪ねたことがあった。私が田町に着任した際、渡辺区長はすでに退職されていた。着任した時の首席助役は鈴木卯之助で、開口一番「君たちは赤（共産主義思想）に気をつけなければいけないよ、赤に染まるとロクなことはないよ」と言われたことを覚えている。

1.4.3　電車運転助士として初乗務で大きな踏切事故を目の当たりに見る

　その後、直ぐに電車運転助士の庫内教育が始まり、線路見習いをやって、電車

運転助士の発令を受け、電車運転助士として乗務し始めた。田町電車区の乗務区間は東京〜静岡・東京〜伊東・横須賀線の東京〜久里浜で、横須賀線は運転士一人乗務であった。機関助士は電気、蒸気共に、実技の習得のため3ヶ月の見習い、ボイラー二級免許の取得が必要であるが、電車ではそれがない分見習い期間は短かく、賃金も一号俸低く給与は5号俸10,500円であった。電車科では、終生の親友、有吉健祐と一緒になり、尊敬する友人の一人、工藤裕とも一緒になる。この電車科時代に運転法規を教えてくれたのは、福知山機関区の蒸気機関士出身の桐村博之講師で、十河総裁が部内の優秀な人間を育てるべしと作った鉄道大学課程を卒業し、中央鉄道学園の講師になった方であった。彼はその後、三鷹電車区で電車運転士になり、新幹線電車運転士を養成するための7人の初代新幹線電車運転士に選ばれ、小金井大学で学び、鴨宮のモデル線で試運転や運転士の養成にあたった。モデル線では初の試運転列車を担当し、1963年5月30日モデル線で256km/hの世界記録を樹立し、その後、北海道電化でも大活躍をした。私の電車運転助士の初乗務の日にちは1月13日だった。初めて乗ったのは107仕業（各作業行路には仕業番号が振られていた）という、平塚一往復の軽い仕事、電車は153系で、助士のドア扱いはなかった（80系だけが助士がドア操作をしていた）。運転士は小林基幹、地方採用の学士で私の高校の先輩であった。初乗務の日、戸塚〜大船の警報機のない見通しの良い無人の秋葉踏切で無免許運転のダンプカーと上り湘南電車が衝突したところへ下りの横須賀線が衝突、両電車の先頭部分が大きくえぐられ、乗客4名が即死、重軽傷98人を出す大事故を目の当たりに見た。伊東電車支区の電車運転助士、榎本保美が鼻骨を骨折、瀕死の重傷を負った。彼は衝突事故後、列車防護（対向列車を止める手配）に赴こうとして、意識不明になり気が付いた時は病院のベッドの上に居た。彼とは後に、中央鉄道学園の電車運転士科で机を並べる。当時付近は工業団地の造成中で、秋葉踏切で7ヶ月後の、8月14日特急「はやぶさ」が、またもやダンプカーと衝突し、ダンプの運転士が即死、乗客8人が重軽傷を負う事故が起こった。不運の「はやぶさ」の機関士は「あさかぜ」の処女列車の機関士、石田丑之助であった。秋葉踏切はその後も小さい事故が続くまさに魔の踏切でもあった。田町電車区時代、踏切で忘れられ

ないのが、川崎～横浜の新子安付近にあった、白幡踏切の踏切警手である。付近は東海道・横須賀の旅客線、東海道貨物線、京浜東北という、三複線区間で、特に朝の通勤時間帯はひっきりなしに列車の往来があり、身を賭して市民を通行させる、踏切警手の姿には感謝と共に深甚の敬意を表して運転していた。

規則があったか否かは知らないが、もし規則があれば、まさに開かずの踏切であった。当該踏切警手はとにかく、大変な思いをして、必死に通行人を守り、発煙筒を焚かれたことは一度や二度ではなかった。

人命を預かるという崇高な使命感は運転士だけではなく、多くの国鉄の現場を預かる職種すべてが持っていて、その方々のお蔭で無事に安全運転できるという感謝の気持ちを忘れたことはなかった。

2005年3月、東武鉄道、竹ノ塚の踏切で警手が身を賭し、自己責任で長年の経験から開かずの踏切で、規則を破って通行人を渡していて不幸な死亡事故が起こったが、会社の幹部が「まったく知らなかった」と踏切警手にのみに責任転嫁し、また子供を運転台に乗せたなどで、運転士を解雇するという厳罰を科したことにはまったく別な事柄ながら、何らかの脈略を感じて違和感を覚えたのは私だけではなかった。この運転士の解雇という著しく度を越した懲罰を科した会社の行為は、社会的にも大きな非難を浴びたが解雇は撤回されなかった。

踏切警手にしてみれば、規則ですと言って、遮断機をずっと上げないこともできるであろうし、一番楽なことである。不幸にして、あってはいけない事故になってしまい、犠牲になられたご本人とご遺族の心中は察するに余りある。開かずの踏切で何とか人を渡してあげたいという、それぞれの職種にある職業意識のような気持ちはあるであろう。白幡踏切の当時の踏切警手の姿を思い出し、竹ノ塚の事故とだぶってしまった。

同じく、踏切事故で大きかったのは、新幹線開業前、1964年4月24日、工事中の静岡操作場（現在は静操は廃止され東静岡駅になっている）の仮設踏切で、誘導係の不適切な誘導で、下りの特急「第一富士」（当時は静岡運転所担当）がダンプカーと衝突、ダンプカーの運転手が死亡し、12両編成のうち一等車6

両が脱線し、先頭のパーラーカー、クロ 151-7 が大破し、イラク代理大使をはじめ、10 名が重軽傷を負う事故があった。クロ 151-7 は廃車になり、経費節約で 151 系はぎりぎりで運用していたため、充分な予備車もなく、「とき」の 161 系を一時借用したり、時には 153 系を特急こだまに充当、153 系は 6:30 運転できず特急券を値引きして発売した。

今でこそマスコミは JR が貴重な広告スポンサーなので攻撃はしないが、この時代の国鉄はマスコミの好餌で、この件は「こだま」ではなく「かえだま」だなど、色々な非難を浴びた。子供を「こだま」に乗せてやろうと乗せに行ったところが、まったく似つかぬ電車が入って来たという投書を掲載した新聞もあった。

図 1-112　クロ 151 を先頭に下り特急「富士」東京駅 15 番線　　図 1-113　クロ 151 を先頭に下り特急「こだま」

新幹線開業を控え、モデル線でのテスト運転も絶好調で、もはや、クロ 151 を新製することもなく、サロ 150-3 に急遽、運転台を付け、番号もクロ 150-3 とし、パーラーカーではない普通のクロに改造し充当した。

私が居た当初は「第一こだま」以外の特急は静岡通過であって、助士が乗務したのは、この「第一こだま」のみで助士も特急組は指定された者が乗っていた。欠員が出た時、私も、特急の講習を受けることになるが、要員不足で多くの時間を教育には割けず講習後、臨時車両設計事務所が出した分厚い本を貸し出され自習で勉強せざるを得なかったが楽しかった。

151系は新幹線0系と共に私が大好きな電車の一つで高い運転台から見下ろす風景は格別であった。

その後、ダイヤ改正で、電車特急の「こだま」「つばめ」「富士」「はと」等が増発されたが、各列車の停車駅が異なるため、運転士二人乗務で名古屋まで行っていた。この交代方式は、1962年全列車が静岡停車になるまで行われていた。静岡停車になり、運転士二人乗務から運転士と助士の組み合わせになった。

図1-114　151運転台後部反顧窓から富士山が見える　　図1-115　「おおとり」とのすれ違い

電車特急はその後、全国に広がっていく。これを成功に導いた功労者は、島秀雄であるが、後に新幹線の「名運転車両部長」になる斎藤雅男の功績が大きく、氏は当時の経過を「鉄道史学9号」で詳しく述べられている。

特急は151系と157系（臨時特急ひびき）、準急・急行は153系、修学旅行電車は155系、ローカルと一部の温泉準急は153系と80系が充当されていた。東海道線の臨時に、横須賀線の70系を使うこともあり、土曜・日曜には、通勤輸送がないので、品川～小田原の臨時列車に京浜東北線の73系や中央線の101系が使われることもあったが、これらには助士は乗らず一人乗務であった。

国鉄の職場はどこも、ギリギリの要員であったが、運転士は地上職のように、少しずつ仕事を分けあうことができないので、要員不足はもろに影響が出る。運転士は養成に費用もかかり、人権費も多少は高いので、ギリギリの要員で運用していて、一人の欠員は大きな影響が出た。新幹線で一緒になった検査掛の

1.4 機関車から電車へ　127

大先輩から、機関士時代に奥様が病気になり、休暇を申し出た所「人が居ないから出て来い」と断られ、仕方なしに子供を連れて出勤し、子供をおぶって入換え仕業に乗務したという話も聞かされた。風邪をひいて喉も痛く信号喚呼ができないというと、喚呼しなくていいから出てこいということもあり、休暇の取得も大変であった。年功序列賃金の中、定期昇給も100%ではなく、何の落ち度がなくとも昇給しないということもかなりあり、突発休みはイエローカードであった。そのため病気になるとずる休みと思われては困ると、病を押して体温計を持って職場にきたり、病気のあり様を当直助役に見せ診断書を持参する人も多くいた。

1.4.4 飛び込み自殺に遭遇

　私の電車運転助士時代はゲタ電の乗り入れを初め、色々な車両があり、面白かった。助士時代、初めての飛び込み自殺に遭遇する。1961年の9月、東京23:17発の準急「東海7号」、運転士は運転士になったばかりで、伊東電車支区から来たS。夜行電車は運転速度がとても低く、睡魔との闘いであった。大磯〜二宮間を40km/h以下で走行中に突然、前方に老人が立ちはだかり直ちに非常ブレーキで止まったが、1両目の後方台車の下敷きになり、うめき声をあげていた。しかし台車が足の上に乗り、身体を取り出せない状態だった。場所は野っぱらの真ん中で電話も人家もない、そこにベテランの運転車掌（当時は運転業務を担当する後部車掌と、客扱い専務車掌が乗っていて、運転車掌は途中で交代していた）が来てくれたが、「運転士さん二度轢きにはならないから、電車をバックさせて怪我人を出しましょう」と、的確な提言をしてくれた。挟まっている場合は警察官立会でないと、二度轢きと言って、時には刑事責任を追及されることがある。畑の中では警官を呼んでくることもできない。車掌は司法権も持っており、電車を少しバックさせて怪我人を運び出し、二宮に臨時停車し、駅に事後処理を依頼した。その方は、後で亡くなり、S運転士は後日、大磯警察署に出頭して調書を取られた。

　当時は死傷事故があると生死を確認し、即死なら線路の脇に遺体を安置して、

車内の広告紙を外して死体を隠し、即運転を再開するので20分とはかからなかった。死体処理をすると一件につきいくらと総額が決まっていて、関係人数で分けるとの話であった。運転士には300円が、死体処置料と書かれた封筒に入って渡されたが、後に500円になった。しかし良い気持ちはしないので、大体はお清めに使ったようである。幾つかの駅では、「運転士さん全部やりますから」と言って、処理してくれ、死体処置料を駅の親睦会の費用にしているところもあった。中にはショックで運転士を降りた人も幾人か居た。

　ローカル電車の乗務区間は沼津までであったが、沼津機関区に一羽の鷹がいた。1954年7月31日大船付近を走行中のEF57牽引の123列車に、一羽の鷹が前面ガラスを突き破って運転室に飛び込んできた。幸い夏でもあり、前面ガラスが割れたまま、機関車の運転を継続し、奇跡的に助かった鷹を大事に機関区に連れ帰って怪我の手当をし、沼津機関区員一同が機関区のシンボルとして可愛がっていた。

　当時は、まだ機関車牽引の長距離列車がかなり走っていたが、走行性能の優れた電車によく閉塞をくれた（停止信号で前がつかえる）。印象的だったのは東京14：20発、門司行きの111列車で、いつも閉塞を食わされた。まず、新橋で夕刊の積み込みで5分位遅れるのは日常であった。

1.4.5　運転士と信号掛の信号に対する意識の差

　助士時代、忘れられない腹立たしい思い出がある。ある日、準急「はまな」で静岡に向かった時のこと、運転士は若松由男だった。静岡の場内信号機が注意と停止を繰り返し、A型車内警報装置のベルが鳴ったりやんだり、これでは進入できないので、信号扱所に上がっていくと驚くなかれ信号掛は「そのまま行ってくれ」というが、そんなことをできるはずがない。この時程信号掛と運転士の信号に対する意識の差を感じたことはなかった。

　私は直ちに誘導を依頼し、信号掛は仕方なく承諾した。このため、列車には大きな遅れが出た。元々は場内停止状態なので、場外で場内信号機不良を通告しで手信号を現示すれば事済むことだった。もしくは、直ちに誘導すれば少

ない遅延で済むはずである。静岡運転所に着くと駅長が来ていた。居丈高な態度で理由の正当化にかかった「主信号機で入れるのが運転保安の立場から本来の姿だ」と言い張る。「それではこっちは何時までたっても進入できないではないか」と、暫し口論になった。「保安というならそのまま行ってくれと言ったのはどういうことだ」と詰め寄ると「我々だって、マルにしてやったことはたくさんある」という始末で、肩書きが邪魔して非を認める勇気もなく、舌打ちして出て行った。一部始終を聞いていた静岡運転所の当直助役は「呆れて開いた口だ塞がらないない」と言っていた。結局これは駅長の政治力で不問になったが、納得できない一件であった。件の駅長は運転に対する敵対意識がむき出しで、その後も乗り継ぎ交代でホームに待機中、管轄外の我々に向かい、乗務前の平常心が大切な時に「時刻表に指示があるのに何で間違えるんだと」言いがかりをつけられたこともあり、同乗の田中一美運転士と呆れかえって幹部としての人柄を疑った。

　静岡機関区は寝室が酷く、大部屋に20人程の人が寝泊まりしていた。部屋の中央に裸電球が一個だけあり、ひっきりなしに人が出入りし電灯を点滅されるので、寝られたものではない。また、夏は蚊帳を吊るので寝苦しい上に他人の鼾（いびき）や歯ぎしりで上りの夜行列車に一睡もしないで乗務したことが幾度となくある。寝不足時の速度が遅い夜行列車は睡魔との闘いであった。機関区の風呂は据え付けボイラー代用の蒸気機関車C50の暖房ホースから蒸気を供給していた。劣悪な環境の中で、ここでも寝酒は黙認されていた。

　1962年2月のダイヤ改正で特急電車はすべて静岡停車になり、運転士二人乗務から運転士と助士の乗り組みになった。国鉄時代の運転職場は皆が、勉強していて、月刊雑誌「鉄道ピクトリアル」でお馴染の鉄道図書刊行会（電気車研究会とも言った）から「電気車の科学」、「鉄道ファン」でお馴染の交友社から「電車」という月刊誌が出ていて現場で斡旋していた。それぞれに技術解説や各地で起きた車両故障、事故の記事や対策、新車の情報等もあった。また、全国各地の教習所で行われた入所試験の問題や模範解答、解説等が書かれていたほか、海外の情報等色々な記事があり、多くの人が購読していた。私は、子

供の頃より従兄から電気車の科学をもらい読んでいた。新幹線に行ってからも暫く購読していたが、新幹線の話題も乏しく購読はやめたが、その後はJRになって読者も減り、知らぬ間に廃刊になっていた。そこに書かれていた記事を今でも思い出し、懐かしくなる。

1.4.6　逼迫する国鉄輸送と電車運転技術

当時は電化がどんどん進み、蒸気機関車時代、約100kmおきにあった機関区が統廃合で無くなって行き、存亡の危機にある庫は大変であった。宇都宮機関区も乗務員区に変貌しつつあり、廃止の危機感を持っていて、通常では二人乗務のところを一人乗務でいいから担当させて欲しいと歎願し、結果この157系の「日光号」は一人乗務で宇都宮が「落札」した。その後157系だけは一人乗務になり、後に日光から伊東に直通する157系の「湘南日光」だけは一人乗務になった。その後、「湘南日光」は新前橋区の165系6両に置き換えられても、一人乗務での「日光」からの直通運転が無くなると、東京～伊東、臨時の準急「第二いでゆ」として運転され、その時は二人乗務になるということがあった。

157系は冬季には日光線の定期運用から外れ、東海道線の不定期特急列車「ひびき」に使用された。私も助士時代特急組として、151系や157系を使用した。臨時特急「ひびき」にも乗務したことがある。国鉄の新性能電車でも151系は歯車比が3.5と小さく、無理をしていたように思う。上越線に特急を走らせる際、151系で試運転をやったところ、主電動機の温度上昇が大きくて途中で中止したこともあった。

新性能電車では、1ノッチ＝起動・2ノッチ＝直列・3ノッチ＝並列・4ノッチ＝弱め界磁と4段階があり、CS12A制御器は機関車のように手動で一段ずつ制御でき、粘着不足の時には便利であった。

151系は通常の電車のように、起動時にフルノッチ（4ノッチ）を入れると、歯車比が小さいので、必ずオーバーロードした。電車には電流計はなく、すべてが勘に頼るものは、151系とて例外ではなかった。151系に乗ると運転士はしばらく3ノッチで力行し、MM電流を十分減少させ85km/h位になって4ノッ

チを投入した。

　151系は両端のクハのボンネット内に150kVAのMG（電動発電機）とコンプレッサーを搭載していたので、客室内の騒音は大いに軽減できた。また、食堂車には70kVAのMGが搭載され、前後のMGが悪くなっても、食堂車を営業停止にすれば運転は可能であった。

　当時の国鉄輸送は逼迫していて多くの列車、特に貨物列車は機関車の能力を最大限に引き出す高度の技量が要求されたが、151系も例外ではなく、特に6時間30分運転になってから、東京・大阪の余裕時分は下りで3分45秒、上りで5分15秒、区間によってはまったく余裕がなく、能力をフルに引き出す運転を強いられた。

　新性能電車に搭載されたCS12A制御器の電気ブレーキは直列13段、直列から並列に切換える渡りが4段、並列が11段あった。そして、力行時に並列段まで進まないと電気ブレーキは動作しなかった。電気ブレーキが動作しないと、ブレーキ力はかなり落ちた。電気ブレーキが動作しブレーキが進段して行き速度も下がり並列9段まで進むと、B55という制御器が動作し、ブレーキ力を55%に落とすという迷惑至極な装置が付いていた。

　101系では歯車比が5.6と大きいため、6〜7km/hになって動作するので良いのだが、153系では歯車比が4.21のためP9段の速度が23km/h位あり、151系では歯車比が3.5なので25km/h位で動作し、そこでブレーキ力を55%に落とされ、とてもやりにくかった。伊東線は単線の上、勾配がきつく、線路の有効長も短く、オーバーランすると脱線転轍器に乗り上げかねない。例えば、伊豆多賀から網代まで、ブレーキを緩めただけで電車は転がりだし、十分に定時運転ができた。そのため伊東線内では、B55による過走防止のため電気ブレーキの使用は禁止された。また、勾配がきつく、電気の奪い合いをしながらの運転をしていた。伊東線内は「1200V以上ないと、パラ（並列ノッチ）を使うな」の注意書きがあった。下手すると、抵抗器が過熱・焼損しかねず、神経を使ったが、旧車には電圧計もなかった。

　153系は電気も使うので、OFFすると架線電圧が急上昇し、MG（電動発電機）

の回転数が急に上がり前照灯が瞬時に明るくなる。私の助士時代1961年12月10日伊豆急が開通し、伊豆急からの供給もあったのか、電力事情は多少改善された。伊東線内の伊豆急の電車は、すべて伊東支区の運転士が担当していた。

1.4.7 伊東支区と伊豆急

　この伊東～下田間の鉄道にはいわくがあった。十河信二と東急の五島慶太は東大で同期だった。十河が国鉄総裁に就任すると、五島は「鉄道敷設法では伊東から下田が建設予定線になっている。すぐにでも下田まで鉄道を敷いてくれまいか。伊豆の開発は東急でやるつもりだ」と言った。それを聞いて、十河は「国鉄の犠牲で東急が儲けるつもりか」と怒鳴り上げたという（出典：橋本克彦著 日本鉄道物語）。伊豆急の運転士は東急線や、中には草軽電鉄から来た人も居て、田町電車区で現車訓練を行った。講師は技術担当の電車運転士 荻野悦男で、彼は1958年11月1日運転開始した特急「こだま」の第一陣の運転士の一人に選ばれた人であった。私が予備待機の勤務の折、荻野悦男に呼びつけられてそのお手伝いをしたが、伊豆急の運転士は皆さん優秀で、伊豆急を創るという熱意溢れる方々ばかりであった。後年、EF58が伊豆急線に入るが、東京機関区の指導機関士も伊豆急さんは大したものですよと話していた。

　助士時代、伊豆急では忘れられない思い出がある。1961年12月伊豆急開通して初の土曜日、80系の土曜運転の準急「おくいず」に乗務して伊東に着いた。運転士は後に第一回の新幹線電車運転士科に入る航空機乗員養成所から国鉄に入り中等部出身の野尻緒男だった。てっきり153系と思って交代に来た伊豆急の運転士は目を丸くし、こんな電車は触ったこともないし、教育も一切受けていないと戸惑っていて、こっちも困った。急遽、運転方法とスイッチ整備とドア操作を教え（80系は前5両を助士がドア操作していた）、エンド交換の仕方を教えた。にわか教育を受けた運転士はまったく未知の80系を往復運転し、無事に伊東に戻って来た。今ではとても考えられないことである。

　伊豆急の電車はセルフラップではなく、経費節減からか旧来のブレーキ管を減圧する方式のブレーキに電気ブレーキを併設したものに抑速ブレーキを装備

したものを使っていた。東急線で旧車を運転した豊かな経験があることもあったと思うが、些細なことを大騒ぎするような風潮もなかったので、安心して働けたのだと思う。交代後、野尻運転士と、下田まで付いていってやれば良かったと話した。その後、1958年モハ91（後の153）が誕生、10月10日、品川〜平塚で公式試運転を実施、11月1日から運用に入った。

図1-116　153系 準急「比叡」と準急「東海」

1961年、準急「東海」は大垣電車区所属の153系を使用 Tc + M + M' + T + Tc + M + M' + Ts + Ts + M + M' + Tc の6M6T・12両編成、「比叡」は宮原電車区持ち Tc + M + M' + T + M + M' + Ts + M + M' + Tc の10両編成であった。

田町電車区の153系は通勤用と温泉準急に充当される10両編成の基本編成に5両の付属編成のものと、クモユニ74という72型国電を改造しSED型（電気ブレーキ機能は持っていない）のブレーキ弁付に改造された郵便荷物電車もいて、最長16両編成で運転していた他、急行用の6M6T 12両編成が配置されていた。「新東海」は全車指定席の準急で、停車駅が少なく、運転時分の詰まっている列車であったが、1961年10月のダイヤ改正で姿を消した。

宮原電車区の153系準急「比叡」の編成はその後6M4Tから4M6Tになり主電動機の故障や主抵抗器の焼損事故が多発した。主電動機の故障、主抵抗器の焼損と言う故障は簡単に修理できるものではなく、配給電車のお世話になり損品を工場へ送って修理するような故障だった。経費節減で電車区に満足に補

修部品がない中、現場での少ない車両の中でのやり繰りは大変であった。12両編成の急行編成は6M6Tと比較すると、急行用に新車を回し、準急「比叡」には古い車両を充当したことも一因と思われるが、急行編成と比較しても半年間で何と20倍を超える高い頻度で主抵抗器の焼損事故があった。設計側と現場ではまったく異なり、時として理論でのみものを考える超エリートは現実には中々目を向けてくれることはなかった。

153系は前面の貫通扉の隙間から風が吹き込むことがままあり冬は寒かったが、111系よりはましであった。

1.4.8　隔時法の廃止

1961年12月28日からの降雪で西宇部〜小野田信号回線、饋電線、通信線が断線し隔時法を施行していた。29日山陽線の西宇部〜小野田で隔時法を施行中、特急「さくら」に後続の準急「あきよし」が追突し車掌が重傷を負い、乗客32名、職員1名、食堂車従業員1名の計34名が軽傷を負う事故が発生した。

隔時法は信号も通信も途絶えた時に最短5分間隔で列車を運行し、機関士は時々短急汽笛を吹鳴しながら最新の注意を払って運転した。もし、停止した場合は停止した車両から200mの位置で停止信号を現示し、且つ800m離れた位置に信号雷管を設置することを義務付けていた。しかし戦争末期、1945年7月16日達124号で改訂された。戦争末期は設備も荒廃し、保守もままならぬ状態の中、空襲も頻発、信号機能も通信機能も常に完全ではない中、膨大な輸送をこなすのに何とか列車を動かさねばならないことが背景にあったと思われる。

前記の改訂で列車間隔を10分にし、今まで無かった運転速度規制を15km/h以下とし200m以上離れた位置から確認できる地点に停止信号を現示するか100m以上離れた地点に信号雷管を設置するよう義務付けた。しかし、1列車「さくら」の車掌が列車防護をしなかったことと、「あきよし」も速度を15km/h以下に落とすことを失念し45km/hの速度で追突した。この事故を契機に隔時

法は廃止された。

1.4.9 電車運転士科へ入学

年の瀬も押し迫った頃、中央鉄道学園電車運転士科の募集があった。規定では電車運転士科の受験資格は、電車運転助士あるいは、電車掛を2年9ヶ月以上経験した者となっていたが、当時は電車化が進み、特例で1月10日付で電車運転助士は経験年数1年で以上の者が受験資格ありとされ、受験した。一方、機関区では古参の機関助士、電気機関助士救済対策として、特例で機関助士・電気機関助士2年6ヶ月経験者が受験資格ありとされた。各鉄道学園で通信教育が行われており多くが受講していて、通信教育の合格者は受験科目を免除された。通信教育には、鉄道一般・数学。運転関係では、運転法規機関士編・助士編・電車・電気機関車・蒸気機関車・客貨車等の科目があった。電車運転士科は、鉄道一般・数学・国語社会・運転法規（機関士編）・技術（電車）の5科目で、通信教育受講者で修了試験に合格した者は80点で受験は免除され、修了試験80点以上のものはその点数で免除された。また、機関車関係の古参助士対策として予め枠を設定し、同一で試験をやると機関車関係には著しく不利であるとして、私の時は電車関係16名、機関車関係32名の枠を設けて入学試験を行った。国鉄の運転の歴史の中では、機関車中心に輸送が進められ、電車は下に見られ、国鉄本社に機関車課はあるが、電車課はなく、客貨車課の中に電車部門がある程度であった。給与も電車と機関車には差があり、1962年の初任給も、電車運転助士が動乗（動力車乗務員の略）5号俸、機関助士は6号俸、機関士は16号俸（19,500円）、電車運転士は14号俸（18,500円）であった。電車列車の優等化が進み、1963年7月1日、総裁達第308号最低号俸改正が行われ、電車運転士と機関士の最低号俸は動乗16号俸（19,500円）に統一された。

田町からは二十数名が受験して四人が合格したが、私も運よくその内の一人に入れた。鉄道一般・数学・電車・運転法規は通信教育を修了していたが、技術（電車）は点数が80点では不満足だったので、通信教育の免除をせず、試

験を受けさせてもらった。中央鉄道学園では、当番で講師の机を掃除することになっていたが、たまたま私が当番の時に机の上に試験結果が置いてあり、盗み見たところ、私の現場長の推薦順位は最下位であった。当時は古参の順位を上げるよう、現場管理者には思いやりがあった。

　中央鉄道教習所は中央鉄道学園と名前が変わり、中央鉄道教習所は電車運転士科24回生が途中から中央鉄道学園第1回生になり、私は中央鉄道学園第7回の電車運転士科、鉄道学園は全寮制で、我々は一部屋8人の大所帯であった。担任は陸軍士官学校出身の平野孝昭講師で、三鷹電車区でモハ90型試作時代から運転・検修を軌道に乗せ、教育に貢献された方で、途中から新幹線のメンバーに選抜されて小金井大学に行き、後に新幹線で再会する。運転士科の授業中に新幹線の話題も出て来て、給与が2万円にもならない時代に新幹線の運転士は乗務旅費が7万円ももらえるという講師も居た。

　同期生には色々な現場から集まっただけに、満鉄帰りの人もいたり、様々な経験談も聞くことができた。前述の秋葉踏切で重傷を負った榎本保美の他、1960年6月26日、南武線の武蔵溝ノ口でED16での入換中に電車と衝突し、電車の前頭部が抉り取られ機関士を含む4人が重傷、15人が軽傷をする事故で当時電気機関車に乗務していた八王子機関区西国立支区から来た山田隆二も居て、授業中呼び出され裁判の証人出廷の打ち合わせをしたことも度々あった。この事故は、駅側の完全なミスで、進路が構成されていないのに、入換承認を出し、車掌も入換合図で、青を振ったと証言している。部内法規では機関士にまったく落ち度はなく、法務課も機関士が有罪になれば、即控訴するといっていた。しかし、機関士には非がないにも関わらず、裁判では機関士に落ち度があるということで有罪になってしまった。

　鉄道学園卒業を控えた1962年5月3日、三河島事故が起こる。信号冒進して安全側線に乗り上げ脱線した貨物列車にラッシュで満員の常磐線電車が突っ込み、運転士が乗客の救出に当たり、肝

図1-117　読売新聞昭和35年6月27日朝刊

心の対向列車を止める列車防護を怠り、対向列車が突っ込むという二重衝突事故が起こり162人もの方々名の方々が亡くなる大惨事が起こる。時の国鉄総裁十河信二は雷親爺である

図1-118 この圧力計1個で運転していた

が、誠実な温情家で泣きの十河ともいわれ、遺族の家、一軒一軒すべてを泣きながら謝罪して歩いた。清廉潔白、利権を忌み嫌う十河引き下ろしを政官が画策する向きもある中で、遺族からも誠実な十河総裁の留任を望み、補償交渉は、十河総裁の下でという要望が出された。亡くなったご遺族に対する誠意、誠実さがいかに大切か思い知らされる話である。十河総裁の人柄は今も多くが語り継がれており、私も十河総裁の側近であった西尾源太郎から、そのお人柄をよく聞かされていた。この事故を契機に、屋根に列車防護の発煙筒や車内放送装置が付き、今まで、旧型国電には付いていなかった速度計が付き始め、前灯が250Wになるが、私が運転士になってからも、速度計のない、計器は元空気溜と釣り合い空気溜の双針圧力計1個だけ、後はすべて勘で運転する電車がかなり走っていた。

　前述の武蔵溝ノ口の事故であるが、後日聞いた山田の話では、三河島事故が起こり、検事の国鉄への心証を悪くしてはいけないとの配慮で法務課は結局上告せず、罰金は国鉄が払って決着したとの説明を受けたと話していた。何の落ち度のない人間を官僚の保身のために有罪にするということは何とも理不尽な話である。事故は国鉄の法規にまったく違反していなくても罰せられることがあり、逆に違反していても罰せられないこともある。

1.4.10　電車運転士科を卒業、武蔵小金井電車区へ配属

　卒業を控え、各人の配属される電車区が決まるのだが、それもひと悶着ある、当時は勤務地に応じて地域手当というものがあり、都心に近いところは基本給

の20%すこし離れると15%、10%、5%、無加算と決まっていた。東京では三鷹20%、八王子15%、青梅、松戸は10%といった具合で、青梅電車区は電車も旧型の17m車が多く、通勤に不便で希望者がなかった。私の回生では甲府機関区出身者が打診を受けたが、説得にも応ぜず、2人は、当時の東鉄局の人事課まで行った。席上で担当者が「適当な人が居ない、この中村と奴が居るが、こいつは電車が好きで国鉄に入った奴だから、これは可哀そうでやるわけにはいかない」と言っていたという話をしてくれた。五月の末に1人の落第者も出すことなく、同期生全員無事卒業に各電車区に配属され、2人は結局、私と一緒に武蔵小金井電車区に配属が決まり、一件落着であった。私は出身の田町電車区を希望していた。田町電車区からは4人が入所したが、2名が田町に帰り、もう一名は新鶴見機関区の出身者が配属になり、私は武蔵小金井、もう1人の久松は松戸電車区に配属になった。私たちの一回後の第8回電車運転士科でも、青梅電車区配属を巡ってひと悶着あり、青梅に配属を言われた男は、夜中に酩酊して寮に帰ってくるなり、青梅に行きたくないと泣きわめき、防火用水のバケツを片っ端からひっくり返した。これを見た私の電車科の同期生であった工藤裕が泣くほどいやなら、俺が代わりに行ってやると名乗り出て一件落着した。工藤は青梅に行ったお陰で、成績も優秀で5ヶ月半の見習い期間を要員が逼迫していたこともあり、3ヶ月でこなし電車運転士の発令を受けた。新幹線電車運転士科の受験資格の一つに電車運転士もしくは電気機関士経験2年以上という決まりがあり、そのお陰で、第8回生で、新幹線電車運転士科の受験資格を持っていたのは彼1人だけであり、後に、新幹線電車運転士科で机を並べることになる。私は1962年6月24日中央鉄道学園を卒業し、武蔵小金井電車区、電車運転士見習いの発令を受ける。ここの初代区長は大塚滋、私の教導運転士は三上政夫で、本当にお世話になった。乗務の度に諮問を出し、一本の試験に落ちないように指導して頂いた。私が見習い中、第一回新幹線電車運転士科の試験があり、三上は受験に合格して1962年10月11日、鴨宮に新設された第一回特別新幹線電車運転士科中央鉄道学園小田原分所に入学した。

　1962年10月、電車運転士になるための最終試験、登用試験を受けることに

なる。学科試験に始まり、出庫点検・故障応急処置・事故の処理・運転の実技試験が行われた。学科は、車両・法規、出庫点検は見落としがないか、仮設でコックを締め切ったり、スイッチを落としておくものでどれだけ見つけられるかであった。

　故障応急処置は、仮設の故障を見つけて動かすように処置するのであるが、あくまでも応急処置で、運転できるようにするのが目的であったため修理ではない。故障個所を見つけ、限られた時間にきちんと処置できるかである。

　後は踏切でトラックと衝突し空気関係の破損という課題もあった。運転実技の中では、信号の確認喚呼が正確か・運転時分が正確か・速度計を隠し、35km/h と 15km/h の仮設の徐行区間を設け、速度が正確か・速度観測＝速度計を隠し、試験官が突然、今何キロ？と問い、即座に答えないと遅れに比して減点・ブレーキ扱いはどうか（一段制動・階段弛めが理想とされ、階段弛めは3回以内までは減点なしで、弛め過ぎて再ブレーキをかけると減点は大きかった）・衝撃はないか、衝動棒というドミノ倒しのような駒を立てられ、太いのが倒れるほど、減点は大きかったなどであった。当時は17m車の11系・72・73系・70・80系・新性能電車の101系・151系・153系等があったが電車区によって、試験に供される車種が決められ、京浜東北・青梅・南武・鶴見・常磐の各線は旧車の73系で、他の電車区は101系で出庫点検・応急処置試験が行われたが、田町電車区では101系は学園での実習以外は触ったこともなく気の毒であった。

1.4.11　電車運転士を拝命

　私は見習いも終わり、電車運転士の登用試験、学科、応急処置、運転実技の試験にも合格して11月14日に晴れて電車運転士の辞令を交付された。真新しい電車運転士の腕章、懐中時計、マスコンキー、ドアのキー、鞄、規定類一式、線路図、応急処置用のペンチ・ドライバー・針金を渡され、指導運転士から、最終チェック、線路に関して熟知しているか、各駅の信号機配列、駅ごとの取り扱いの口頭試問を受けて合格し一本の運転士になった。「1人になると心細

いよ」という人もいたが、私は特にそうは思わなかった。初乗務は18仕業・武蔵小金井から立川に行き東京折り返しで武蔵小金井にて交代、その後武蔵小金井～東京を二往復した。なりたての時は、よく指導運転士が添乗してきた。当時はほとんどが101系になっていて、旧車に乗る機会は本当に少なく、見習い中も旧車に乗るチャンスはまずなかった。中央線の電車区は中野、三鷹、武蔵小金井の三電車区で、中央線の電車101系は三鷹と武蔵小金井に配属され、旧型国電は中野電車区の所属であった。武蔵小金井の受け持ちは、中央線、青梅線、下河原線、三鷹は中央線の里（国電区間）と、山＝新宿～甲府、新宿～河口湖（担当は大月まで）、それに下河原線、中野の受け持ちは中央線と総武線であった。

　中央線の高尾から先の区間は隧道が小さいため運転可能な車両は限られていて、昭和20年代は富士山麓線への乗り入れはモハ41、モハ60が運転可能で、私も遠足でモハ41に乗って富士吉田に行ったことがあった。その後、ダブルルーフをシングルルーフに改造した低屋根の17m車モハ11・クハ17が乗り入れていた時期もあった。更に、中央線用にモハ70の屋根を低くしたモハ71を投入、新宿～甲府一往復電車化され、著しい運転時間の短縮がなされたがモハ71001は大井工場製の全金属製の試作車でもあった。高尾から先は通票を扱うため三鷹電車区にも電車運転助士がいたが、自動閉塞式になり、助士は廃止された。モハ72の屋根を低くした72800番代の通称「山ゲタ」と呼ばれる車両が投入されていた時期もあった。その後客車列車は順次電車化されて行く。

　武蔵小金井の運転士で、私たちのような旧車の見習い経験に乏しい、若い者が運転すると、ブレーキが下手くそで、よく遅らせ「中野に回復してもらえ」などと言われた。

1.4.12　自動ブレーキ

　いわゆる旧型国電はブレーキの利きが悪く、特に中央線はブレーキの制輪子（車輪に鋳鉄製のブロックを押し付ける）に減りを少なくするよう、カーボンが入っていて、よくオーバーランをした。カーボン入りではない制輪子とのブ

レーキの効きの差は、70系・80系に乗務して初めてよくわかった。オーバーランは決して珍しいことでなく、特にブレーキ時間を短縮しないと遅れ、高度の技量が要求された。中央線では中野電車区の運転士が総武緩行線で旧車を運転していたので、旧車のブレーキは格段に巧かった。

　昭和初期から使用されているエアブレーキは自動ブレーキ（オートマチックの意ではない）と言われ、制動管（ブレーキ管）と言う圧力が$5kg/cm^2$の管を列車に引き通しておき、その管から制御弁を介して補助空気溜というタンクに空気を運転中に蓄積しておく。そしてブレーキは、ブレーキ弁で制動管を減圧して制御弁の作用を介して補助空気溜の空気をブレーキシリンダに送る方式

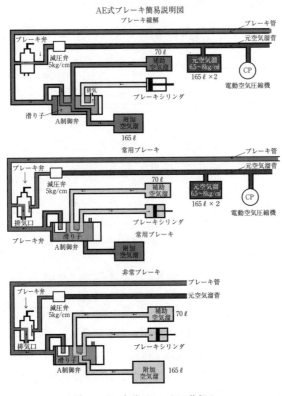

図1-119　自動ブレーキの仕組み

で、理論上の最大減圧量は 1.4kg/cm² とされる。そして、緩める時、次に使うブレーキのエアーを補助空気溜に込める方式をとっていた。ブレーキ弁には①弛め・運転②保ち（電磁弛め）③ハンドル抜きとり④重なり⑤常用ブレーキ⑥非常の位置があった。ブレーキ操作は通常ブレーキ開始位置でブレーキ弁ハンドルを常用ブレーキに移し、希望のブレーキ力で重なり位置に移すと、そのままのブレーキ力が保持される。弛める時は重なりから弛め・運転あるいは保ち（電磁弛め）に移し希望の分だけ緩んだら再び重なり位置に移してブレーキ力を保ち、ブレーキシリンダの圧力は常用ブレーキで最大で約 3.5kg/cm²、非常ブレーキで 4.5kg/cm²、非常ブレーキ用に付加空気溜と言う空気溜があり、そのため階段弛めが可能であったが、非常ブレーキでは階段弛めはできない。

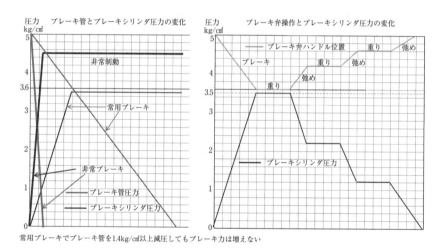

図 1-120　ブレーキ管とブレーキシリンダの圧力

運転中元空気溜菅から減圧弁を通して 5kg/cm² 一定減圧されたエアーを、先頭車のブレーキ弁の運転位置からブレーキ管を通して、補助・付加の両空気だめに込めるのであるが、長い編成では後部車両まで完全に込めるのにはかなり時間を要した。そのためラッシュ時など頻繁にブレーキをかける時は、補助空気溜に十分な圧力に達していないのに再ブレーキをかけると、込め不足と

1.4 機関車から電車へ   143

言って予期したブレーキ力が得られないことも結構あった。また多客になると列車の重量の他に電車が沈むため、ブレーキシリンダーのストロークが伸び、その分でブレーキシリンダーの体積が増すため圧力が低下し（ボイルの法則・圧力×体積＝一定）オーバーラン等が日常であった。ARE式は補助空気溜の空気は中継弁を動作させるだけで良いので小さい容積で済み込め不足はほとんどない。ブレーキシリンダーへは、元空気溜から中継弁を介してエアーが供給される。

　国電区間では高速で飛ばすよりもブレーキ距離やブレーキ時分を短縮することが回復運転には有効だとして、いたずらに飛ばすことより、ブレーキ技術の向上が奨励され、指導陣も飛び出す位ブレーキを詰めないと腕は良くならないとしていた。昨今のマスコミのオーバーラン記事の大騒ぎを見ると、どうかしているのではないか、もっと他に書くことはないのかと知性を疑う。電車では各車一斉に電気回路を通してブレーキ管から排気するので、制動効果は早く表れるが、機関車列車ではブレーキ管の排気を機関車だけで行うので、効果が現れるのには時間がかかる。貨物列車では三動弁と言う簡易な弁であるためブレーキ力を除々に強めて行くことは可能だが、階段弛めと言って、徐々にブレーキを弛める操作はできず、特に長大な貨物列車の運転は加速にせよ減速にせよ高度の技量が要求された。他にも、長い勾配を下る時にはとても神経を使う。勾配を下るのに、頻繁にブレーキ・緩解を繰り返すと、前述の込め不足で、過速により、事故を誘発しかねない。そのため、ブレーキ弁を特殊に操り補給制動というかなり難しいテクニックでブレーキをかけて速度を均衡させ下り勾配を下ることもできるが、一つ間違えるとノーブレーキになり、指導としては禁止されていたが、腕に自信がある人はこの補給制動を使っていたようである。機関区で運転台の掃除に入った時、ブレーキ弁にチョークでハンドルの位置をマークした補給制動の跡を幾度も見たことがある。また、長大な貨物列車では、出発信号機ギリギリに停めないと、最後部の車両が転轍器をまたいで後続の列車の通過がに支障が出るため、この不具合なブレーキ方式を使いこなす高度の技量が要求された。また、貨車の中にはブレーキシリンダーの付いてない車両

もあった。10/1000 を超える勾配のある区間には各々決められた牽引定数というものがあった。すなわち、10 トンを 1 両と換算し、勾配を勘案し、この区間はこの機関車は換算何両まで牽引可能と決められていた。それを超えると上り勾配の途中で停止した場合引き出しができなくなってしまうため

図 1-121　室蘭本線の石炭列車

である。貨車の換算両数も積車と空車では異なるが、積車の換算両数は、カンナ屑も砂も同じとみなされ、実際の牽引重量と大きな差があった。幾度か海外の機関士の運転を見たことがあるが、機関車の性能をギリギリまで引き出せる日本の機関士の技量は世界一ではあるまいか。北海道の室蘭本線、追分→室蘭は牽引定数 120 両（1200 トン）の D51 に倍の 240 両（2400 トン）牽引させていた。

　101 系はとても運転しやすく、電車と一体になれた。後継の 103 系よりははるかに運転しやすかったという声を多くの仲間から聞いた。最初にできたものが優れているという思いは後に新幹線の 0 系でも実感した。

　国鉄の線路は「保線魂」で完璧に保守されていて、私は安心して運転できる絶対的な信頼と感謝を持っていた。大雨や台風が襲来すると、悪天候の中で雨合羽に身を固めた保線区の職員が「保線魂」を以って愛する線路を巡回し守ってくれている姿を見て、こうした方々のおかげで安心して運転できるという感謝の気持ちを忘れたことはなかった。101 系は運転性能も優れ、時々スピード違反もした。最高制限速度は 90km/h であったが、東海道線に入ると 95km/h まで許容されていた。歯車比が 5.6 と大きいので、100km/h を超えると、過電圧継電器が動作し空気ブレーキのみになる。するとブレーキ力はかなり落ちる。

　中央線は列車選別装置があって、電車に比してブレーキ効果の少ない機関車列車に減速（青・黄）信号や警戒（黄・黄）を現示する信号を、それぞれ、進

行（青）、注意（黄）現示にしていた。信号機と信号機の間には一列車しか入れないので、列車を増やすために信号機を増やし、信号機間の距離が短くなっていた。

　国電の運転速度種別にA速（早朝）B速（ラッシュ前・日中・ラッシュ終了後終電車まで）C速（ラッシュ）の三種類があり、すべての速度種別の駅間運転時分を覚えた。そうしないと、遅延した場合、報告することができない。

　中央本線ではラッシュ時は付属編成3両＋基本編成7両の10両編成、三鷹と武蔵小金井での分割、併合はよく行われていた。時には分割したのを忘れて10両の停止目標に停止させたり、併合したのを忘れて7両の停止目標に停止させたりする珍事もあった。

　通勤時間帯が終わって、日中になると7両の基本編成のみ。直通電車は立川までで、立川〜高尾は付属の3両編成で往復していて、東京方面から立川以遠に行くには、立川で乗り換えであった。

　計画時、立川〜高尾は三両編成が1ユニットなので故障すると動けなくなるから、ベテランに担当させようという案もあったが、実現はしなかった。ラッシュになると、三鷹か小金井で3両の付属編成を増結し、10両編成で運転した。ラッシュ時は、今のように、列車間隔を調整することがあまりなかったので、いかに自分の電車に乗客を乗せないようにするか、前の電車ギリギリについて行き、定時運転は二の次、早め早めに運転した。いったん遅れると「背負いこみ」と言って、どんどん遅れが蓄積してくる。ラッシュは早着しても、2分間隔で走っているので、2分と早くなることはない。気の利いた車掌と乗ると、数秒早くドアを閉め、到着後の開扉も素早く、とっても楽であった。当時の中央線は日曜日に快速運転がないため、日曜の運転は停車回数が多く疲れた。しかし、片道21回もブレーキを使うので、ブレーキ操作の研究ができた。武蔵小金井〜東京三往復すると、停車回数は126回になる。東京〜沼津、一往復しても停車回数は片道21回である。

　下河原線は通票閉塞式。ある日、三鷹電車区の運転士が国分寺で通票を返納せず、三鷹まで持って行ってしまったという珍事があった。通票は区間でその

数が決まっているので、一個でも不足すると運転に弊害がある。
　その運転士は後に助役になり「タブレット助役」と陰口を言われていた。
　下河原線の担当は武蔵小金井電車区と三鷹電車区が受け持ち中野電車区は競馬のある日に臨時電車を担当するだけであった。武蔵小金井は日中1仕業、泊り1仕業受け持っていた。朝夕の通勤時間に東芝の社員の通勤用に101系付属編成を2つ併せ6両編成が一往復充当され、担当は三鷹電車区。日中はモハ40一両で、国分寺〜東京競馬場前を往復していたが、午前中は武蔵小金井の受け持ちで、国分寺〜東京競馬場前を7往復、国分寺〜北府中一往復。午後は三鷹電車区が受け持っていた。夜は武蔵小金井の担当で、国分寺〜東京競馬場前を11往復と北府中〜東京競馬場前1往復した。電車には気動車のような保ち位置がなく、荷物電車やモハ40単車の運転では階段弛めができず、貨物と同じようなブレーキ動作であった。
　通票閉塞式は昼間、腕木信号機で夜間は色灯式になるが、色灯式になっても腕木は一緒に動くので、動作音と振動は変わらない。北府中駅の遠方信号機はよく球切れを起こし、人手も居ないので電球の交換ができず、当務駅長から「運転士さん、遠方球切れですが宜しくお願いします」と頼まれて、黙認したことが多々あった。
　国分寺で思い出すが、現在は国分寺〜東村山を走る西武線の脇に立派な歩道がある。しかしこれができる前、駅に向かうのにまともな道を歩くと遠回りを余儀なくされる住人は、西武線の線路内を堂々と歩いていた。
　そのため線路内のバラスが崩れて軌道状態を悪くするので、保守する保線関係者は大変であったと思う。しかし、これを取り締まる様子もまったくなく黙認していたようだ。沿線に住宅が増えてゆき単線ながら、電車の本数も増えてくるし、通行人も増えてくる。危険が増すと共に線路のバラスの崩れが酷くなってきたが、通行禁止もしないから、運行に支障をきたしてくる。時期は覚えていないが、結局並行して簡単な歩道を作る羽目になったようだ。現在は車窓から見ると結構良い歩道ができている。

1.4.13 荷物電車と配給電車

　国電区間に荷物電車が走っていて新聞輸送もやっていたが、受け持ちは三鷹と中野であり武蔵小金井の持ちはなかった。そのほかに、電車区に部品を届けて損品を工場の持ち帰る配給電車もあった。配給電車の受け持ちは品川電車区大崎派出の受け持ちで、大崎派出の運転士が東京鉄道管理局管内すべての電車区から工場に検査のために入出場する車両の回送担当も受け持っていた。入場前になると馴れない線路に不安があり、担当する運転士は自分の時間に風呂敷で制服を包んで持ってきて着替え、線路見学をしていた。

図 1-122　荷物電車　　　　　　図 1-123　配給電車

　当時の青梅線はローカル線の趣があり、17m 車もかなり走っていた。羽村か小作か忘れたが、101 系基本編成 7 両編成がホームに収まらず、1 両ホームからはみ出して止めて運転士が先頭車のドアの締め切り操作を行い、後部 2 両締め切りは車掌が受け持っていた。東青梅からは単線になり単線自動閉塞式で、青梅から先は通票閉塞式でタブレットを交換していた。

　青梅線の乗り入れの直通電車は遅れないよう、気を遣っていたようだった。一度、小作で、犬が車内に乗り込み、中々降りず「運転士さん今、犬を追い出しているから待ってください」といわれたこともあった。

　武蔵小金井電車区で運転士をしていた当時、旅客が読み捨てて行った新聞紙を回収してくるのが副職みたいになっていて、運転士は折り返しや入庫電車か

ら新聞紙を拾い集めてくると、100仕業という予備がそれを整理して回収業者に売り、その金をお茶代や乗務員会旅行の費用の一部に割り当てた。

100仕業はダイヤが乱れると、運転整理という難しい仕事に従事する。この技術はコンピューターよりも優れたものだと思う。100仕業は運転士に○○さん△△Aに乗ってください、××さんは○○Bに乗ってくださいと、指示し（列車番号の後のAは三鷹電車区所属の車両、Bは中野電車区所属の車両、Cは津田沼電車区の車両、Hが武蔵小金井電車区所属の車両であった）ラッシュが終わる頃はダイヤが正常に戻ってしまう。全部が同じ車両ならやり繰りは楽だが、新車・旧車が入り乱れての運転整理は神業に見えた。電車も編成によって所属があるのと、各電車区で編成ごとの走行距離を管理しているので、ダイヤ通りに走っていても、三鷹電車区の電車が本来××Aで走るスジを○○Bと中野の編成が走っていることもある。ごく稀に忘れられた運転士もいて、「いい加減に交代してくれー」と悲鳴を上げることもあった。

1.4.14 過酷な国電の運転士勤務

また、電力事情も決して万全ではなく、冬のラッシュ時はよく停電して架線電圧計とにらめっこで運転していた。停電すると、運転士は車掌に車内暖房を切るよう指示した。車内暖房は架線電圧1500V直列接続で使用していた。電力指令も慣れたもので、停電すると、すぐに電源復帰を行うので、ダイヤが乱れることはなかった。ある日、明治大学の教授を名乗る人が便乗中の運転士と話をしていたと四ツ谷駅の当務駅長に抗議があった。1人は中野電車区、1人は武蔵小金井電車区の運転士で、2人は同期生、事情聴取もなく乗務停止2日の処分が出た。こんなことで処分していたら運転士は幾人いても足りなくなる。相手が大学教授というので、ビビったのが真相であろう。これは現場より、上局の肩書きに弱い事務屋の意向が働いていたようだ。

国電区間の運転士は出退が厳しく、慢性的な寝不足であった。朝夕のラッシュに多くの運転士が必要になる。

大まかに言うと、公休の後は7:30〜17:30、翌日は、06:00〜16:00、次の日

1.4 機関車から電車へ

は03:40〜14:00そして16:00〜翌日の07:00まで乗務し、またその日の夕方17:00〜翌日08:00そして公休というパターンで、遠距離通勤者は電車区に泊まり込みで二仕業乗務して帰宅し、また二仕業乗るという遠距離通勤者用の交番表を作ることも行われていた。ゆっく寝られるのは、3日目の仕事の後、泊仕業になるところ（皆がトランジション＝亘りをトラと呼んでいた）と、公休前の明けの日の2日位であった。3日目の仕事は自宅から出勤できないので、電車区に泊まり込んでいた。国電区間では寝る時間が少なく、寝酒をやる人は皆無であった。睡眠時間のコントロールは大変で、昼寝しすぎると夜寝られず、寝ないと運転中睡魔が襲うという状況で、数分寝ただけで睡魔から救われるので、待ち合わせの時間の数分は貴重な睡眠時間であった。戦後間もない頃、眠気防止の薬が配布された時期もあったが、これを服用すると出先で床についても寝付かず、後で付けが来て睡魔に襲われることがあったという。

　今でこそ喫煙派は肩身がせまいが、当時は多くの人が喫煙していた。機関車では運転台に灰皿が設けられていたが、電車ではなぜか国電の三等車が禁煙であったせいで、喫煙できる中長距離電車でも運転士の喫煙は禁じられていた。しかし、夜間にカーテンを降ろせば吸ってもいいと言われていた。新聞の投書に夜間カーテンの隙間から運転室を覗いた乗客から運転士がたばこを吸っていたとの投書が掲載されることもあったが、国鉄本社広報部は、夜間、運転士の眠気防止のため喫煙は禁止していませんとはっきり答えていた。151系のように運転台が見えないものは、喫煙はまったく問題がなかった。地方局では、独自に電車にも灰皿を付けているところもあった。

　仕事の珍事は同期生会等で出会った際に話題になり、皆が知ることになる。山手線では運転士が内回りと外回りを間違えて出場し、交代の運転士が居ないとびっくりすることがあり、そのまま運転継続し、100仕業が整理するという慣例があり、馴れたもんだったと聞いた。

　当時の国鉄職員は機転が利いたし、それを育てる風潮がどこの職場にもあった。運転士は「想定外」の事象はいつ起こるか解らない杓子定規ではない瞬時の的確は判断を常に要求されるので、マニュアル人間では駄目であり、特に戦

争中の体験をしてきた方々から色々な体験談を聞き、その感を強くした。

1.4.15　飛び込み事故・オーバーラン・車掌の欠乗・電力不足

　山手線では大崎〜品川で公衆か跨線橋から内回り電車に飛び込み即死する事故があった。死体が前面ガラスを突き破り運転台に飛び込んだが幸い反対側であり、運転士側であれば運転士も巻き込まれる事故であった。

　赤羽線は赤チョンと言われ、池袋電車区が受け持っていた。ある日、一番電車で出庫点検を終えてやれやれと待機し、発車時間になったらパイロットランプ（ドア全閉）が点灯していたので発車したところ、車掌を起こし忘れて欠乗し、運転士は板橋でドアが開かず初めて車掌が居ないのに気が付いた。駅の助役が急遽車掌代務で乗務、運転を継続した話もあった。他に京王線でも車掌が尻押ししている間にドアが閉まり置いて行かれるようなことがあった。中央線で、深夜、東京駅で折り返し時間が多い電車を車掌が勘違いして早くドアを閉め、運転士がつられて発車しダイヤにない電車が走った珍事もあった。私が一度、肝を冷やしたのは下り快速で御茶ノ水駅に進入した時のオーバーランだった。速度も低いので、衝撃防止に少し長く制動距離を取りブレーキをかけたところ、ブレーキ効果が少なく、滑走して、出発信号機を超えてしまった。いくら進行信号でも、これはあってはならないオーバーランである。原因は線路の摩耗防止に塗った油であった。駅は平謝り、マル（丸く収める＝なかったことにする）にして収めたが、ブレーキ効果がないほど恐ろしいものはない。運転理論で習った恐怖の理論を実際に経験した一幕であった。

　横浜線では電力事情も悪く、夜間に変電所から遠く離れたあたりで力行すると室内灯が暗くなり、蛍光灯（直流点灯であった）が電圧降下で消灯して予備灯になることもあった。この直流点灯の蛍光灯は左右で明るさが異なり、一定のキロ数を走ると、極を切換える作業も行っていた。運転室に架線電圧計もなく、見当で運転するのであるが、それだけ技量も優れ、また、おおらかな時代でもあった。

　101系は通勤線区では制御器の動作回数が多い分、故障する確率も高く

CS12A 制御器のカム軸が途中で止まり、ユニット不動になることが時々あった。しかしその都度運転士は降車し、制御器のふたを開けて機器番号 54-1・54-2 という短絡継電器を手で押して復旧させることがままあった。同じ CS12A でも 153 系や 151 系では聞いたことがなかった。私は一度、3 両編成で立川～高尾を往復する仕業に乗務した時、豊田を発車したら 30km/h までしか加速しない故障に出くわした。車掌も不安になって「運転士さんこれしか出ないの？」と聞いてきたが、途中で止めると、勾配を上れないのでハラハラしながら、やっと立川にたどり着いたことがあった。

車両故障や事故の事例、原因、対策は、ケースバイケースだが月刊誌「交友社刊・電車」「電気車研究会刊・電気車の科学」にも掲載されていて、とても役に立つことが多かった。

1.5 田町電車区

1.5.1 憧れの田町電車区 電車運転士の発令を受ける

電車運転士の発令を受け、数ヶ月過ぎた頃、城田という古参の方が東神奈川電車区長から武蔵小金井電車区長として赴任してきた。総点呼で城田区長はもし、要望があれば遠慮なく私に申し出てほしいと話された。

城田区長の前任者は本社採用の若い区長であったが、名前は忘れた。城田には若い区長になかった貫禄や温もり、運転屋の誇り、豊かな人柄といったものを若造の私でも感じた。早速、私は新任の城田区長に、幼少の頃から湘南電車の運転士に憧れていて国鉄に入った。どうか、田町電車区に転勤させてほしいと願い出た。区長は「解ったすぐに嘆願書を書いてくるように」と言われ、趣旨まで指導してくれた。私は馴れない筆を持って、懸命に嘆願書を書いた。すると一月位して城田区長に呼ばれて、1963 年 6 月 22 日、田町電車区への転勤が決まった。私の同期生で田町電車区に配属になった人たちは、田町が過員で、大船電車区が欠員という中で大船電車区で電車運転士の発令を受け、結局私が同期で一番初めに田町電車区の電車運転士の発令を受けた。

田町電車区の助士時代、多くの方々に可愛がって頂き、先輩方はよく来たなと私の転勤を喜んでくれた。

特急組のベテラン運転士 萩原功は、私が高校生時代からの知り合いで、よく、内緒で運転室に乗せてもらっていて、旧知の間柄であった。大先輩でありながら親友であり、終生の恩人でもあり、彼から運転士としてもあり方を折に触れ教えてもらい、彼は「仕事もできないのに偉そうなことを言うな」、「答えは仕事で出せ」が口癖であった。私は彼の背中を見ながら運転士として生きかたを学び、生きて来た。

東海道線の線路は助士時代の経験が大きくものを云い、線路を覚えるのはそう大変ではなかった。2週間の線路見習いを終え、指導運転士の最終チェックを受けて本線乗務を開始し、少年時代からの夢が本当に実現した。列車によって駅間運転時分が異なり、初めはかなり気を使った。特に夜行列車はのろのろ運転で、由比～興津あたりでは、並行する東海道を走るトラックに追い越された。昼間の急行では10:50発の「第二なにわ」が結構忙しく、上りの「第一せっつ」はかなり延びていたことを覚えている。上り「第一せっつ」はよく事故に巻き込まれた列車であった。1963年8月3日戸塚～大船で「第一せっつ」の4号車ビュッフェの窓ガラスを割って、対向する横須賀線に飛び込んだ男の片足が横須賀線に突入、横須賀線の乗客の腹部に当たり重体後に亡くなる事故があったが、そのショックで失神する乗客もいた。横須賀線では久里浜を二往復する85仕業という勤務があったが深夜にわたる二往復目にはよく飛び込み自殺があり「85ダイヤの二丁目は気を付けなよ」と言われていたが、気を付けようがない。幸い私は何事もなかった。田町電車区は、特急組と普通組にわかれていて、特急組は特急とローカル列車、普通組は急行・準急とローカル列車と横須賀線を受け持っていて、受け持ち区間は助士時代とまったく同じであった。運転士も年をとるときつくなる人もいて、構内勤務を希望しても枠があるので、難しく、途中から、B組という、老人向け（？）の交番ができたが、私は希望しなかった。私が乗務する車両は、70系・80系・111系・153系・155系・157系、ラッシュの無い土休余剰の72系・73系・101系も乗り入れて来て乗

務した。田町電車区に転勤し、真っ先に、ブレーキ回数が少ないので楽だなと思った。東京〜沼津ローカル列車に乗務しても、わずか21駅止めればよい。これは中央線の休日ダイヤで武蔵小金井〜東京の一往復分、言ってみれば1/3の回数である。

1.5.2 伊東線

伊東線は単線で、単線自動閉塞式で初のCTC区間であった。

伊東線では相変わらず電気ブレーキの使用が禁止されていて、来宮で電気ブレーキのスイッチを切りとした。

伊豆急が開業して、電気事情は良くなったとはいえ、運転士になってからもやはり、電気を奪い合って運転した。運転時刻表に架線電圧が1200V以下では、パラ（並列ノッチ）を使ってはいけないと、注意喚起の札がぶら下がっているのは助士時代と変わらず乗務点呼の時に確認するのが決まりであった。ひどい時には1000Vを割りそうになることもあった。下手にOFFするとその隙に他の電車に電気を取られてしまい、駆け引きが必要であった。東海道線にはA型車警という車内中継信号に近い優れた車内警報装置が付いていたが、三河島事故を契機にS型車警という、今でいうATSが付き始めた。S型車警は、停止信号に近づくと、手前に設置されている亀の甲と言われる地上子の上に列車が乗ると警報が鳴り、5秒以内にブレーキ弁を扱って確認ボタンを押さないと、非常ブレーキがかかる単純な装置で、これが付くとA型車警の警報音回路が撤去され、点制御のただ確認操作をしないと非常ブレーキが掛かるだけのS型車警装備はA型より保安度が下がったと思った。

S型車警が付いていても確認扱い後は何の保証もなく、追突事故が何件かあり、確認扱いした後もチャイムが鳴り続ける装置が追加され、停止した後でないとチャイムは止めてはいけないと決められたようだった。S型車警の付き始めの頃は、規格がなく工場が空いている空間に勝手に設備を増設したお陰で、スイッチもバラバラなところに付いていた。一度、警報が鳴ったので、おもむろにブレーキを扱い確認ボタンを押そうとしたら、何時ものところに確認ボタ

ンがなく探しているうちに非常ブレーキがかかり、恥ずかしい思いをしたことがあった。

1.5.3 東海道本線

東海道線では、色々な車両に乗った。準急・急行は153系、「湘南日光」2501M、165系6両この列車は鴨宮の鉄道学園小田原分所入学中の新幹線電車運転士科で田町出身の生徒の通学列車で、来宮にある寮に帰る時、運転台に乗ってきたが、色々な話を聞くのが楽しみであった。165系は非常ブレーキの効果がかなり小さく、乗務回数が少ないせいもあってか、MC車の音がうるさく運転しにくかった。

新幹線が開業後157系は急行「伊豆」に使用されたが、70/80系、101系と共に私の好きな電車であった。湘南準急は伊東行きと修善寺行きが併結され、田町は修善寺行きに乗務、三島で駿豆線の運転士と交代した。時間があるのでそのまま修善寺に行くと、よく蕎麦をごちそうになった。三島から上りは熱海に着くと東京方に引上げ反対側には熱海派出の検査掛兼電車運転士が乗り、伊東からの編成に併合し、15両で上った。他に155系の「ひので」(東京地区の修学旅行電車) と「きぼう」(関西地区の修学旅行電車) にも乗ったが、時には学生に運転室も見学させたりした。通勤電車に111系があったが、冬はヒーターもろくに効かず前面の貫通扉から隙間風が入り、運転台が寒くて電車区には電気座布団が用意してあった。111系のブレーキはB1直通制御器になっていて55％動作がなく扱いよかった。

静岡の寝室は冷房装置も入って、大分良くはなったが、一部屋、三組から六組 (6人から12人) が寝泊まりし、就寝した。起床時間はバラバラで、構わず電気の点滅をやるので、落ち着いて寝られない。小田原の寝室は線路脇、夏は蚊帳を吊るので、暑くて良く寝られなかった。ペコペコという蚤取粉を撒かれる金属音が気になることもあった。

新製103系8両編成の新製試運転と性能試験に乗務したことがある、出勤時刻は03:48で、退区は19:20、103系の講習などまったく受けてなく「101と

変わらないよ、検査も乗っているし、大丈夫だよ」と言われたが、若かったこともあり、初めて見る103系に興味もがあったためくそ度胸で乗った。こうした、悪いきつい仕業は古参につけると文句を言われるので、私のような何も言えない若造にあてがう。しかも、馴れない貨物線を運転するのだから、気持ちが悪い。指導運転士も付いて来ず「じゃ、頼むよ」であった。103系は乗客に見立てた、死重としてコンクリート枕木が沢山積んであり、藤沢～平塚を何度も往復させられ色々な条件を出されくたくたになった。

1.5.4　中長距離電車急行

　昭和38年当時、東京～大阪の昼行の急行はすべて電車化されていて、東京～姫路の不定期急行「はりま」も80系から、153系になっていた。ある日、乗務した東京9:30の急行「宮島」の乗客に鴨宮へ出勤する恩師の桐村博之がいて、小田原駅で下車した際「おー立派になったな、新幹線に来いよ」と言われたことがあった。

　中・長距離列車には、当初は運転車掌と客扱い専務車掌が乗務していて、ドア扱いは運転車掌が受け持ち、途中駅で交代、客扱い専務車掌は通し乗務であった。日にちは忘れたが、運転車掌制度が廃止になり、客扱い専務車掌がドア扱いをすることになった。客扱い専務車掌にとっては不慣れなドアの開閉作業で、線路も熟知しておらず停まるとドアを開ければいいと思っていた節がある。ある日、東京10:50の急行105M「第二なにわ」に乗務、通過駅の湯河原で先行貨物列車の閉塞を受け、ホームに停止した。本来通過駅ではドアを開けてはならず、停車駅通過と反対の通過駅停車になる。「車掌が停車駅と勘違いしてドアを開けるよ」と、助士に言ったところ、案の定開けてはいけないドアを開けてしまい、駅では「105M、ドアを閉めてください、ドアを閉めてください！」と絶叫する一幕もあった。また、停車駅通過も幾度かあり、特に湯河原、川崎、吉原、富士、清水、三島は列車によって停まったり停まらなかったりで、要注意であった。ある日、点呼で受け取った夜行の上りの臨時急行の運転時刻表に誤記があった。富士に停車、車掌がドアを開けないので「車掌さん、ドアを開

けてください」と言ったところ「運転士さん富士は通過ですよ」という。こちらは停車になっている、停車駅通過はまずいので、「一寸でいいからドアを開けてください」と依頼した。富士を発車し、無事、東京に着き回送入庫して点呼に行ったところ、当直の箕輪助役が、お前ら、富士で何をやってきた！と怒るので「これでは通過できないでしょう」というと、笑って誤魔化されてしまい、謝罪もなかった。もし反対であれば譴責、昇給蹴飛ばし間違いなしである。当時、年功序列賃金で、定期昇給は一号奉毎の差額（間差）は私のような若輩は500円で年二号俸昇給、上に行くと1,000円間差で年一号俸の昇給であった。昇給蹴飛ばしは将来年金にもついて回る。給料の支給方法も一度に渡すと、若者はすぐ使い切ってしまうので、8日と23日の2回に分けて支払われていた。

電車も列車によって運転時分が異なり、忙しい区間とそうでない区間があり、特に夜行列車は運転時分がやたら伸びていて、睡魔との闘いであった。私が転勤した1963年頃は80系の運用はだいぶ減って、朝一番の各駅停車の名古屋行きの321Mだけになっていた。

1.5.5 横須賀線

横須賀線はすべてが旧型国電70系、所々にそれ以外の車両が挟まっていることもあった。私は運転士見習い時代、旧車のブレーキを扱う機会は少なく、中央線ではたまに旧車に乗るとブレーキが下手でよく遅らせたが、横須賀線の線路見習いで、70系にも比較的早く馴れた。連続して旧車に乗ると、勘は研ぎ澄まされ技量はすぐ上達する。それに、70系80系はカーボン入り制輪子を使っていなかったのでブレーキ効果も大きかった。また、ARE式で電磁弛めもあり、込め不足も起こりにくい構造で、高速からのブレーキ操作も扱いやすかった。横須賀線は大船を過ぎると長閑なローカル線的な風情で、東逗子は材木を組み合わせた上に板を張ったような駅と言うより、乗降所といった趣であった。改札口は山側（東京方面に向かって進行右側）跨線橋はなく、停止位置のすぐ前が改札口から上りホームにわたる通路になっていた。東逗子は東京方面に向かって10‰のところにホームを作ったために、よくオーバーランし

た。オーバーランした際に短急汽笛を吹鳴すると、手なれた駅員が通せんぼして乗客を制止してくれた。

久里浜は何にもないだだっ広い空き地が広がっていて、湿地帯のような感じであった。久里浜泊まりは大船電車区持ち。大船電車区ができる前の横須賀線は全部田町電車区持ちであった。久里浜泊まりの運転士が就寝中ムカデに刺されて手が腫れ、代替え要員が居ないかったため激痛をこらえながら品川まで来たこともあった。

また、横須賀線の電車を東海道の臨時列車に使うこともあり、時には関西生まれの半室運転台のモハ53（モハ43の出力アップ）が付くことがあったが、助士の居場所がなく後ろに立っていた。この電車の運転台は狭く、椅子が回転式になっていて、椅子を回さないと出入り扉が開かなかった。速度計も三河島事故の影響で後から付けたので、とんでもないところに付いていて、ボールペンでミエーヌ式速度計と落書きされていたり、空襲時の灯火管制の名残「空襲」というスイッチも残っていた。運転室外はオープンで、車掌スイッチや非常弁を悪戯する気ならだれでもできるような状態であった。

図1-124 灯火管制の名残を留めるスイッチ

図1-125 東海道線の臨時列車半室運転台のモハ43

1.5.6 大船駅のインシデント・鶴見事故・線路立ち入り

大船駅で大問題が発生した。第二場内注意で進入したところ、何と前に電車

が居たのである。担当は奥谷運転士、彼の機転で追突は免れたが、かん口令が敷かれたようであった。しかし、噂は噂を呼んだ。もし、追突していればまず運転士に信号冒進の嫌疑がかかるし、その間に配線を直し、信号冒進だとすることも可能ではないかと詮索もできる。運転士仲間では、絶対マルにすべきではないとの声が多かったが、泣き付かれて結局マルにしてしまった。そのために事故警報も出されず、真相は公にはなることはなかった。それ以前にも目黒川信号所で信号の誤配線で、列車が脱線したことがあった。京浜東北線蒲田駅の南行の第二場内信号機は進行を指示すべき条件でも進行を現示せず、それに気づいて指摘したのが堀江実で、新幹線で一緒になった時にその話を聞いた。

東海道沿いの、由比・蒲原・興津は付近の沿線住民の方々が線路を庭のように心得、平気で横断したり、線路沿いを歩いていた。付近には名産の桜エビを線路の脇にたくさん干してあったが、当時の列車の便所は垂れ流しであったので、蒲原の桜エビは肥しがきいているから食えないと運転士仲間では話していた。

当時は溢れた管理職の閑職（？）駐在運輸長付という制度があり、暇なせいか粗さがしが結構行われていた。

速度計の付いていない電車で、徐行区間の速度が1km/h高いだの、汽笛の吹鳴が一秒少ないとか、細かい粗さがしが行われ、電車区の業務掲示に一覧表が張り出されることがあり、皆が怒って居た。

営業や事務関係上がりの素人の駐在付が添乗してきて「運転士さん、信号喚呼の応答を省略させてもらいます」などという、何のために添乗してくるのか訳の解らない者もいた。

東海道本線も中間の小さな駅では場所的な制約もあり、ホームを拡張できないため15両編成全部がホームに入りきれない駅があり、ドアの取り扱いが決められていた。国府津下り一番は後部4両締め切り、早川駅上下線とも後部3両締め切り、根府川上下本線後部3両締め切り、根府川中線上りは前3両締め切り、熱海下り一番線・中線前後部各1両。伊東線に至っては10両編成でも締め切り扱いをやっていた。伊豆多賀・宇佐美は上下線とも後部3両締め切り

となっていた。ドア締め切り扱い者は、最前部一両は電車運転士、それ以外は車掌の扱いになっていた。

1962年11月9日、鶴見事故が起こる。競合脱線した貨車に横須賀線電車が衝突したところへ対向の横須賀線が突っ込む二重衝突事故が起こり、162名の方が亡くなるという痛ましい事故が起きた。この事故で大船電車区の運転士の勝又千秋が亡くなったが、早く救出すれば助かったのではないかとも言われた。勝又運転士のお宅を石田礼助総裁が幾度か遺族を見舞ったという話も聞いた。下り列車に乗っていたのは大船電車区の若林運転士、その後は、田町電車区85仕業の柏木運転士、参考人として警察から事情聴取を受けた。私は110仕業で伊東に行っていたが、もしも一週間ずれると私は柏木の85仕業に乗っていた。

過去に多重衝突事故はイギリスにもあった。1952年10月8日、イギリスのHarrow & Wealdstone構内で停車中の通勤列車（9両800人）に乗客90人を乗せた寝台急行（11両）が追突脱線し3複線6本の線路を塞いだところ、ほぼ同時に急行列車（15両、186人）が突っ込み乗務員3名を含む111名が死亡、重傷者も同数出ている。自動閉塞式ではなかったが、連動閉塞閉塞式装置に故障はなく、追突した列車には制動手配を採った形跡はなかったという。

横須賀線では腹立たしい思い出がある。保土ヶ谷を出て制限70のカーブを過ぎてフルノッチで走行中、前方に線路の真ん中を歩いている男がいた。警笛を吹鳴するが知らん顔しているので非常制動を掛けたら、スッと線路から出ていずこかに消えた悪質ないたずらであった。ある日、静岡から上りの急行列車に乗務した際、平塚の手前で運転台に血相変えて来た乗客が、指名手配の殺人犯が乗っていると申告してきた。急を要するので、平塚通過時に投げ文を行い、車掌に連絡して対応を依頼した。車掌も犯人を監視すると言う連絡であった。横浜に進入すると、多数の警察官が出場していた。助士と「犯人は捕まったな」と安堵し、東京に到着、折り返し回送で電車区に入庫し、当直助役に「犯人は無事捕まりましたか」と聞いたところ、中村からあの申告してきた男は四国の精神病院を脱出した来た者で、捜索願を出ていた奴だと言われ参ったことが

あった。

　単線区間で通票閉塞式から通票の交換が無い連査閉塞に変更され始めた。鶴見事故の陰であまり知られていないが、鶴見事故の20日後の11月29日に連査閉塞方式の羽越線、羽後本荘〜岩谷でDF50548牽引の2050貨物列車と単867列車のD51637が正面衝突し、DF50が大破炎上した。貨車の1両目から5両目までが脱線または転覆するという絶対あってはならない事故が起こった。DF50に乗務中の秋田機関区の機関士と機関助士が殉職し、同じ秋田機関区のD51の3名の機関車乗務員（機関士・機関助士・機関助士見習い）も重傷を負った。

　この事故は機関士の信号見落としと言うことになったが、機関士も当務駅長も出発進行を確認した後、発車寸前の僅かの隙に行き違い変更で当務駅長・機関士に何も告げず、急遽出発信号機が赤にし、機関士も当務駅長も出発進行を確認していたので、サイレン省略発車と合図し、867列車は発車した。これは通票閉塞式であればまず起りえないであろう事故であった。

　似たようなケースは1956年10月15日参宮線の六軒駅での衝突事故である。これも機関士が場内進行・通過進行を確認し通票受けまで建てられ通過条件が整っていたにも関わらず直前に行き違い変更で場内信号機を反位にされ、安全側線に乗り上げ列車防護の暇もなく進入してきた対向列車が衝突、多くの死傷者をを出した。その乗客の多くは修学旅行生で、誠に痛ましい大事故であった。また、非常ブレーキのブレーキ効果についても裁判の争点になったが、重連の場合非常ブレーキが動作せず、常用ブレーキしか動作しないケースがあることが解明された。これも機関士の信号冒進とされ有罪になったが国鉄の蒸気機関車の大家、久保田博も指摘するように、機関士のみに責任を負わせるのは余にも酷である。

　東海道線の輸送力は逼迫していることに変わりなかった。長大な貨物列車に交じって、各駅で貨車を解結していく、ダラ行と言われる貨物列車も走っていた。993列車のように新鶴見から沼津まで各駅入換をやり、約10時間もかかるものもあった。各駅の入換もベテランの操車掛と機関士の息のあった作業は

名人芸であった。

突放と言って機関車が貨車を突き放し、連結手（構内作業掛）が飛び乗って足で最後ブレーキを操作して組成するが、とても危険な作業であった。中には飛び乗り損ねたり、飛び降り転倒したりして死傷した若い人たちも多くいた。鉄道の仕事は、生死と時には隣り合わせになることがかなりあった。

1.5.7 新幹線計画に向けての高速度試験

1959年7月27・28・31日東海道本線の金谷〜藤枝で20系（後の151系）6両編成（クハ26004＋モハ20004＋モハシ21004＋モハシ21003＋モハ20003＋クハ26003）を使った高速度試験が行われた。初日、速度種別70・80・90・100・105・110・115・120km/hの8回を行ったが、3・4号車に高速時、悪性の蛇行動があることが解り、翌28日確認の意味で125km/h走行を行った後、一旦試験を中止、大井工場で車輪を削正7月31日試験を再開130・140・150・160-1・160km/h-2、と5回のテストを行い16:07′30″ 160-1で東京起点201.5km付近で運転台速度計指針は162.5km/hを指示した。制動も直通非常ブレーキで159km/hからの制動距離が1012mと好結果を出した（0系では

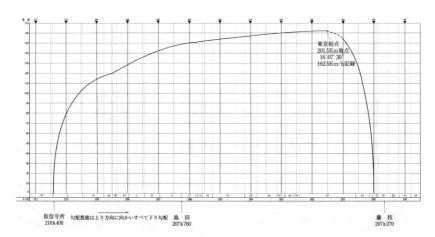

図 1-126　こだま型高速度試験運転曲線　藤枝〜金谷 1959年7月31日 163km/h

160km/h から非常ブレーキで 1160m）。

　1960 年 2 月 10 日、クモヤ 93000 で高速度試験を行い、東北本線 宇都宮～岡本で 165km/h を記録、11 月 13 日～22 日 金谷～藤枝で＊151 系 6 両編成（クハ 151-5 + モロ 151-5 + モロ 150-5 + モハシ 150-5 + モハ 151-5 + クロ 151-5）と、屋根の上にパンタグラフを載せる台を設けクモヤ 93000 を使った高速度試験を行った。

＊モハ 20 は 151 にクハ 26 はクハ 151、モハシ 21 はモハシ 150 と改番された

　11 月 13 日から 16 日まではクモヤ 93000 で行われ、前年「こだま」が出した 162.5km/h を初日、軽くクリアし、翌 14 日には 172km/h をクリアした。15・16 日は、三種類の新幹線用試作パンタグラフの試験を行ったが良好な成績であった。17 日は架線改良工事を行い、18 日から 20 日までは 151 系で試験が行われた。20 日、架線電圧を 1600V まで昇圧し試験をしたが、勾配条件、助走距離不足、車輪径が小さくなった等の条件が重なって 157km/h しか出なかった（前回は 5‰ の下り勾配で記録を樹立した）。通算で 54 回の運転が行われ、170km/h 以上が 3 回、160km/h 以上を 14 回記録した。21 日の 5 回目、6 回目に 175km/h を 2 回記録した。クモヤ 93000 は旧型国電の改造車であり、1932 年汽車会社製のモハ 40010 の両運転台車両を吹田工場で片運転台のモハ 51078 に改造、1958 年に豊川分工場で再び両運転台、事業用車に改造され形式モヤ 4700 を名乗り、形式称号改正で形式クモヤ 93000 になった。

図 1-127　モヤ 4700 当時、後のクモヤ 93000

図 1-128　モヤ 4700 の運転台は旧型国電そのもの

1.5 田町電車区　163

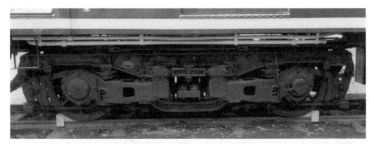

図1-129　クモヤ93000の台車

図1-130　モハ80014に取り付けられていたOK4試験台車

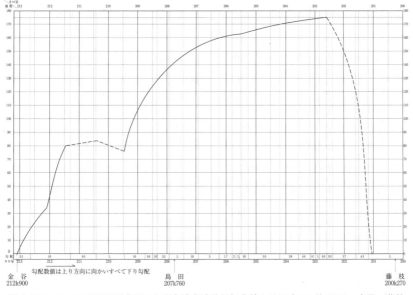

図1-131　クモヤ93000型車両による高速度試験運転曲線　1960年11月13日　金谷～藤枝

1958年11月12日13日両日、湘南電車25両を連結してすれ違い試験を行ったが問題ないことも解った。

1.5.8　サンパチ (38) 豪雪

1962年12月から1963年2月にかけて石川・福井・富山・新潟に大雪が降った。いわゆるサンパチ豪雪である。死者行方不明者だけで200人以上となり、家屋の倒壊も全半倒壊が1700軒以上に昇り、鉄道も特に甚大な被害を受けた。年が明けて1月から2月にかけて断続的に降り続け1月12日から17日にかけて降り出した雪は尋常ではなかったが、単なる序章に過ぎなかった。1月23日降り出した雪は特に凄まじい量で、大量の除雪車両や人員を投入し徹夜で作業に従事したが人間の懸命の除雪作業をあざ笑うかのようにそれを遥かに上回る降雪があり、多くの列車が立ち往生し、どこにどの列車が居るのかさえ解らない状況であった。小千谷駅に閉じ込められた列車の乗客は駅周辺の商店街や民家、町職員の自宅に宿泊させてもらった。除雪用の車両が脱線したり、立ち往生したりして自衛隊も出動し、各地の鉄道管理局から大勢の人間が雪かきに動員された。

東鉄からも運転士見習いはほぼ全員除雪に派遣された。1月24日小出駅には701レ急行「佐渡」が立ち往生し、滞留が決まり車内に電気を引き込み、暖房を強化するなどの処置をしたほか、炊き出しも行われた。25日に至り東京方面からの列車が到着した乗客が「佐渡」に乗り込み、小競り合いさえあった。その後乗客は全員旅館に収容したが、雪は止まず、4日目、1月27日になり、キマロキ・ロキの除雪ができるめどが付いたが、作業は大幅に遅れ急行「佐渡」は1月28日、02:35、85時間遅れで小出駅を発車した時には万歳の声がわき上がった。この災害で、乗客と誠心誠意尽くした小出駅駅員との間に連帯感も生まれ、その後、小出駅には多くの乗客から山のような感謝の手紙が駅に寄せられたと言う。中間駅でも国鉄官舎の奥さん方が炊き出しをやったという話も聞いた。

1月23日新潟を発車した急行「越路」は駅間で二晩立ち往生した後、28日

08:29に106時間31分遅れで上野に到着した。上野〜新潟の直通列車は2月7日まで運転されず、特急「とき」が運転開始したのは2月18日であった。1960年末の豪雪の時は6日間で運休列車は延べ1830本に対し、サンパチ豪雪では2月15日までの35日間で旅客列車11,045本、貨物列車8454本、計19,500本にもおよんでいる。ラッセルやロータリーといった雪かき車の運転キロ数は1960年の56,620kmに対し、サンパチ豪雪では107,688kmであった。

また全国鉄から集められた要員は12万人、自衛隊、地元消防団、除雪組合を合わせると644,486人であった。雪捨て列車は延べにして67,023両、これを雪を貨車満配にして並べると東京大阪間に連ねたことになる。

2月27日には木次線の出雲坂根で雪崩が起き、C56牽引の列車が雪崩に突っ込んで脱線し3月1日にやっと救出された。

1963年10月1日、東海道新幹線開業を1年後に控え優等列車が集う最後のダイヤ改正が行われる。

アプト式区間はちょうど新幹線開業1年前のダイヤ改正1963年9月30日でその幕を閉じ、粘着運転に移行した。この碓氷峠粘着運転の中心に居たのも、島秀雄技師長であった。碓氷峠電化は、明治時代に佐野清風と共にドイツのAEGに張り付いて製作技法を見て学び、注文を付け、機関車を輸入した島 安次郎博士の功績によってなし得たもので、碓氷峠は国鉄電化発祥の地でもあった。

図1-132 さよなら碓氷峠のヘッドマーク付きEF63重連

第 2 章　東海道新幹線の歴史

2.1　新幹線

　新幹線は多くの書物にあるように、広軌（世界標準軌）改築案に端を発する。島安次郎は熱心な広軌改軌論者であったが、国鉄は政治の世界も巻き込みながらも改軌に至らず、新幹線の完成で初めて実現する。
　まずは新幹線を語る上で、その原点になったドイツでの高速度試験に触れない訳には行かないだろう。
　1875 年 10 月 15 日ベルリン・シェーンベルグ（Schönberg）からシュリースプラッツ（Schließplatz）間 45.6km にプロイセン国防省管掌の鉄道が開通、1897 年 5 月 1 日、ユンターボーグ（Jünterbog）まで 25km を延伸、ベルリン・ドレスデン鉄道と並行して延長 70.5km の軍の線路が完成する。
　1899 年 10 月 10 日、AEG（Allgemeine Elektcitäts-Gesellschaft）、ジーメンス & ハルスケ（S & H= Siemens und Halske）ドイツ銀行等が参加して、ベルリンに高速電気鉄道研究協会（Studiengesellschaft für Elektrische Schnellbahnen = St.E.S）が設立されるが、他にボルジッヒ（Borsig）、クルップ（Krupp）、ファン デア ツイッペン & シャルリエール（Van der Zypen & Charlier）も名を連ねていた。1901 年ケルンのファン デア ツイッペン & シャルリエール製の車体に、S & H（Siemens und Halske）の電装品を装備した試験電車「S」と、AEGの電装品を装備した、「A」の二両の高速試験電車を製作する。その電車は梯子のような 3 個のパンタグラフを用い、4 個の三相交流非同期電動機を用い、車輪直径 1250mm（0 系は 910mm）A-1-A・A-1-A の軸配置の電動台車を装備、電動機軸が車軸になっていた。記録によれば、制御は Wagen-A では 5%の炭酸ナトリウム水を使った可変水抵抗器を使用していたとある。可変水抵抗器は液体内の電極の距離を加減することで抵抗値を加減し大電流も制御可能であるという。Wagen-S では車体側面に抵抗器が装備され、車体側面はベンチレーター

になっている。それに4個のブレーキシリンダを備えたウエスティングハウス製の空気制動器を備え、すべての軸に制輪子が圧着する機構になっていて（下記の資料参照）。運転室には速度計、電圧計、電流計、圧力計も装備されていた。

試作車のパンタグラフ

図 2-1　210.2km/hを記録したWagen A・S
Die Baureihe 103（出典：EK-Verlag）

図 2-2　Wagen-S Rekordloks
（出典：Eisenbahn Journal社）

図 2-3　Wagen-Sの抵抗器
（出典：Studiengesselschaft für
Elektrische Schnellbahnen）

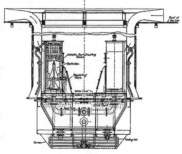

図 2-4　Wagen A 可変水抵抗器
（出典：Berlin-Zossen Electric
Railway Tests of 1903）

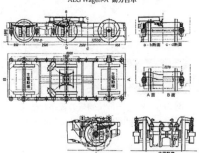

図 2-5　Wagen-Aの電動台車

168　第2章　東海道新幹線の歴史

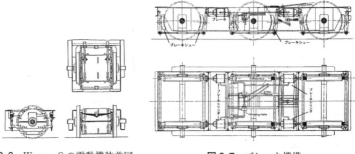

図 2-6　Wagen-S の電動機装着図　　図 2-7　ブレーキ機構

図 2-5 ～ 2-7 は、BERLIN-ZOSSEN ELECTRIC RAILWAY TESTS・Mc PUBLISINGCOMPANY より転載加筆

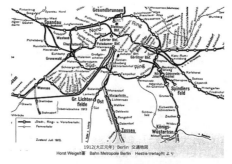

図 2-8　試験線の線路と架線

図 2-9　Wagen・試験線の線路と架線
（出典：Studiengesselschaft für Elektrische Schnellbahnen）

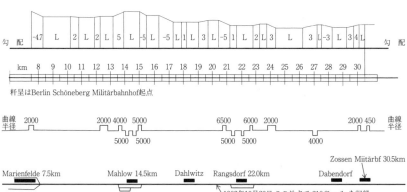

図 2-10　Mariefelde ～ Zossen 高速度試験区間簡略線路図
（出典：Studiengesselschaft für Elektrische Schnellbahnen）

　1901 年プロイセン軍管掌鉄道にて、ベルリンから 7.5km のマリエンフェルデ（Marienfalde）からツォッセン（Zossen）までの 23km に三本の架線を張った三相交流 10kV 50Hz の高速度試験区間を設けて高速度試験を開始した。1901 年 10 月 S & H（Siemens und Halske）の試験電車「S」が 160km/h の速度を記録している。

　その後、線路に改修を加え 1903 年 10 月 3 日、同じ試験電車「S」が 201km/h を記録、世界で初めて 200km/h を突破する。その後 10 月 6 日 202.7km/h、10 月 23 日、206.7km/h の世界速度記録を更新した。そして、10 月 28 日同試験線で AEG の試作電車「A」が 210.2km/h を樹立し、約 1 ヶ月後の 11 月 25 日 Siemens の Wagen-「S」が 209.6km/h を記録する。下記に当時の運転曲線を示す。

　この研究組織 St.E.S は 1905 年活動を終えたが、当時は大がかりな実験設備も無い状況での実験にはただただ驚いた。台車の状態や振動・パンタグラフの状態は如何様であったのか思いを馳せるのである。この年 6 月鉄道技術を学ぶためドイツに留学、自費渡航した島安次郎はこの試験の一部始終を見ている。帰国後、島安次郎は早速論文を発表し時速 210km の可能性を説き、後に広軌

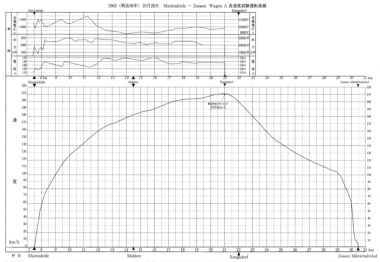

図2-11 Wagen-A の運転曲線

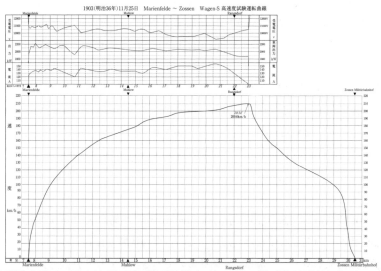

図2-12 Wagen-S の運転曲線

(出典:BERLIN-ZOSSEN ELECTRIC RAILWAY TESTS・Mc PUBLISINGCOMPANY)

への改軌を訴える。その後、ドイツでは1931年6月21日プロペラ駆動による、シーネンツェッペリンによりこの記録は更新されるが、比較するには違和感がある。1936年2月17日ドイツの電気式気動車SVTが205km/hを記録し1939年6月23日には215km/hの気動車による世界記録を樹立する。1954年2月21日にはフランス国鉄のCC7121がDijon〜Beaunneで243.0km/hと電気機関車の最高速度を記録した。蒸気機関車では1936年5月11日ドイツ国鉄の05がFreisach〜Vietitzdeで200.4km/hの公式世界記録を樹立、1938年7月3日、イギリスのマラード号がGrantham〜Peterboroughで202.8km/hを出し記録が更新される。

2.1.1 明治時代の日本の高速鉄道構想

日本では島安次郎のドイツでの研究の影響を受けたと思われる電車による高速鉄道の建設が東京〜大阪に計画された。1907年1月29日、東京の銀行集会所で高速電気鉄道構想が発表され、2月4日、帝国ホテルに政治家、実業家200名を招待して計画を披露した。計画したのは財界の大物、安田銀行の創始者である安田善次郎で、資本金1億円の日本電気鉄道株式会社を立ち上げ、工期5年、線路延長460km、ゲージは国際標準軌1,435mm、最小曲線半径600m、第三軌条集電600V、全車に150kWの電動機と空気制動器を装備し、車両の長さ18〜22m、3〜4両編成、1両の座席数80〜100、表定速度80km/h、停車駅は渋谷・松田・静岡・名古屋・亀山・大阪であった。第三軌条はベルリンのSバーンが用いていた方式で（現在も同様である）それからヒントを得ていたのだろう。

図2-13 1928年製ベルリンのSバーン

この計画書を翌年に時の逓信大臣、山縣有朋に提出したが却下されてしまう。

しかしその計画は広軌別線、オール電動車、少ない停車場等、新幹線に共通するものが多く、この発想を新幹線構想の原点とみてもいいのではないかと思う。その後も幾度となく申請→却下→申請を繰り返し、計画変更も行ったが実現しなかった。この他に高速鉄道ではないが、1906年に、三重県津の小河義郎・京都市の井上静雄・水戸市の小山丈・東京市の川崎芳重・小山田信蔵・関根柳助・神奈川の栗原・大阪の山口諸氏が発起人になり、京阪電鉄の京都三条通りを起点に国道・県道上を通り、東京芝区新橋田町に至る本線および神奈川平沼新田から分岐し横浜市に通じる支線も含め、延長353マイル（565km）の大日本電気鉄道株式会社の設立、敷設申請をしていた。日本電気鉄道の計画は当時、空絵事として受け止められ、1907年2月25日の読売新聞には「架空的日本電鉄」と題し「逓信省が安田氏一派の発起にかかる例の1億円の日本電鉄の出願を認可せざるべき旨再三公言せるにかかわらず、右発起人一同は尚ほ其敷設認可申請に就き鳩首協議を怠らずあるいは軌道条例に依り更に内務省へ出願すべしなど唱道するものあるも発起人中特に華族30余名は一昨日華族会館に会合して帰って久我侯爵一派の計画せる電鉄に加名することを決議せりという。兎に角安田氏一派の日本電鉄が一場の空想に止まるべきは明らかなるべく即ち名詮自称架空式電鉄ならんのみと評する者あり」とある。1907年3月1日却下された後に10日阪本町銀行集会所の例会で今後の方針を協議している。そして3月15日、東京～大阪の交通の重要性を説き再び逓信省に敷設申請書を提出した。1916年8月11日再び却下されるが、1918年12月17日再提出する。12月18日の読売新聞によれば「従来の第三軌式条を廃して資本金を2億円に増額し現に北米合衆国シカゴ、ミルウォーキー、エンドセントポール鉄道会社においてモンタナ州ハロートンよりアイダホ州アヴェリーに至る440余哩間に敷設し其異常の成績において天下の交通界に一新紀元を劃くしつつある、高速度電気機関車を用い客車五両乃至六両より必要に際しては十両乃至十二両を連結し東京、大阪両市より毎時に発車し松田、静岡、名古屋、亀山を経て各六時間を以て往来しえる計画の由なれば若し是が許可を見れば我国交通界に一大革新を見る」とあるが却下される。1927年12月1日、根津嘉一郎（東武鉄道・南

海電鉄敷設に尽力し鉄道王とも言われた）が要旨を変更し、7度目の出願を行う。それによれば、①本会社は東京大阪市間に高速度の電気鉄道を敷設し専ら旅客輸送の業を以て目的とす。②資本金1億円とす。③東京市赤坂区青山七丁目を起点としその間停車場を8ヶ所に置き大阪市東成区野江町を終点とす（299哩 ≒ 478km）。④軌間は4フィート8インチ2分の1（1435mm）。⑤電気を動力とし電気方式は直流、架空単線により電車線電圧は3000Vとす。なお発起人の主なるものは根津、大倉、郷、藤田、若尾、木村、大川、中島、内藤、白石の諸氏である。更に1928年2月19日付の東京朝日新聞には「資本金二億五千万円、起点渋谷、西横浜、御殿場、静岡、北浜松、岡崎、名古屋、亀山、木津、終点は大阪市東成区野江町。電力は東電・東邦・揖斐川・日電・宇治川より供給を受け20,000kWの火力発電所を設置する。延長298哩（477km）、参拾分（30分）ごとにし平均時速一時間五十マイル（80km/h）、全線を六時間にて運転する。」として、新たに大阪、名古屋の発起人も名を連ね、総員69人になった。1928年3月23日再び7回目の申請中の請願書が東京府から鉄道省に回付された。時の鉄道大臣小川平吉は、従来鉄道省は同様の計画に対して常に国有鉄道法第一条の精神により地方鉄道として認め難し、として却下した。今回は7回目の免許運動であるが今回は財界の有力者の外に新たに青木信光、牧野忠篤氏らを発起人に加え目的貫徹並に計画遂行については相当実行力あるものと認めるとし、小川鉄相自ら「法律一点張りで拒否を決することは時代の進運に伴うものでない」との意見を持っているので鉄道省では申請書の内容につき慎重に審議することになった。1928年3月24日の東京朝日新聞には「東京大阪間の高速電車　実現の可能性を帯ぶ」と報道されている。小川は「今までの鉄道省の態度は関係法規の精神に反すとの理由で全然内容も見ずに却下したのであるが今回はよく内容を見た上で考えるその結果、果たして国家的に必要な事業であるならば関係法規の改正を行っても差し支えないと思っている」と語り、鉄道省内に賛否両論、審議に際しては折衷説も考慮されようとしていた。日本電気鉄道の許否につき当然問題になるのが前記関係法規以外に国有鉄道の収入におよぼす影響であるが、会社発起人側は東海道の輸送力が限界に来

ていて脅威とならないばかりか救済になると述べている。主張として「東海道本線の乗客数は 2,793,000 哩／人であったものが 1925 年には 8,281,849 人となり 10 年間で 2 倍の九分九厘に増加し逐年の増加率は平均一割二分としている。延べ人員 1915 年　千マイル 1,051,285 千人　一マイル　2,793 千人。大正十四年　千マイル 3,092,270 千人　一マイル 8,281 千人、現在単線で 35 回複線で 70 回でほとんど行き詰まりに近い」と述べている。また「ヨーロッパの鉄道の乗車率が 30～45% であるのに対し、東海道本線は 70～90% の高乗車率であり、自然将来旅客の整理貨物の積み卸しに円滑を欠くに至は当然であり、鉄道省の複複線計画は全線におよんでいない」と新幹線計画時に新幹線反対派の行き詰まったところだけ複々線にという議論と通じるところがある。電鉄側はむしろ高速電車はそれを救うと主張している。鉄道国有の精神に反するという反対派と、一方の国鉄の建設改良経費も不十分な現状では暫時民間に開放すべしという意見に加えて、一定期間後国家の買い上げを条件として認可すべしという案もあった。小川平吉鉄道大臣賛意で巧く行くかに見えた計画だが、1929 年 7 月 2 日江木 翼が鉄道大臣に就任、①東海道線の設備は暫時増設されつつある。②新しい法律を制定する必要がある。③超特急「燕」誕生で大阪まで 8 時間で行ける（超特急「燕」の試運転は 1929 年 11 月 24 日品川機関区の宮廷機関士田口清八・梶山慶三機関手によって行われた）のでその必要はないとして却下された。

2.1.2　戦後の高速度鉄道構想

　その後、ヨーロッパにも直通するスケールの大きい弾丸列車計画を立ち上げるが、戦争の影響で実現しなかった。しかし、その計画は完全に埋もれることはなく、国鉄技術陣に細々ながら火を灯し続け脈々と続けていたことは多くの書物で語られている。1955 年 3 月 28 日フランス国鉄は送電線電圧を 60kV から 75kV に上げ、架線電圧 1500V を 1900V に昇圧して Facture（ファクチュール）～Morcenx（モルサン）で高速度試験を行い CC 7107 が、そして翌 29 日 BB9004 が 331km/h の世界記録を樹立する。試験中の空中撮影の映像を見て

いると、実況中継の解説「花火が走っている」の表現がぴったりで、いかに凄い状態であったか想像できる。パンタグラフは完全に破損し、架線に影響がでないのが不思議なくらいだった。試験当時の記事には機関車はそう大きなダメージを受けていなかったと書かれているが、試験後の線路はグニャグニャに曲がっていた。この機関車は Mulhouse の交通博物館に展示されている。

図 2-14　曲がった線路　　図 2-15　破損したパンタグラフ（Recordloks Eisenbahn JOURNAL 社）

図 2-16　Mulhouse の鉄道博物館に展示されている BB9004

フランスが新記録を樹立したその年 5 月 14 日に十河信二が国鉄総裁に就任、島秀雄を口説き落とし、技師長に招へいし新幹線計画は徐々に具体化されていった。以来、動力分散の優位性が明らかになり優等列車の電車化、気動車化が推進され優等列車も次々新装成って国鉄は息を吹き返す。1957 年 5 月 30 日

ヤマハホールで、東京〜大阪3時間の可能性と題する、鉄道技研の講演会が開催され、当時高校生であった私も一聴衆として参加したが、それは大盛況であった。だが当時の私には新幹線は夢物語であり「すごいな」と思いつつも実感はわかなかった。当日の講演内容は車両構造研究室長 三木忠直が「車両について」・軌道研究室長 星野陽一が「線路について」・車両運動研究室長 松平精が「乗り心地と安定について」・信号研究室長 河辺一が「信号保安について」と題して講演を行い、東京〜大阪を3時間で結べる可能性について確信をもって述べている。

2.1.3 商用周波数を使った交流電化の先駆者はドイツとフランス

商用周波数を使った本格的な交流電化の先駆者はドイツとフランス鉄道先進国であったヨーロッパには種々の電化方式とそれに伴う試行錯誤の歴史がある。幹線では1902年にイタリアで三相交流3kV 15.6Hzを使用した機関車RA341・342（B0+B0）による運転を開始、後に3.6kV $50 \div 3 = 16・2/3$Hz に変更し、種々の機関車が開発された。ヨーロッパ諸国では幹線での三相交流は普及しなかったがイタリアでは1976年まで三相交流は存在した。

図2-17 イタリア国鉄、三相3.6kV 16 2/3Hz

図2-18 水抵抗器制御の432（1965年6月 Limone 撮影：原信太郎）

スイスやドイツでも交流電化の試みは行われ、ドイツでは1904年5.5kV16Hzの交流運転を開始、後に、ドイツ・スイス・オーストリアでは現在の15kV、16・2/3Hz（三国とも同位相）が定着し現在に至っている。

フランスは商用周波数を使った交流電化で大成功を納めたが、その原点は早くからそれに着目したドイツに在る。1936年からドイツでは経済的に優れた商用周波数20kV 50Hzを使った交流電化を目指し五種類の電気機関車を試作、ヘレンタール線（Höllentalbahn）のフライブルグ〜ノイシュタット（Freiburg〜Titisee〜Neustadt）23km、ドライゼーン線 ティティゼー〜ゼーブルック（Titisee-Seeburugg）19kmで試験を開始するが、当時のドイツは大不況で、大手のジーメンスとて例外ではなく苦戦を強いられていた。当時ドイツに滞在中の島秀雄はジーメンスを訪問した折に試験線のことを知ったが、秘密扱いの様で見学を諦めた経緯がある（参照：鉄道ピクトリアル1969年07月号）。

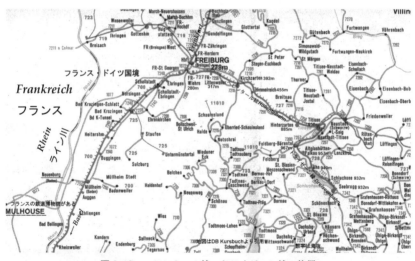

図 2-19　ヘレンタール線・ドライゼーン線の位置
地図はドイツ国鉄時刻表1986年度（夏）に付属していたものによる

ヘレンタール（Höllental）・ドライゼーン（Dreiseen）線の試作機関車仕様は下記のとおりである。

E244 21は各軸を二個の電動機で、E244 22は一軸に2個のローターを持つ通称タンデム電動機で駆動していた。

178 第 2 章 東海道新幹線の歴史

表 2-1 試験実験機関車

機関車番号	メーカー	製造年	重量	最高速度	出力	電気方式	
ヘレンタール線・ドライゼーン線 50Hz 20kV 試験機関車							
E 244 01	AEG	1936	85t	85km/h	1720kW	水銀整流器＋直流直巻電動機	
E 244 11	BBC	1936	84.6t	85km/h	2340kW	水銀整流器＋直流直巻電動機	
E 244 21	SSW	1936	84.8t	85km/h	1940kW	50Hz 交流直巻電動機	
E 244 22	AEG	1948/1949	84t	80km/h	2460kW	50Hz 交流直巻電動機	E44005 戦災復旧車両
E 244 31	Krupp	1935	83t	83.5km/h	1960kW	＊相変換三相交流電動機	
ET255.01		1950					電車 ET25 026 戦災復旧車両
AEG=Allgemeine Elektricitäts Gesselschaft　　BBC=Brown-Boverie-Cie　　SSW=Siemens-Schucket-Werke							
＊ E244 31＝イタリアの技師 Riccardo Arnò の考案した相変換機を使用、単相交流を三相交流に変換し、三相交流非同期電動機を駆動した							

出典　Gottwaldt Alfred, Freese Jens. 100Jahre Höllentalbahn. Eine berühmte Bahnstrecke. Lokomotiven, Technik und Betreib. Motorbuch-Verlag
　　　Schaff, Hans Wolfgang, Burkhard Wolly. Die Höllentalbahn - Dreiseenbahn. EK Verlag, Freiburg 1989
　　　Diverse Verfasser. 140 Jahre Eisenbahn in Freiburg.Höllentalbahn-Dreiseenbahn. Kameradschaftwerk Lokpersonal beim BW Freiburg

　E 244 31 は Arnò 変換機（考案者の Riccardo Arnò の名前を取った）を用い、単相交流を三相交流に変換し非同期電動機を駆動する方式を試用したが構造が複雑で問題も多く、他の 2 両は水銀整流器の故障が多発したりした。しかし、整流子式電動機を使用した機関車は整流火花による刷子や整流子の摩耗には苦戦をしたが、かなり良い成績であった。戦前からドイツのテストに注目していた戦勝国フランスは国境に近いこの線に乗り込み、この線を管理し、ドイツの研究結果も活用し、自国の CC-6051 試作機を持ち込んだりしてテストを開始した。当時ドイツは過酷な戦後賠償に苦しんでいた。191001 という罐圧 20bar（1bal=1.097kgf/cm²）、8 シリンダ、175km/h を目指した試作蒸気機関車も 1945 年アメリカが戦利品として持ち帰りバージニア州のモンローに保存されていたが 1952 年解体スクラップになった。

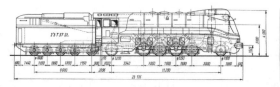 

図 2-20　戦利品として米軍が持ち去った DR の蒸気機関車 191001（出典：Dampflok Archiv 1）

　以前、Stuttgart ～Singen を友人の運転する ETR470 の運転台に添乗した折、ここも複線であったが戦後賠償でフランスが線路を持ち去り今も単線であると

話していた。旧東ドイツでも同盟国ソ連が線路を剥して持ち去っている。その後、ヘレンタール・ゼーブルック線は 1960 年 5 月 20 日に 16・2/3Hz に変更されドイツの試験は終わりを告げた。国鉄は以前、碓氷峠で使用する電気機関車（後の ED41）2 両を輸入し、そのコピーに近い ED42 を製作する。当時はこうした模倣も国際間のトラブルになるようなことも無かった。

　国鉄は商用周波数を使った交流電化を決意し、1953 年 8 月、関四郎副技師長を中心に交流電化委員会を発足させる。1954 年 8 月 24～26 日深夜、横浜線の原町田（現在の町田）～中山で交流 3000V の加圧試験および交流低圧 100A 通電試験を行い仙山線の実地試験の予備試験を行った。原町田は 1917 年島安二郎が広軌改軌の実験を行った場所でもあった。国鉄は交流電気機関車製造に際し、フランスから学ぶべく、フランス詣でをしていて、1954 年当時、機関車を 2～4 両輸入しようとした。しかし模倣を危惧してか、フランスは少数の機関車の販売に難色を示した。1955 年当時、フランスから思うようにお知恵拝借できず、交流電化完成時期も遅れるので、国鉄は独自に交流電気機関車を自力で完成させる方針を取るが、合わせて輸入も検討していて、1955 年 1 月号の電気鉄道誌には「また輸入についてはフランス国鉄の仲介の労により相当希望を持ちえる現状にある」との石原達也（技師長付）の記述がある。しかし大量の機関車購入は承服できる話ではなく、国鉄は独自の技術で商用周波数を使った交流電気機関車の開発を決意する。

　1955 年 2 月 5 日 14:42 本社国鉄総裁室で長崎惣之助国鉄総裁の手でボタンが押され東北電力からの 22kV 通電試験が成功裡に終わった。7 月末、直接制御式の試作電気機関車 ED441（日立）が早々に完成した。8 月 10 日には長崎前総裁を迎え電化試験開始式が行われ天坊裕彦副総裁が ED441 のノッチを投入機関車が起動、落合～熊坂 12km を快走し記念すべき交流電化の第一歩を踏み出した。9 月末には水銀整流器を使った ED451（三菱）が完成した。1955 年 8 月 10 日、仙山線で ED441 による交流電化試運転を開始、以後諸々の試験が行われる。翌 1956 年には ED4511（東芝）・ED4521（日立）が完成する。ED4511 の主電動機は永久直並列接続水銀整流器の冷却は自然通風によってお

り、日立の ED4521 は一次側の高圧タップ切換えを行う等それぞれ違ったテストを実施していた。当時の運転関係の月刊誌「電気車の科学」には、しばしばテストの事例が掲載され液体変速機を使った交流電車までテストされていたことを思い出す。

9月5日には作並〜仙台で交流電化による運転が開始、仙台 9:30 発一番列車が ED451 に牽引され交流電化のスタートを切った。その後、1957 年（昭和 32 年）北陸本線田村〜敦賀が交流電化され、6月7日 13:30 木ノ本で十河信二国鉄総裁の手によって 20kV の通電試験を実施、新製 ED702 が近江塩津まで単機試運転を行い、10月1日交流電化による営業運転がスタートする。日本の国鉄技術陣とメーカー技術陣は、我々日本人にできないはずはないと、共に手を携え不可能と思われることも可能にしていくのである。

図 2-21　交流電化直後の田村駅の風景米原〜田村間のジャンクションの D51 も居る

　ここに投入された ED70 は当初の計画通りの性能が出ず、デッドウエイトを搭載したりして苦労した。米原〜田村は交直のセクションを設けず、D51・D50 蒸気機関車が牽引していた。後には最後の新製蒸気機関車 E10 も使われ、E10 はこの地で終焉を迎えた。この交流電化について SNCF の総裁アルマンやフランスメーカーは、日本の国鉄がフランスの技術を盗んだのではないかとの疑念を持っていたが、後に島秀雄技師長が、来日した SNCF の総裁アルマンを新装交流電化なった北陸線に案内し、これが日本の国鉄技術陣と日本のメーカー独自の技術によって完成されたことを証明した。こうしてアルマンの

疑念は解け、二人はエンジニアとして終生の友人になる（参考：高橋団吉著「新幹線を作った男 島秀雄物語」）。この北陸線の電化設備は三菱電機の力によるところが大きかった。アルマンは後に十河を鉄道の救世主と仰ぎ絶賛する。

2.1.4 電車列車か客車列車か 広軌か 狭軌か

長距離の電車特急はイタリア国鉄が採用している位であったが、そのイタリアの特急電車「セッテベロ」は展望車を持ち、連接構造になっている斬新な電車であった。

図 2-22　イタリアの電車特急 セッテベロ

図 2-23　セッテベロの運転室

図 2-24　セッテベロの展望室

多くの国々が接しているヨーロッパでは社会体制の違いもあって、長距離電車方式の採用は難があり、機関車だけを国境で交換すれば済む客車列車が主流であった。日本の国鉄でも機関車の勢力が圧倒的に強く、電車特急が主流になった後も、国鉄本社に機関車課はあっても、電車課は最後までできず、客貨車課の中に電車部門がある程度であった。後年、鉄道車両技術教育で活躍する東大の曽根悟教授も鉄道雑誌に自ら企画した機関車の規格を発表したり、DBのET403電車が量産にいたらなかった例を挙げ動力集中主義を主張していた。

記録によれば、1958年から、新幹線電車の設計が本格化したとあるがその年の11月1日、電車特急「こだま」が運転開始する。

1955年代に入ると東海道線では多客期には夜行急行列車に立席が出たりしても列車を増発できる余裕がないほど、輸送が逼迫していた。私も、関西に行く時、21:03発の131普通列車を利用したが、着席のためには東京駅コンコースに立てられた札の前で、14:00から並んだ記憶がある。当時は、ショバ屋（場所をもじった意）というチンピラの仕事があった。ショバ屋は並んでいるわけではなく、列の後方に並んでいる客に声をかけ、勝手に割り込んで「ここが私の場所です」と言って金を受け取る元手の要らない仕事であった。中にはショバ屋に承知で金を払い列に入ってくる不届き者もいて商売になっていた。割り込まれても皆は恐ろしくて文句を言えなかった。その位行き詰まった輸送を解決すべく、種々の議論がなされた。方法として、①狭軌複々線、②狭軌別線で踏切をなくし最高速度150km/h運転、③広軌別線を作る、の三案が比較された。建設コストの比較では狭軌複々線案が2500億円、狭軌別線が2000億円と、広軌新線が1700億円と、一番安かった。狭軌複々線は在来に沿って走り、現在の住宅密集地を走るため用地買収に莫大な支出があり、結果として期間も長くかかり建設費が嵩むと試算されていた。狭軌別線案は直線で結ぶ分工事費が節約できるが狭軌別線で仮に150km/hの特急列車を走らせても、貨物列車はとても高速で走れず、列車設定に無理が生じる。また、狭軌別線では在来線とのジャンクションにも別途コストがかかり、広軌別線が一番低コストになった。しかし、国鉄内には新幹線反対論も根強く、その先頭は後の国鉄総裁になる技

師長藤井松太郎であった．十河の意志で，技師長は島秀雄に代わる．

　市街地を避けての建設でも用地買収は困難を極めた．土地価格の高騰に加えて5万人にもおよぶ土地所有者や借地人，借家人との交渉は多くの時間を必要とし，静岡県原町で最後の90mの取得が終わるのに4年8ヶ月を要した．また，市街地，川崎付近1.3km，浜松付近0.3km，名古屋付近0.4km，京都付近の0.5kmは1963年に入っても残り，同年10月に土地収用法の認定を受け，まったく協議成立の見通しものないものに対し法を使って収用手続きを行い，全用地を確保できたのは開業年の1月20日であった．用地買収には120名の専任の担当者のほかに，技術関係者からの応援も得ている．これからしても狭軌複々線案による線増は到底望めなかった．広軌別線案では旅客列車は最高250km/hで運転，貨物列車は夜間運行，150km/h程度の速度で運転できる．在来線と直通できないデメリットは生ずるが，貨物の状態を勘案すれば，コンテナ方式でかなりの問題が解決できることが解った．1957年8月30日運輸省に「日本国有鉄道幹線調査会」の設置が閣議決定され，9月11日，第1回の会合が持たれ，1958年「日本国有鉄道幹線調査会」第四分科会の調査結論を得て，国鉄本社内に「新幹線建設基準調査委員会」ができ，委員長に島秀雄・副委員長に大石重成両が決まり，第1回の委員会が4月18日に開催される．同年7月7日「日本国有鉄道幹線調査会」は第8回の調査会で最終答申を出し，8月21日任期満了で廃止になる．

　新幹線車両は電気機関車牽引にするか，電車列車にするか，技術的，経済的に検討を加えた結果，戦前の機関車牽引方式から，電車牽引に改められ，色々な見直しも行われた．電車方式にし，動力分散することで，軸重が軽くなり，均等化することで，軌条をはじめ，構造物を強化しないで済む．200km/hの高速からのブレーキでは，従来の摩擦式のブレーキでは危険を伴う他，消耗品の経費も莫大であり，全電動車化で，電気ブレーキによる方式が，消耗品も少なく，発煙もないメリットがある．折り返しも簡単にできて，車両の運用率を上げられ，機回り線の設備も不要になり，一部が故障しても運転は可能であるとの利点がある．1959年3月当時の計画段階では貨物列車を機関車牽引にす

るか、電動貨車にするかは決まっていない。中には大きな電気機関車 6500kW × 2 = 13000kW の機関車を作り夜間は 2000 トン牽引の貨物列車を走らせ、機関車を昼間遊ばせるのは勿体ないので、機関車牽引の特急列車をという話もあり、電車の概要も決まっていなかった。

当時の計画では 1963 年開業を目指し、定期・不定期併せて特急は 17、急行は 34。貨物は通貨 8、停貨 7。1975 年には不定期併せて特急は 25、急行は 51、貨物は通貨 13、停貨 12 併せて 25 にするという案もあった。

1959 年 3 月 25 日、東海道線の線路増設（新幹線）を運輸大臣に認可を申請するが併せて、線路増設に係る線路選定に必要な基本事項の特認申請を行っている。

新幹線が徐々に具体化され、1959 年 4 月 18 日幹線調査室が幹線局になり、東京工事局が設置され、静岡・名古屋・大阪に出張所を設けた。4 月 20 日、新丹那隧道東京口で東海道新幹線の起工式が行われ、十河総裁が鍬入れを行い、多くのメディアでも取り上げ、夢の超特急は現実の超特急になっていく。

特急「つばめ」が電車化された 1960 年はじめの段階で、新幹線は 1964 年開業、旅客列車最高運転速度 250km/h、平均 170km/h、東京〜大阪、特急 3 時間・急行 4 時間、貨物列車は最高速度 150km/h、平均 90km/h、東京〜大阪 5 時間 30 分で計画されている。下記に列車計画と運転時分を示す。

表 2-2　列車本数比較

年度	1960 年 9 月段階の列車本数予測							年度	実際の列車本数				
	旅客列車				貨物列車				東京〜大阪直通			貨物列車
	東京〜大阪直通			東京・熱海小運転	東京〜大阪直通	その他	貨物列車合計		旅客列車			
	特急	急行	計						特急(超特急)	急行(特急)	計	合計
1964 年	19	39	58	22	6	5	11	1964 年	14	12	26	0
1970 年	22	43	65	25	11	6	17	1970 年	40	46	86	0
1975 年	24	47	71	29	17	9	26	1975 年	53	56	109	0

超特急（ひかり）相当を特急・特急（こだま）相当を急行と呼んでいた。　列車本数については、定期列車・不定期列車を合計したものである。

貨物列車は 4M6T 10 両編成 1 単位として 1 列車 3 単位 30 両編成。一両に 5 トン積みコンテナを 5 個乗せ、一個列車搭載は 750 トンとした。

表 2-3 年代別運転時分

1960年計画時の運転時分(1964年4月1日開業予定)

区間粁	駅名	特急			急行		
		査定時分	停車時分	表定時分	査定時分	停車時分	表定時分
	東京						
22	横浜	16		17	17	2	19
50	小田原	16		16	20	2	22
19	熱海	6		6	10	2	11
71	静岡	22		23	26	2	28
73	浜松	23		23	26	2	28
33	豊橋	10		11	14	2	16
68	名古屋	23	3	24	25	2	27
63	米原	22		22	24	2	26
68	京都	22		22	25	2	27
33	大阪	12		13	14		17
500		172	3	177	201	18	221
				180			239

電気車の科学 1960.09 より

1964年10月1日 開業時の運転時分

区間粁	駅名	超特急 1A		特急 101A	
		査定時分	停車時分	査定時分	停車時分
	東京				
25.5	新横浜	15		17	2
51.2	小田原	20' 30		24	2
18.7	熱海	6' 30		11	2
72.0	静岡	29' 30		35	2
71.5	浜松	32' 30		36	6
35.3	豊橋	14		20	2
67.8	名古屋	29	2	33	3
66.2	岐阜羽島	33' 30		16	1
68.1	米原	31' 30		25	3
39.1	京都	24	2	25	4
515.4	新大阪	236	4	275	25
				240	300

1960年計画当初 岐阜はなく 比較のため 名古屋〜米原 66.2kmで表記

1965年11月1日 の運転時分

区間粁	駅名	超特急 1A		特急 101A	
		査定時分	停車時分	査定時分	停車時分
	東京				
25.5	新横浜	15		18	1
51.2	小田原	16		22	1
18.7	熱海	6		11	2
15.9	(三島)				↓
56.1	静岡	24		28	
71.5	浜松	24		27	6
35.3	豊橋	11		16	1
67.8	名古屋	24	2	25	2
25.1	岐阜羽島			12	1
41.1	米原	24		18	1
68.1	京都	25	2	27	1
39.1	新大阪	17	4	18	2
515.4		186		222	18
				190	240

2.2 課題

2.2.1 新幹線の線路規格

1959年3月25日行った申請が翌年5月12日に、付鉄施第107号を以って認可されるが、概略は次の通りである。新幹線線路構想で本線では軌間を標準軌道1435mmにし、本線上の曲線半径は最小1800m、停車場内で本線に関わる部分1800m、乗降場に沿う部分1000m乗降場の両端800m以上、分岐に付

帯する場合 800m 以上とするが、東京駅については 500m とした。側線に付帯する部分（車両基地等）200m、勾配は 15/1000 以下、ただし、1km 以内の時 20/1000 とする。また、列車の停止区域および車両を解結または留置する区域 3/1000、側線の最急勾配は本線に準ずる。停車場内線路最小従曲線半径 10,000m。曲線路における建築限界は半径 2500m 以上の曲線においては、直線路における限界と同一とする。乗降場標準高さはレール面上 1250m となった。

マスコミは国鉄が広告スポンサーではないので、悪口もよく言っていた。新幹線に対する悪口も書き、阿川弘之のように世界の三愚、万里の長城・戦艦大和・新幹線などと揶揄することも好んで取上げた。

新幹線車両計画の中心に西尾源太郎が居た。西尾は、国鉄内のセクトで時には微妙に相反する、運転局・工作局双方に籍を置いた車両のエキスパートで、十河総裁からの信任も厚かった。また国鉄に就職する時の試験官が島秀雄で、技師長室に配属が決まって赴任した折、島秀雄技師長が「よく来たね、私は試験官で、あなたに色々試問したことを覚えていますよ」と言われ、親密なお付き合いが始まったという。

後日、西尾源太郎から「俺は、運転局出身だから、十河さんから、運転関係には優秀な人を集めろ、特に検修や運転士には優秀な人を集めろと言われていたんだ」と言われて、照れくさかった覚えがある。新幹線の運転士には終戦で閉鎖になった航空機乗員養成所から国鉄に入った人や、業務余暇で夜間大学を出た向学心に燃える人格見識共に優れた人が沢山いた。1958 年 4 月 18 日、「新幹線建設基準調査委員会」第 1 回の会合が持たれ、1961 年 8 月 4 日、20 回目の最終会合が行われた。

新幹線新幹線試作電車は長さ 25m、幅 3.38m と今までにない大型の車両で、経験のない長距離の陸上輸送も難しく、遠方の車両会社で製作したものは、海上輸送をし横浜港に荷揚げしたのち、そこから運ぶことになった。1961 年には大船工場で廃車予定のオロ 31 の車体の部分を取り除き、俄か仕立てのオイラン車（限界測定車）オヤ 90 を作り、7 月 12～14 日に亘って横浜港→新鶴見操車場→平塚→鴨宮と輸送に支障がないか検測を行ったが、実際に測定してみ

ると橋梁関係21件、信号関係57件、電車線関係2件、その他26件と106件の支障個所があることがわかった。特に橋梁関係が問題で改修を必要としたが、他は解決のめどがついた。この頃、新幹線試作電車の設計がほぼまとまり、7月29日には新幹線電車の構造の概略が新聞で発表され、想像図が公表された。試作電車の設計チーフは西尾源太郎、後に新幹線総局長になる石原應彦もスタッフの中心にいた。

1957年10月1日北陸本線、田村～敦賀が交流電化され、東北本線の黒磯以北にも交流電化が進み、1961年6月1日には、常磐線の藤代～勝田、鹿児島本線の門司港～久留米が交流電化される。常磐線や鹿児島本線の交流電化も軌道に乗り、先行する形で新幹線の中心になる人の人選が始まった。

1961年4月20日、運転要員第一陣、東京口、小形肇・仲野武・山岸利夫・渡辺孝、大阪口、伊藤正・片岡民雄・加藤潔・谷川公一が選ばれた。東は常磐線の勝田電車区、西は鹿児島本線の南福岡電車区において実習が始まり、1961年10月1日には車両メーカー・電気メーカーによる実習が開始された。第一陣が講師になり、第二陣を育て（小金井大学）、順次養成が始まる。第一陣には新幹線電車運転士および、検修関係の講師を務め、生徒全員から信任の厚かった谷川公一がいた。谷川公一は誠実な人柄と、熱心な教鞭を以って多くの無名の有能な人たちを育て上げ、今なお多くの人に慕われていて、それが新幹線運転の成功の大きな礎になったと言っても決して過言ではない。そしてモデル線略史を編纂し、後にモデル線の管理係を務め貴重な記録を残し検修部門で活躍した加藤潔もいた。

新幹線の車両設計はそれ以前、1958年頃から臨時車両設計事務所が中心になって始まっていたが、何せ世界で例の無いことでもあり、それも、短期間に完成させなばならず試行錯誤の連続であった。

1961年11月8日試作電車6両を汽車会社・日本車両・日立（2両）・川崎車両・近畿車両に発注する。

1962年2月18日にはモデル線が着工、3月15日には軌道・電気の起工式が行われた。

これから、当時のテキストを紐解きながらここに電車の概要を書こう。試作電車の大綱は基本的には量産車でも踏襲されているので多くはそのまま当てはまり、今後書く多くの事柄の参考にして頂くのに役立つと思う。

2.2.2 電化方式（なぜ新幹線は交流方式なのか）

新規に作る新幹線の電化方式についても種々の検討が加えられた。特に、列車密度の高い我が国では、閑散としているヨーロッパの電気鉄道とは条件が大きく異なってくる。①従来の直流1500Vだと、やがて16両編成まで展望すると7000～15000Aの大電流になり、架線の断面積も大きくしなけらばならず、架線構造の重量化は避けられない、その上に地上電化設備が極めて大がかりになる。また、集電電圧をある範囲に収めようとすると、変電所も3.5km～5kmごとに設置しなけらばならなくなる。②2倍の3000V（前述：戦後1946年民間で計画された高速鉄道では3000Vにする構想があった）だと、1500Vに比し電流は半分になり、架線の断面積は半分で済むとは言え、それでもやはり大がかりなものになり、変電所も7.5km～10kmおきに必要になる。また、直流での高速集電に問題があり、装備する機器全体の絶縁レベルを従来の直流電気車より更に高くしなければならない。③一列車の負荷電流が大きいので、接地事故を起こしても、設備の事故電流と車両事故電流との区別が付かない等々の理由によって直流電化を止め、交流で電化することにした。ちなみに1953年交流電化検討当時、標準架線断面積は直流1500V = 660mm^2、直流3000V = 294mm^{2}に対し、交流15kVおよび25kVでは107mm^2、この架線断面積で、同じ変電所間隔に対する電圧降下は交流50Hz 25kVでは直流3000V方式の1/5、直流1500V方式の1/10で済むとしている。

東海道新幹線では設備もすべて新規であり、軌間も標準軌を採用することで1958年7月9日新幹線建設基準委員会に電化設備専門委員会を設け種々の検討をし、1958年11月14日、25kVの採用を決定した。以前には40kVの採用を一応検討してみたが通信線に対する障害も大きく、結局採用しなかった。

交流電化の電圧の変動範囲の国際規格は+10%～－20%を推奨しているが、

交流電化では負荷の変動による電流の変化が大きい。東海道新幹線では列車本数も多く、これを適用すると短時間ではあるが電圧降下が大きくなり、補助回転機（電動発電機・電動空気圧縮機）等の動作に支障をきたす恐れがあるとして、基準電圧は25kV、電圧変動幅を+20%〜-10%、短時間-20%とした。すなわち30kV〜22.5kVで、短時間20kVと言うことになった。実際に運転していると、20kV近くまで電圧が下がることにしばしば遭遇し20kVを割りそうになり、ノッチを戻すこともかなりあった。加速中に、区分所のセクションを通過時、大きく電圧降下したセクションから、高電圧のセクションに入ると主電動機電流は突然跳ね上がり、ABB（空気遮断器）をトリップさせるので、事前にノッチを絞り通過する事態にはよく遭遇した。

2.2.3　周波数の問題（50Hz/60Hz問題は60Hzで統一）

日本では富士川を境に、西は60Hz、東は50Hzと2つの周波数が存在する。なお、ドイツ・スイス・オーストリアの国鉄ではAC15kV・50÷3≒16.67Hz、位相は3ヶ国すべて統一されている。東海道新幹線では、25％の区間が50Hz、将来、更に西へ直通することを想定すると、50Hzの比率はかなり小さくなる。両周波数に対応させようとすれば、機器の重量が増える。0系はシリコン整流器を用い、直流電動機（脈流対策付）を駆動する方式であるが、当時として将来は交流整流子電動機、あるいは交流誘導電動機（現在のインバーター

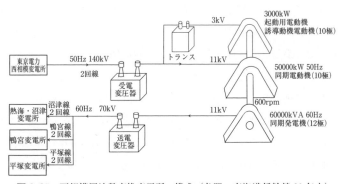

図2-25　西相模周波数変換変電所の構成（参照：東海道新幹線20年史）

制御）を使用することを考えると二つの周波数を用いること大きな障害になると判断し、1961年8月4日に地上設備は60Hz一本化決定にした（在来線には、50/60Hz両周波数対応車両は存在した）。60Hzを採用するに当たり西から送電する方式、周波数変換機で50Hzを60Hzに変換する方法を検討したが、周波数変換機を用いる方式を採用し、綱島と西相模に変換機を設置し1964年5月8日、世界最大の変換器を持つ西相模変電所が試運転を開始した。西からの60Hzと、周波数変換機を使った60Hzのセクションが東京起点128km付近にあり、セクション通過時、特に上り列車では、瞬時停止信号が現示されATC非常ブレーキが作動することが頻発しかなり後まで続いたが、その内、皆が慣れっこになってしまったことを思い出すが良いことではなかった。

2.2.4 運転保安・ATC

新幹線は今まで世界に例がない高列車密度で高速運転を行うので、色々なことが検討されていた。将来は、5分間隔での列車運転を想定していたので、まったく新しい方式を取り入れた。従来のように、地上の信号機を確認して運転操作するのでは、高速運転の運転士にとって精神的にも、肉体的にも大きな負担になるので、信号は車内中継とし、これにブレーキを連動させたいわゆるATCを開発した。地上設備はCTCを設けて運行管理を行い、列車の運転保安と輸送の効率化を図ろうとした。信号方式には2つの案があった。

① 信号の指示速度を超えると自動的にブレーキが動作し、指示速度以下になるとブレーキが緩解する方式。
② 運転士の手動ブレーキを基本とし、正規の扱いをしなかった時のみ自動的にブレーキをかける（TGV）。

結局、①案に決まり、3形式のATCの試作品は1961年9月から、交流試験電車クモヤ791-1に搭載し、北陸線で総合試験を重ねた結果3形式とも実用化が確認され、更に改良を加えて、1形式にまとめ、信頼度の向上に重点を置いて設計を進めた。重要部分は3重系（2.5重系とも言われていた）とし、フェールセーフになるように考慮した。1962年11月29日にはモデル線のATC地上

設備が完成して、1963年11月6日には量産車用のATC試験を開始している。ブレーキシステムは次項のブレーキを参照してほしい。

次に新幹線の大きな特徴であるATCについて営業開始以降の動作について述べる。

ATC装置は、運転中、信号と速度を常に比較し、信号より速度が高ければ自動的にブレーキをかけ、それ以下になれば自動的に緩解する装置である。

基本は在来線と同じ、1閉塞区間1列車主義に変わりはない。閉塞区間は約3km、進行（青）に相当するのは210信号、注意（黄）に相当するのは160信号、列車がいる手前の閉塞区間は30信号で列車のいる区間の手前100mに接地された地上子（P点という）で、P点制御を受け30信号を⊗にして（0_1信号）列車のいる閉塞区間50m以上手前でATCブレーキ電車を停止させる。停止後（5km/h以下）で確認ボタンを押すとブレーキは緩解する。場内進路や出発進路のような絶対停止（0_3信号）が設けてある場所には停止限界標識が設けられ、30信号で進入した電車はその標識の50m手前に手動ブレーキで停止させる。これを失念し、0_3信号に進入すると、非常ブレーキがかかり、70以上の信号が出てもブレーキは自動緩解せず、停止中70以上の信号受信し確認スイッチを押しブレーキを緩解させる。信号は運転室にある速度計の中に停止⊗・30・70・110・160・210の6種の信号が現示される。信号現示の種類目的とブレーキの関係は表2-4のとおりである。

停止信号には0_1・0_2・0_3の三種類があるが運転士は受けた信号が何であるか確実に把握している。

表2-4 ATC信号の適用と停止信号ブレーキ動作関連

信号現示	許容速度		適用目的	ブレーキ
運転信号	210	210	最高運転速度	信号以下の速度になれば自動緩解
	160	160	停止信号に向けて速度逓減・曲線速度制限・徐行運転	
	110	110	曲線速度制限・徐行運転	
	70	70	分岐器曲線速度制限・徐行運転	
	30	30	停止信号手前閉塞区間最終信号	
停止信号	⊗	0_1 P点制御	30信号受信中閉塞区間の終端約100m手前に接地された地上子を通過すると30信号を停止信号に読替	70以上の信号受信で自動緩解
		0_2 無信号	列車がいる区間・防護スイッチを扱われた区間・軌道回路が短絡している区間・軌条折損	停止信号の場合は停止後、確認扱いで緩解
		0_3 絶対停止	場内進路・出発進路等に設けられ30以下の信号で停止限界標識を超えると動作する	受信後は70以上の信号で停止後確認扱いしないと緩解しない

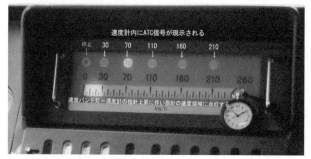

図 2-26 運転室の速度計内に現示されている 70 信号と速度バンド

ATC ブレーキにも常用ブレーキと、非常ブレーキがあり、速度バンドで二段階低い信号を受信した場合には非常ブレーキが動作する。それを表に示すと表 2-5 のようになる。

信号変化は駅間で先行列車の閉塞を受ける場合と、停車場に停車する場合で異なってくる。以下に ATC の信号変化の状態を図示する。

表 2-5 ATC 信号と速度帯ブレーキ表

信号現示 速度バンド	210	160	110	70	30	⊗ 01・02	⊗ 03
210 以上	○	●	●	●	●	●	●
210〜160		○	●	●	●	●	●
160〜110			○	○	●	●	●
110〜70				○	●	●	●
70〜30					○	●	●
30 以下						○	●

○=常用ブレーキ　●=非常ブレーキ

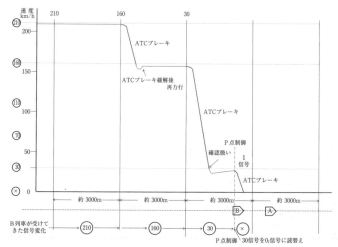

図 2-27 停車場間で先行列車の閉塞を受けた場合の ATC 信号とブレーキ作用説明図

軌条折損、軌道回路短絡、防護スイッチを扱われた区間に進入、信号機器不良等で停止信号の閉塞区間を運転しなければならない場合は非常運転を行うが、列車指令の指令を受理し、確認ボタンを押してATCブレーキを緩解させ、30km/h以下の速度で運転する。またATCが故障した場合やATCが使えない代用保安方式で停止限界標識を超えて運転する場合等、ATCの開放が必要となる場合には列車指令の指令を必要とし、運転士独自の判断によるATCの開放は絶対許されない。いずれの場合も運転には運転室に他の運転士もしくは車掌の同乗が義務付けられる。指令には必ず指令番号が付き責任の所在を明確化すると共に指令との会話はすべて録音されている。

図 2-28　O_3 ループコイルと地上信号機・停止限界標識

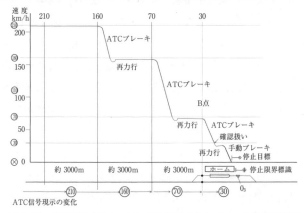

図 2-29　停車場停車時のATC信号現示変化とブレーキ作用説明図

在来線では注意信号の閉塞区間に入る場合はその閉塞区間に入る前に規定の速度（45km/h）に落とさねばならないが、新幹線は停止信号区間を除き、その区間内で信号の指示する速度に落ちればよい。また、在来線には信号注視の義務付けがあったが、新幹線は前方注視と信号注視の義務付けもなくなった。とはいえ、実際のところ前方注視なしで運転はまず考えられない。

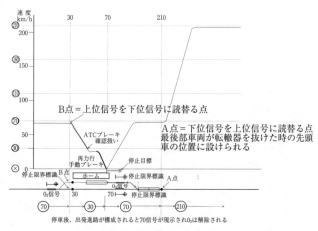

図2-30　停車場到着から発車に至るATC信号現示の変化

　運転室には、緊急時に架線を接地、停電させて他の列車を停止させるための防護スイッチ（EGS＝保護接地スイッチ）も設けられた。保護接地スイッチは、対向列車を止めるためだけでなく、パンタグラフの破損をはじめ、屋根上作業が発生した場合、25kVの活線下の作業は、感電死、感電に伴う転落事故等の危険を伴うので、誤送電の感電事故を防ぐ意味もあり、現実に幾度も使用されている。また架線電圧を降圧してATCのパイロット信号に使用し、停電すると直ちに非常ブレーキがかかるようにした。

　一方で地上からATCと連動させて列車を停止させることのできる、防護スイッチを50mおきに設置した他に防護無線も設けATCが使えなくなった時、地上からの発信で運転室に緊急事態を知らせる発報無線も搭載して、地上から緊急停止信号も送れるようにした。ATCを使わない、代用保安方式で列車を

図 2-31 確認ボタンと EGS（保護接地スイッチ）

運転する時には、この防護無線の動作確認が運転法規で義務付けられていた。また、ATC 開放運転中に停電になると、直ちに緊急ブレーキが作動する保安機構も組み込まれ、万全を期した。ATC 信号現示、関連するブレーキの作用は記録紙に記録されるが、当初はイタリアのオリヴェッティーの記録器が搭載されていた。その後国産の精度の高い瞬時に記録できるものが開発され、数次にわたり改良され交換されていった。

1 号車の ATC 架には自動進路設定器も搭載され、1 号車の運転台に超特急・特急・回送の 3 つの設定ポジションがあったが、超特急や特急設定の列車が種別設定を回送にセットすると、電車は基地への回送進路を構成するため、発車前に車掌と列車種別と列車番号を車内の連絡電話で発車前に確認し合うことが義務付けられていた。時には回送列車でも基地に入庫しない列車で、特急に設定しなければならない回送列車があり仕業表の裏面に設定種別が記載されているのだが、時には裏面の確認を失念し回送列車だと信じ込んで回送に設定して基地側に進路設定されてしまうこともあった。この設定器の鍵は運転士のみが所有していた。当時の運転局と工作局関係者が同じデスクで仕事をしていて、お互いの微妙なセクト意識が出ていたというが、運転のまとめ役は航空評論家関川栄一郎の弟、関川行雄が行っていたという。以前新幹線計画審議室に居て、新潟運転所長で退職した浅原義久からも計画当初の話を色々と聞いた。ATCの完成を受けて、新幹線の運転法規の検討がされ始めるが、新幹線は速度制御

式のみであり、運転法規は多様な信号方式を網羅した在来線の法規と異なり、ごく薄いものであった。前方注視をどうするかの議論の中で、帽子の鍔に双眼鏡を付けて遠方を見る方式も検討されたが、試験の結果は被験者の気分が悪くなり、とても実用的ではなかった。また、レーダーによる遠方探査も検討されたが、鳥や鳩、犬猫でも動作し、こちらも実用にはならなかった。結局、新幹線電車運転士には前方注視の義務を負わせないことで決着したが、現実には前方注視しなければ怖くて運転できるものではないし、計画者も運転士気質は熟知していた。仮に事故が起きた場合、国鉄の部内法規に違反していなくとも司法の場では免罪符にはならない。また、国鉄の規定に違反していても、必ずしも有罪になるとは限らないのは前述のとおりである。

高速度運転では粘着係数が著しく低下し、高速度で滑走すると、場合によっては大きな踏面擦傷を起こし、乗り心地を害する他、軌道を叩くので軌条に悪影響を与え、時には運転不能に陥る場合もあった。新たに開発された、滑走固着検知装置も取り付けられることになった。実際に滑走の事象は幾度も起こったがそのことは、後の出来事の中で紹介する。

2.2.5 ブレーキ

車にせよ列車にせよ、動くものは止められる大前提があって初めて動かせる。高速度からのブレーキは、十分信頼できるようなデータは世界中何処にもなかったため試行錯誤であった。ブレーキは在来線の110km/h程度であれば、踏面制輪子で何とか間に合う。新幹線は電気ブレーキ主体ではあるが、電気ブレーキが失効すると空気ブレーキに頼らざるを得ない。前述の1959年7月27～31日に行われた20系こだま型特急電車のテストでは159km/hからの直通非常ブレーキ（ハンドル角度80°）で減速度3.48km/h/sec、制動距離1012m、1960年11月22日のクモヤ93000を使ったテストでは非常制動（旧型国電のブレーキ装置）で3.3km/h/secが得られた。高速度からのブレーキは踏面制輪子では難しく、マグネットによる電磁吸着ブレーキや台車にマグネットを装着しレールとの間に渦電流を発生させる方法の他、空気抵抗を利用

した非粘着ブレーキも検討されたが、マグネットブレーキは保線部門の反対で実現せず、結局発電ブレーキを主にディスクブレーキの採用となった。しかしオール電動車でのディスクブレーキの装置の設計は大変で試作車で種々の試験を重ね、車輪にディスクを着け、圧着する方向で解決できるめどが立ち、ディスクブレーキの研究が強力に進められ、鋳鉄製のディスクに、銅系の焼結合金を用いたライニングを採用した。実際200km/hから、緊急ブレーキで停止すると、ライニングにはかなりの摩耗、発熱、発煙があった。ディスク、ライニングとも高価なものであり、ディスクの簡素化と在来線ですでに実用化されている合成樹脂を素材に用いた安価なディスクの製作が期待されていた。

速度が高くなるほど車輪とレールの粘着係数が小さくなるので、同じブレーキ力では高速になるほど滑走しやすい。したがって電気ブレーキは160km/h以上、160～110km/h、110km/h以下と速度領域に応じてブレーキ力を発生させるようにスポッティング方式と言う、速度に応じた電気ブレーキが即動作するよう、予めブレーキステップを進段させておく方式を採用し、界磁も予備励磁しておきブレーキ指令が出ると速やかに速度に応じた電気ブレーキが立ち上がるようにした。また、70km/h以下では電気ブレーキ力を高めるようにしてある。

電気ブレーキのバックアップである空気ブレーキも、電気ブレーキ同様、速度を検出し、電磁直通制御器で160km/h以上、160～110km/h、110km/h以下の3段階にブレーキ力を変えるようにしている(通常は50km/hまで電気ブレーキが作用するので空気ブレーキは直通管にバックアップとして待機している)。

ブレーキの設定減速度は表2-6のとおりである。

車輪踏面とレールの粘着関係はかなり微妙であった。その上、車輪の研削状態によってもかなり異なり、雨天でも降雨量の他

表 2-6 設定減速度

列車速度領域	常用ブレーキ	非常ブレーキ
210km/h～160km/h	1.5km/h/sec	2.1km/h/sec
160km/h～110km/h	1.9	2.8
110km/h～70km/h	2.4 (2.6)	3.5 (3.8)
70km/h 以下	2.6	3.8

( ) は空気ブレーキのみの減速度

198　第2章　東海道新幹線の歴史

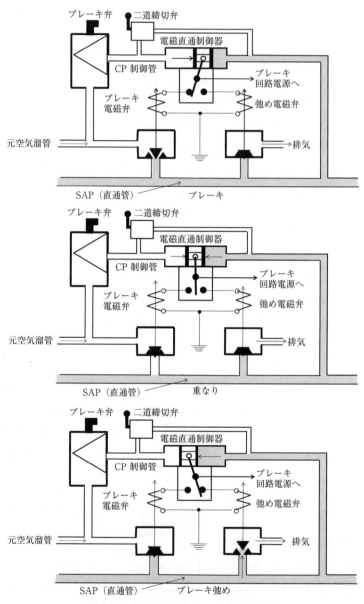

図 2-32　0系電磁直通ブレーキ作用説明図

に、個人的な感覚としては雨の質も関わり合いがあるのではないかと思われた。また、開業間もなくは、レールと車輪の関係が十分なじんでいるわけではないので、注意して滑走を防止するための踏面清掃装置も取り付けられた。モデル線での試験の段階では、110km/h～70km/hで滑走が頻発し1963年5月28日にはA編成で160mmの大フラットを作っている。

　空気ブレーキは、常用する直通ブレーキと直通ブレーキのバックアップである列車分離、ブレーキ不足等に対応する保安装置である緊急ブレーキは在来線方式のブレーキ管ではなく、電気回路で行うことにした。

　常用する直通ブレーキの原理は在来線で実績のある101系と同じセルフラップ方式を更に改良した。ブレーキ弁でセルフラップの角度に応じて作った制御管（CP）のエアを電磁直通制御器に送りその指令を受け、各車のブレーキ電磁弁（AV）が動作し、直通管（SAP）にエアを送り、電磁直通制御器でCPの圧力と釣り合わせる。

　弛める時はCPの指令圧力により電磁直通制御器が弛め指令を出し、各車の弛め電磁弁（RV）を動作させSAPのエアを排気する、CP圧とSAP圧力が釣り合うと、ブレーキ・弛めの両電磁弁が消磁する方式で、ブレーキシリンダへは直通管のエアとほぼ同じ圧力を元空気溜から中継弁を介して供給される。通常は電気ブレーキを常用するので、空気ブレーキは50km/h以下でしか作用はしないが直通管は常に立ち上がっていて、電気ブレーキがフェールすると即座に中継弁からエアを送り込み増圧シリンダ（油圧）でブレーキディスクを圧着させる。

　緊急ブレーキは、列車分離、ブレーキ力不足、車掌の緊急停止、ATC入換、ATC解放運転中停電の緊急停止、元空気溜の圧力低下、転動防止（留置中のブレーキに手ブレーキは無く、手歯止めを使用していた）に対応するもので、3本の引き通しを設け、1本が編成最後部まで行き再び先頭車に戻ってきて列車分離がないことをチェックし、運転士のリセット操作でリレーを動作させ、緊急ブレーキを解除する他、1本はブレーキ力発生のチェックを行う。また、ブレーキ指令が出ても3秒以内にブレーキが立ち上がらない場合もバックアッ

プとして緊急ブレーキが動作するが、緊急ブレーキでは電気ブレーキは作用せず、空気ブレーキのみであった。通常は50km/hまで電気ブレーキが動作し、電気ブレーキ時には締め切り電磁弁が動作してシリンダにエアが供給されることはないが、非常ブレーキと手動ブレーキ時には空気ブレーキを少々追加した。

他に直通ブレーキが使えない時は二動締め切り弁と言うコックを操作し、CPの圧力を直接直通管に送りこんでブレーキ操作もできるが、実際は動作が極度に緩慢で使う機会はなかった。

2.2.6 電気機器

世界に例がない高密度の高速鉄道である故、すべてが試行錯誤の連続であった。パンタグラフも高速集電と風圧の問題もあった。しかし戦後は、軍の解体で大掛かりな風洞実験をやる設備がなかった。幸いなことに工業技術院機械試験所・尼崎分室にある風洞が残っていた。それを借用し、1959年から3年ほどかけて試行錯誤を繰り返し枠組みや舟の形状が完成した。

島技師長の架線の高さをプラスマイナス50mmで張りたいとの意向を受けて西尾源太郎が電気関係と折衝したが、当初は無理であるとの回答であった。しかし、新型パンタグラフを開発し、接触圧力も柔らかだということで説得して実現した。

主電動機の電気方式をどうするか様々な議論がなされた。仙山線でED441に試用しヨーロッパに見られた、交流整流子型電動機を使用する直接駆動方式と交流を整流器で整流し、直流（脈流）電動機を使用する方法が検討された。日本のお家芸である半導体技術、パワーエレクトロニクスの急速な進歩で高品位のシリコン整流器が開発され、実用化段階に入り大容量のものも製作されて価格的にも安くなったことも、新幹線実現に向けての大きな助けになった。交流の直接制御式では通信障害は少ないものの、構造も複雑になり主電動機のブラシも多数要ること、それに比してシリコン整流器付交流電車は、電流の遮断容量が少なく、電動機の構造も脈流対策を施す程度で、通信障害は脈流対策で軽減できるとの比較から、シリコン整流器による方式に決定した。主電動機は

トランスで降圧したのち、シリコン整流器で整流し、直流電動機（脈流対策）を駆動するが、一個のトランスで何両まで駆動できるかも検討した結果、1個のトランスで2両を1ユニットとして8個の主電動機を駆動することにした。主電動機は試作車では乗客の状態その他が不明で、コンピューターによる計算で連続定格170kWとしたが、後に検討を加えてコンピューターに入れるデータを修正し12両編成で1ユニット解放しても問題ないよう185kWとした。性能としては、試作車の連続定格出力1360kW、連続定格速度168km/hに対し、量産車では連続定格出力1480kW、連続定格速度167km/hにした。主電動機電圧を25段階に変化させるのは、試作車と同じではあるが、試作車ではマスコン9ノッチ、25段階すべてのステップがマスコンでバーニア制御により選択可能てあったが、バーニア制御は量産車では省略され10ノッチになった。

　電圧変換もトランスの一次側の高圧タップ制御する方法（仙山線のED4521）と、二次側の低圧タップ制御方式があり、双方を検討した。高圧タップ方式はタップ切換器が変圧器と一体化され重量が大きくなり、遮断電流は小さいが、高耐圧が要求される。低圧タップ方式は変圧器の構造が簡単で軽くなる一方、遮断電流は大きくなるが、桁外れに大きくなるわけではなく、結局低圧タップ切換方式を採用した。

　トランスは、一次容量1650kVA・二次容量1500kVA・三次150kVA 電圧は一次側25000V・二次側2435V（25段）。三次側232V。主電動機制御用は25本のタップを出すのでなく、二次巻線を、ベース巻き線とタップ巻線に分けて、和差動接続を行っている。

　巻き線状態を下記に示す。

図 2-33 巻き線の状態

トランスの電圧切換えは25ステップあり、限流値は570Aであったと記憶している。

A編成B編成共に、マスコン主ハンドル9ノッチの他にバーニアハンドルが付いていて、各ノッチで+1・0・-1の選択ができ、25ステップすべてのステップが選択できた。量産車ではこのバーニアは廃止されたが、ATC信号70・110・160・210で平坦区間を等速運転するのにどのノッチが適切か試験し、勾配や風の影響は受けるものの下記の結果が出た。

表2-7 主幹制御器ノッチとタップ切換器ステップ位置

主幹制御器ノッチ	1	2	3	4	5	6	7	8	9	10
トランス ステップ	1	5	7	9	13	15	19	21	23	25

二次ベース巻き線の電圧は1392V、二次タップ巻き線のタップ間の電圧は174V、1ノッチ投入最初の1ステップの電圧は二次ベース巻き線1392Vにタップ巻き線の174×6 = 1044Vを差動接続するので、1392 − 1044 = 348Vを出力する。最終段の25ステップは和動接続なので二次ベース巻き線の174V×6 = 1044Vとベース巻き線の1392Vをプラスした2436Vを出力する。タップの切換えはタップを短絡して渡るため、タップ間に限流リアクトルを挿入し中間からタップを出し、タップ間の電圧174÷2 = 87Vずつ電圧を制御することができ、少ないタップ数で多段制御を可能にしたが、この方式はスイスの電車でも使用されていた。

主電動機への電圧切換えの例を以下に示すことにする（説明のために無負荷の電圧を記し、T1〜T3の切換時の詳細な動作は省略する）。

1928年製のスイスの電気機関車Re3/6の主変圧器のタップ数が18、0系のほぼ一年後1965年から稼働しているDB（ドイツ国鉄）の200km/h運転用に開発された103型電気機関車は39ノッチ、主変圧器のタップも39あった。

0系のタップ切換器は加速時には1300A、ノッチオフ時には速度にもよるが400A程度の電流を遮断するので、チップの荒損には特に気を使って50万回以上の遮断試験を実施している。

2.2 課題 203

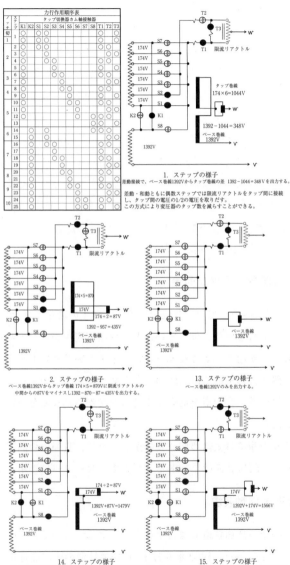

図 2-34 力行作用順序説明

三次巻線の負荷、補助回転機は1ユニットに電動送風機5台・トランスのオイルポンプ1台・電動発電機 (MG = Motor Generator) 1〜2台 (ビュッフェ用)・電動空気圧縮機1台・空調用の圧縮機がある。試作車では三相交流の発電機を搭載してMGをはじめ、幾つかの補助回転機は三相交流電動機であった。試作車では併せて、空調機器とオイルポンプを単相交流により運転する試験も行ったが結果は良好で、量産車の補助回転機はすべて単相交流コンデンサー電動機とした。運転室に搭載されたインバーター (電動発電機) はDC100Vを電源として、電圧・周波数の変動を嫌う重要機器 (ATC・ブレーキパターン・限流値制御装置・滑走固着検知装置・列車無線等) や非常時に必要な列車無線の電源として用いられ、常用 (運転中の運転台のもの) が故障すると、速やかに緩速回転で待機している後位のインバーターに切換わった。このインバーターも、三次車以降MGから静止型に変わった。

2.2.7 車両構造・耳ツン対策

隧道に入った際、隧道内でのすれ違いに等よる気圧の変化で耳ツンが起こる。現に座席に座って肘を車体に付けていると、風圧で電車が縮むのが良く解る。そのため、耳ツンが起こりそうな地点に地上子を置いてその上を通ると外気締め切り装置が働き、客室内では気圧の大きな変化が起きないようにしている。また、製紙工場の多い富士市を通過する時も悪臭から逃れるために外気締め切り装置が働いた。

しかし、デッキ側に外気締め切り装置がないため、貫通扉の開閉が困難になることがあった。暖房装置はヒートポンプ式で、ヒーターは使用していない。

2.2.8 台車・駆動装置

世界に前例のない高速鉄道では台車が安全の要になるので台車の開発には多くの検討、試験を行った。1960年6月13日鉄道技研の中に高速台車の試験台が完成し試験を開始した。世界の台車の中にも、ドイツのミンデン式、ゲルリッツ式、フランスのアルストム式、スイスのシュリレーン式をはじめ色々のタイ

プがあったが、DT9001からDT9006の6種類の試験台車を製作して試験を行った。一寸変わっているのは汽車会社製のDT9002で板バネを使っている。DT9004では住友リンク式、ミンデン式、IS式の各種の軸箱支持装置の試験ができるようにした。台車の様子を示すと次のようになる。

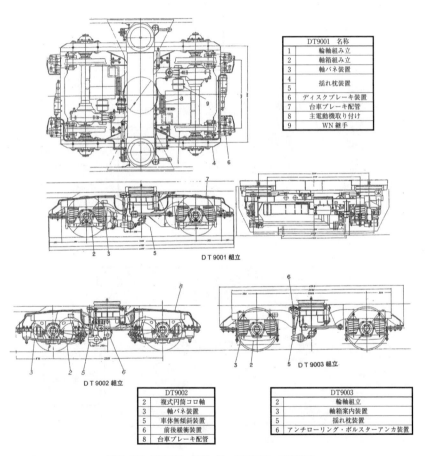

図2-35　DT9001（SIG式）・DT9002・DT9003

206　第2章　東海道新幹線の歴史

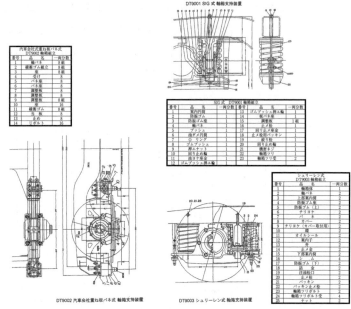

図 2-36　台車軸箱組立

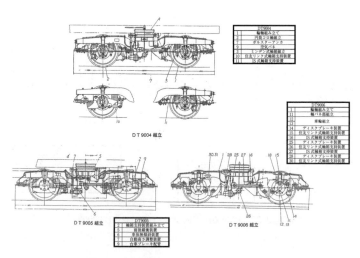

図 2-37　DT9004・DT9005・DT9006 台車

DT9004に取り付けテストする軸箱装置は下図の通りで、他に日立リンク式もある。

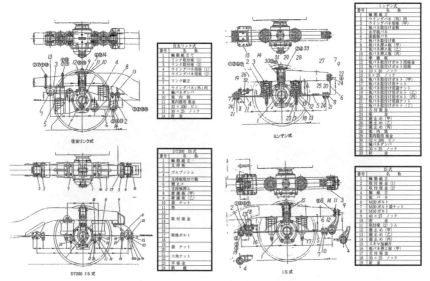

図 2-38　DT9004 の四種類の軸箱装置

カルダン駆動方式にも電動機の中空軸と撓み継ぎ手を使った、新性能電車に使われているもの、伝達軸を中空にした中に車軸を通しジョイントするもの（DB103 や ICE）ユニバーサルジョイントを使用したもの（TGV）、床下に装

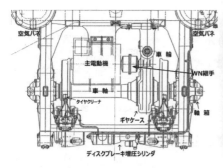

図 2-39　WN 台車装着図

図 2-40　WN　実装拡大写真

着した電動機を推進軸を通して駆動するもの(ICE-T・イタリアのETR470・ポルトガルのアルファ・ペンデュラー)や直角カルダン、*WN駆動等があるが、新幹線は広軌でスペースもとれるので、地下鉄丸ノ内線に導入し好結果を得たWN駆動を採用した。海外の新幹線の駆動装置については後に述べることにする。

＊WNとは継手の開発に携わったWestinghouseとNatal社の頭文字をとったものである

図2-41　WN継手のギヤ

図2-42　WN継手のギア

カルダン駆動では電動機がばね上に装備され、電動機の中心軸と車軸の中心との距離が一定ではないためにさまざまな工夫が施されてきた。WN駆動方式は図のように歯車(ピニオン)が丸くなっていて中心線がずれても対応できる簡素で高精密度も要求されず優れた方式である。このWN継ぎ手は刻み円の直径が290mmとかなり小さく、電動機軸と伝達軸の偏位許容量は±12.5mmである。

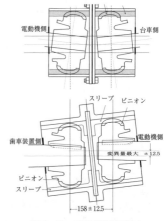

図2-43　WN継手説明図

2.2.9　新幹線の運転・検修の指導者を養成した「小金井大学」

試作電車が発注された翌年、1962年2月1日、大塚滋が初代区長を務めた

2.2 課題

武蔵小金井電車区に通称、小金井大学を開設した。運転要員第二陣を発令し（東京口10名・大阪口9名）第一陣が講師になり、第二陣を試験要員としての教育を行った。私は中央鉄道学園の電車運転士科に入学中で、担任の平野孝昭講師は小金井大学に転任し、担任が交代した。平野孝昭は、大塚滋と共にモハ90の実線投入し、全国への教育普及に尽力した人であった。生徒の中に後に運転法規の中心になり、開業時の指導助役を務めた武蔵小金井電車区指導運転士出身の田口照の他、新幹線電車運転士を養成するための初代新幹線電車運転士になる井之上隆・磯崎歳治・佐藤圭志・桐村博之・中村一三・中間熊男・丸崎昭の7名も居た。この7名を称して当時の映画で有名になった「七人の侍」を模して「新幹線七人の侍」などと呼ばれていた。

1961年11月8日、テストに使う試作電車の発注が行われた。設計に携わったのが、西尾源太郎でメンバーの中心には後に新幹線総局長になる石沢應彦もいた。「電気車の科学」1962年11月号には石沢が新幹線旅客電車概要という車両解説を寄稿している。試作車両の形式図および概要は次のとおりである。

表 2-8 試作車両データ

編成		A 編 成			B 編 成			
号車		1	2	3	4	5	6	
車両種別		Mc	MDc	Mc	MD	M	MDc	
形式		1001	1002	1003	1004	1005	1006	
メーカー		汽車会社	日本車輌	日立製作所	日立製作所	川崎車輌	近畿車輛	
台車	形式メーカー	DT9002（汽車）	DT9001（日車）	DT9006（日立）	DT9004（住友）	DT9005（川崎）	DT9003（近畿）	
	方式	重ね板バネ（汽車）	SIG	日立リンク式	ミンデン式 住友リンク式 IS式	可とう軸バリ（バネ板式）	シュリーレン式	
駆動装置	メーカー	東洋電機	住友金属	住友金属	住友金属	東洋電機	住友金属	
ギヤ	メーカー		住友金属			住友金属		
	ギヤ精度	並	高精度	高精度	並	並	高精度	
WN継手	メーカー	住友金属	三菱電機	住友金属	住友金属	三菱電機	三菱電機	

車両種別　Mc=制御電動車　MDc=集電装置付制御電動車　MD=集電装置付中間電動車　M=中間電動車

表 2-9 試作車搭載機器配分

		試作車搭載機器配分					
		A 編 成			B 編 成		
		1号車	2号車	3号車	4号車	5号車	6号車
形式		1001	1002	1003	1004	1005	1006
種別		Mc	MDC	Mc	MD	M	MDC
搭載機器		電動発電機	蓄電池	電動発電機	蓄電池	電動発電機	蓄電池
		界磁弱め接触器	シリコン整流装置	界磁弱め接触器	シリコン整流装置	界磁弱め接触器	シリコン整流装置
		予備励磁装置	整流装置送風機	予備励磁装置	整流装置送風機	予備励磁装置	整流装置送風機
		ブレーキ制御装置	交流フィルター	ブレーキ制御装置	交流フィルター	ブレーキ制御装置	交流フィルター
		主抵抗器	限流リアクトル	主抵抗器	限流リアクトル	主抵抗器	限流リアクトル
		主抵抗器送風機	低圧タップ切換器	主抵抗器送風機	低圧タップ切換器	主抵抗器送風機	低圧タップ切換器
		主制御器	主変圧器	主制御器	主変圧器	主制御器	主変圧器
		遮断器	高圧機器箱(ABB)	遮断器	高圧機器箱(ABB)	遮断器	高圧機器箱(ABB)
		水タンク	電動空気圧縮機	水タンク	電動空気圧縮機	水タンク	電動空気圧縮機

210　第2章　東海道新幹線の歴史

　各車両の重量の均一化を熟慮しながら機器の配分を決めたが、主要機器の一覧表を示す。量産車についての機器の変更については後に述べることとするが、基本設計は、量産車と大差ないものである。

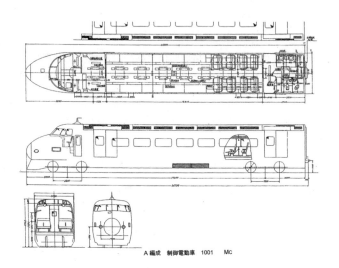

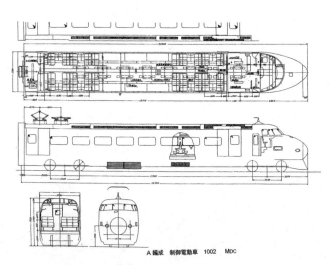

図 2-44　A編成　制御電動車（1001/1002）

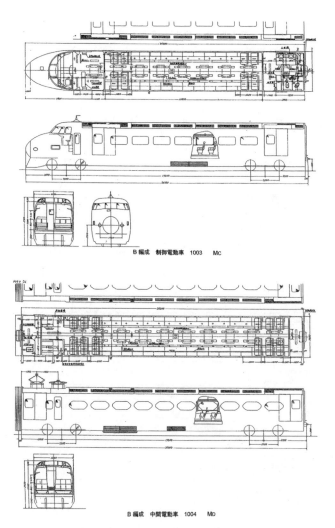

図 2-45　B 編成　制御電動車（1003/1004）

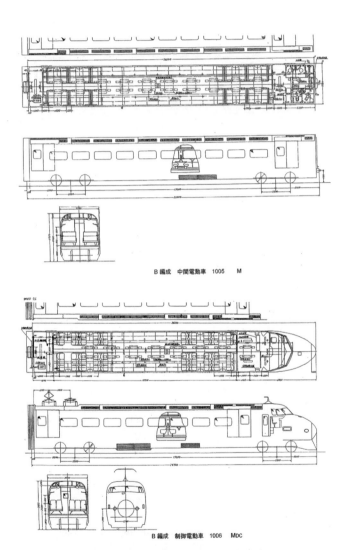

図 2-46　B編成　制御電動車（1005/1006）

2.2 課題 213

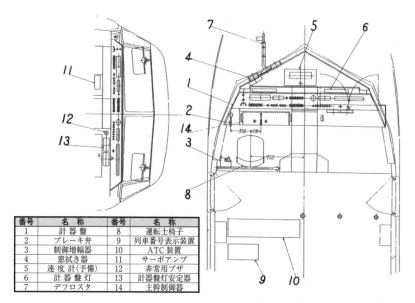

番号	名称	番号	名称
1	計器盤	8	運転士椅子
2	ブレーキ弁	9	列車番号表示装置
3	制御増幅器	10	ATC装置
4	窓拭き器	11	サーボアンプ
5	速度計(予備)	12	非常用ブザ
6	計器盤灯	13	計器盤灯安定器
7	デフロスタ	14	主幹制御器

図 2-47　試作車運転室機器配置図（6号車1006）

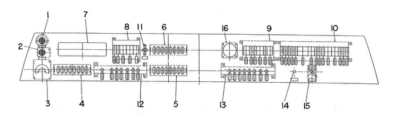

番号	名称	番号	名称	番号	名称	番号	名称	番号	名称	番号	名称	番号	名称	番号	名称	番号	名称
1	ATCチンベル	5	事故ユニット表示灯	6	事故表示灯	7	速度計	10	配線用シャ断器	11	窓拭き	13	押スイッチ				
2	ATCブザ		1 ユニット		輪軸	8	配線用シャ断器		主幹制御器	12	押スイッチ		保護接地切				
3	三針圧力計	左	2 ユニット	左	インバータ		前灯		補助空気圧縮機		確認	左	補助空気圧縮機				
指	元空圧ダメ		3 ユニット		電気機器		標識灯(前灯補助)		空気遮断器		又入れ		パンタ上げ				
針	直通管	ヨ	4 ユニット	ヨ	サービス機器	左	デフロスタ	左	保護接地		空気遮断器切		空気遮断器入				
	ブレーキシリンダ		5 ユニット		電気ブレーキ		運転室暖房		パンタ電源		保護接地切		戸じめ連動				
4	動作表示灯		6 ユニット		空気ブレーキ		運転室灯		ATC電源		パンタ下げ		ブ ザ				
	戸じめ	リ	7 ユニット	リ	緊急ブレーキ	9	配線用シャ断器		ATC受電器		界磁弱め一段		インバータ切換				
左	ATC自動		8 ユニット		準備未了		出入台灯		ATC電導弁		界磁弱め二段		インバータ非常起動				
	ATC入換					左	運転室予備灯	左	直通制御			14	電車線電圧				
ヨ	ATC開放						機械室灯		インバータ制御			15	ATC切換				
	常用ブレーキ						標識灯転色装置		ブレーキパターン			16	電圧計				
リ	非常ブレーキ						計器灯		列車無線								
	接地								放送								
	SAP締切								戸じめ表示灯								
									戸じめ電源								

図 2-48　新幹線旅客電車試作車運転室パネル盤機器配置

試作車両の概要は次の通りである

1. 電車線方式

    単相交流 25,000V 60Hz 電圧変動範囲 +20% 最高電圧 30,000V − 10% 最低電圧 22,500V。ただし、30秒以内に限り−20%（20,000V）を許容する。

2. 車両の電気方式

    低圧タップ切換、シリコン整流器式。2両1ユニットとし、電気的にまとまったものとする。

3. 一両当たりの重量

    空車時58トン（試作のため種々の機器を搭載したため重くなっているが、量産車では、空車時54トン、積車時58トンにする予定。

4. 主要寸法

    車体長さ（連結器間）25,000mm、車体高さ3950mm、車体外部に最大幅3380mm、床面高さ1300mm

5. 車両性能（2両1ユニット）

    連続定格出力 1360kW 連続定格速度 168km/h、最高目標速度 250km/h

6. 主変圧器容量

    1810KVA

7. シリコン整流器

    ブリッジ結線強制通風式

8. 主電動機

    自己通風式、連続定格出力 170kW、連続定格電圧 415V、連続定格電流 450A。連続定格回転数 2200rpm（MT911）、2250rpm（MT912）、脈流率 30%（A編成）、50%（B編成）

9. 動力伝達方式

    WN平行カルダン1段歯車減速方式 29:63 = 1:2.17

10. 台 車

    二軸ボギー空気バネ付き、ブレーキ用ディスク付き一体圧延車輪。ホイールベース 2500mm

11. 制御方式

　　力行25段　低圧タップ方式。ブレーキ 19段発電ブレーキ。電動カム軸式、操作電動機（100V）無接点制御。

12. ブレーキ

　　発電ブレーキ・空気ブレーキ、ATC自動、および手動制御

13. 補助回転機

　　電動送風機　　　　単相220V　　かご型コンデンサ電動機
　　電動発電機　　　　単相440V　　起動電動機付きかご型誘導電動機
　　電動空気圧縮機　　三相220V　　かご型誘導電動機
　　インバータ　DC100V　DC電動機　単相100V　60Hz

14. その他

　　空気調和装置。電源、三相220V。暖房ヒートポンプ式。

2.3　試運転

2.3.1　モデル線の建設

　1958年度以来、技術的な課題は研究も進み1962年車両・電車線・軌道・信号・通信・土木の分野での基礎的な研究は完結したため、実際の営業速度200km/hを実現させるために一定期間現車を使って実際の現象を検証した。将来的に東海道新幹線の本線になる一部区間を先に作り、実際の高速度での状況を再認識、万全を期すために種々のテストをするために作られたのがモデル線である。候補地の条件としては在来線の駅に近いところで、車両を引き込めるところということで、小田原・相模線の倉見・鴨宮の3つが候補に挙がったが、工事費や工期の関係で鴨宮に決まった。

　基地の鴨宮から試験に必要な37km程度の距離を確保するため相模川を越え、小田急の高座渋谷の近く、綾瀬地区まで建設することになったが、この区間には長さ2.4kmの14‰の勾配の中に1316mの弁天山をはじめ48mの第三根柄見まで11の隧道があり種々の勾配がある。橋梁では667mの相模川から

39 m の大町まで 11 の橋梁があり、すれ違いや気密テストをはじめ様々なテストが可能である。モデル線では新幹線で使用されるすべての車両、地上施設の耐久テストと同時に高速度故に、特殊な養成教育の必要な電車運転士・検修要員の電車検査掛・電車掛の養成も行うことになっていた。また、モデル線の期間は 2 年少々ということで、基地の設備投資にも配慮をした。1962 年 2 月 18 日モデル線着工、3 月 15 日に新幹線軌道および電気起工式を行った。

2.3.2　モデル線管理区

1962 年 4 月 20 日には、鴨宮に運転・車両検修の基地になるモデル線管理区が開設され、十河信二国鉄総裁、島秀雄技師長、大石重成新幹線総局長が列席、開区式を挙行した。当時のモデル線管理区スタッフは、区長田中隆三をトップに、総務主任 1、運転車両主任 1、施設主任 1、電気主任 1、助役（技師）1、運転助役 3、電車運転士兼助役 1、管理係（運転）1、管理係（検修）4、管理係（車両）5、電車検査掛 5、電車運転士 7、電車掛 7、管理係（学園講師）9 の総員 48 名のメンバーでスタートした。

2.3.3　試作車両の落成

1962 年 4 月 16 日に試作電車第一号 A 編成の 1001 が完成した。江東区砂町の汽車会社落成し、埼玉県の日本車両蕨工場に運ばれたが、砂町から隅田川貨物駅まで大型トレーラーによる道路輸送は大掛かりなもので、都電の終電を待って 0 時を期して行われた。都電の架線に気を遣いながら多数のフラッシュを浴び 10km/h で進んで行くが、途中の東武線のガードはまさにスレスレであった。隅田川からは仮台車に乗せられて蕨に運ばれ、4 月 25 日に日本車両蕨工場で完成しマスコミに公開された。そして、1002 と組んで日本車両蕨工場で構内試運転を実施した。

5 月 3 日三河島事故が発生した。政官の十河降ろしの動きの中、遺族からも補償交渉は十河総裁の元でという声も上がっていたという。そうした厳しい状況の中でも十河の意志を深く理解している技術者の奮闘は続き、新幹線構想は

着実に練られていた。1964 年 5 月 8 日には世界最大の規模を誇る西相模変電所の試運転が開始された。5 月 17 日には A 編成（1001+1002）が鴨宮基地に搬入される。B 編成（1006+1005+1004+1003）については 5 月 10 日、日立製作所笠戸工場で 3・4 号車が完成、構内試運転を実施、5 月 17 日川崎車両で落成し構内試運転を実施した。その後 3・4 号と共に 6・5・3・4 の順に船に乗せられ神戸港から横浜港に着き、そこから仮台車に乗せられて鶴操に運ばれ、前記のオイラン車のルートで 5 月 30 日鴨宮に到着した。

納入後すぐにメーカーによる組み立てが開始され、6 月 20 日には試験車両が完成する。

2.3.4 モデル線試運転

6 月 15 日に運転に必要な運転法規とも言うべき東海道新幹線モデル線における運転取扱い方が制定され、運転に関する基本的な準備が整った。この日は 50Hz を架線に加圧するテストを実施した。

モデル線管理区内で、A・B 両編成の整備も進み、軌道試験車 4001 の搬入も開始される。6 月 20 日完成した車両を即使い 22 日にかけて正式に完成宣言していない線路上で A 編成によるモデル線構内転がしの延長で、下り線を使い、50Hz で東京起点 69k500 まで 70km/h のテスト走行を行った。

6 月 23 日に試運転線の約 11km が正式に完成し、高速試験を行うには完全ではないが、本線試運転が可能になり、6 月 25 日 60Hz を用いて B 編成により 70km/h の試験が行われた。モデル線の粁呈は営業開始後の正確な測量によって計測された粁呈とずれがあった。これについては後で述べる。

6 月 26 日には十河総裁、島技師長、大石新幹線総局長出席のもと試運転開始式が行われ、B 編成による公式試運転列車が第一生沢トンネル東口の先 61k900 まで運行された。十河総裁の再任は決まったが、6 月 24 日任期切れの社外理事の人事を巡り国鉄の申請を運輸省が認めず対立し、技師長と社外理事、技師長の発令が行えなかった。十河は島技師長、久留島、山県、木内の三社外理事で押し通そうとするが、運輸省は認めなかった。1949 年 6 月 1 日に

国鉄と運輸省に分かれた際は、ほとんどの優秀な人たちが国鉄に移り、運輸省を下に見ている国鉄は認めないなら申請しないとし、技師長制度ができて以来、初めて技師長の席が不在になり、島は技師長として公式試運転に参加できないという前代未聞の事態になった（参考：朝日新聞 1962 年 6 月 26 日）。

図 2-49　鴨宮案内図

　試運転電車の運転士は桐村博之、補助に中間熊男・中村一三が乗っていた。ここに、1962 年 6 月 26 日に行われた当日の試運転電車の大塚滋の実況放送を再現する。

　田中モデル線管理区長の発車合図で、気笛一声、試運転電車が起動した。

大塚滋の車内アナウンス

　只今、皆様のお耳に達しました快適な気笛の音と共に歴史的な東海道新幹線の試運転の第一ページの幕が切って落とされたのであります。

　昭和 37 年 6 月 26 日、10 時 34 分。この瞬間から〝夢の超特急〟は皆様の前に現実のものとして、その全貌を現したのでございます。本日この晴れの電車の運転を担当しておりますのは、モデル線管理区電車運転士 桐村博之君、その補助 中間熊男君、指導担当は同じくモデル線管理区指導運転士 中村一三君であります。

　何れも過去数ヶ月間以上にわたり本日のために研鑽を積んだ人たちでございます。昨夜来の雨もどうにか上がり雲の隙間から明るい空が覗かれるようになってまいりましたが、これからの片道、10.4km の区間を所要 50 分で往復いたしますので、移り変わる窓の外を、あるいは又客室内の設備等をご覧願いたいと思います。

　只今右手に見えておりますのがモデル線管理区車庫でございます。その右側が東海道本線でありまして新幹線はこの辺りから東海道線と別れて北へ、相模丘陵の南のふもとへ運んでまいります。このモデル線は、本日運転致します区間は 10.4km でございますが全線開通の暁には 37km の長さとなります。勿論将来の東京〜大阪間の線路の一部で

ありましてこのモデル線に本日お乗りなっていらっしゃる4両編成の電車と、更に先程車庫におりました2両編成と計6両の電車を登場させまして、あらゆる種類の試験を行い、その結果をこれからの本線路の設計、施工、保守に、そして量産される電車の設計に保守に取り入れようと云うのが、このモデル線の持つ主な使命の一つでございます。その試運転の今日が第一歩ということでございます。従って今日は最高速度70km/hで運転致します。只今速度は50km/hでございます。先頭車直結軌道区間に入ります。道床砕石を用いないで高架コンクリートの上に軌道を直結したところでございます。乗り心地をお試しください。只今先頭車直結区間を出ました。右手の東海道線が可なり遠くなりました。ここで別れた東海道線とは品川で再び出会うことになります。間もなく、先頭車は御殿場線の上です。速度は本日の最高70km/hでございます。基地からこの辺りまで広々とした平野を走ってまいりましたが、間もなくモデル線で一番長い弁天山トンネルに入ります。そして、線路は14‰という上り勾配にかかります。只今、先頭車は弁天山トンネルに入りました。延長1300mです。本日の運転区間はこの弁天山トンネルを入れました10か所のトンネルがございます。相模丘陵とでも申しますか、丘陵の南に果てる山裾をぬっておりますため、この辺りトンネルが多うございます。南側を走っている東海道線ではこの区間ではトンネルは一つもございません。先頭車只今弁天山トンネルを出ました。ここから線路は10‰の下り勾配に入ります。先頭車只今天神山トンネルに入ります。延長108mです。この辺りは、多少見晴らしが良いようでございます。只今、下に見えているのが押切川でございます。

先頭車只今延長114mの開戸トンネルに入ります。只今運転して参りました区間は、何れもロングレールでありまして一本のレールの長さは1500mでございます。間もなく通過いたします伸縮継目から先は一本の長さ50mのロングレールでない区間となります。勿論そこも間もなくロングレールに交換されますが、長さ1500mのロングレールは、将来の東京〜大阪の本線路と同じものでございまして、東京〜大阪間500kmと仮定致しますとわずか300数十本のレールでつながることになります。只今ロングレール区間を終わります。伸縮継目を先頭車が通過致しました。勾配変わりまして下り勾配へ入ります。先頭車は延長505mの借宿のトンネルに入りました。先頭車は今、借宿トンネルを出ました。この辺りは東海道線の二宮駅の北方約2km位にあたります。線路は再び上り9‰と変わります。間もなく短いトンネルを三つ通過致します。第三・第二・第一

根柄見トンネルと申します。先頭車只今第三根柄見トンネルに入りました。僅か46mの長さです。第二根柄見トンネルに入りました58mです。第一根柄見トンネルに入りました55mです。線路はここから10‰の下りと変わります。そして先頭車は長さ346mの小原トンネルに入ります。この辺り半径2500mのカーブでございます。これらのカーブには速度200km/hのためカントがつけてあります。このカーブでカントは約180mmでございますのでこの速度では車体が内側へかしぐのも止むを得ません。第二生沢トンネル、延長95mへ先頭車が入ります。このトンネルを出ますとすぐに第一生沢トンネルに入りますが、そのトンネルを出たところが本日の折り返し点となります。弁天山トンネルから数えて10番目の、そして最後の第一生沢トンネルへ先頭車が只今入りました。延長139mでございます。先頭車が一両だけ出たあたりで、電車は一旦停止致しますが、すぐに移動致しますので、ご注意願ください。先頭車只今トンネルを出ました。一旦停車致します。停車しました。すぐまた動きます。時間は10時51分30秒、所要時間は17分30秒でございました。今までの山に閉ざされた展望と異なりまして、ここは見晴らしが良いようでございます。前方右手に見えますのがモデル線に給電致しております大磯の変電所でございます。ここには受電しました50サイクルを60サイクルに直して架線に送電するための周波数変換器も設備されております。

　それでは、これで上り向きの運転を終わりまして、11時丁度に同じ線路を折り返し基地まで運転致します。発車まであと7分ございます。皆様すでに御承知のように新幹線電車の大きな特長の一つと致しまして自動列車制御装置─略して普通ATC装置と呼んでおりますが、この装置は例えば先行列車に近づきまして、現在線で申し上げますと注意信号に自分の電車が入ったと致します。すなわち、自分の前の閉塞区間に先行列車がいる場合です。この場合ATC装置では30-1信号となり、運転台の車内信号は30-1が点灯すると共に速度が30km/hより高いとまったく自動的にブレーキがかかって減速し、30km/以下になってから運転士が確認ボタンを押すことによってブレーキが弛み30km/h以下の速度に限って運転を続けてゆくことができることになります。只今の電車の速度は丁度50km/hとなっておりますので30-1の疑似信号を与えてATC装置によるブレーキをかけて見ましょう。〝ハイ30-1信号〟ブレーキがかかりました。運転士はブレーキ操作を全然しておりません。速度は45km/h、40km/h、35km/h、30km/h〝ハイ確認ボタンを押してください〟　ブレーキは弛みました。速度は28km/hです。この間運

転士は確認扱い以外何もしておりません。そしてこの後30-1信号が解除されるまでは30km/h以下の速度でで運転を続けることになります。また、今の場合運転士が確認を怠りますと、停止するまでブレーキは弛みません。それでは、疑似信号を取り除いて速度を上げることに致します。左手に再び東海道線が近づいて参りました。末永く記念されるべき本日のこの試運転も、こうして無事に終了することができまして、東海道新幹線は明日から、道に挑んで新たな1頁を綴ることになったのであります。

間もなく停車致します。間もなく停車致します。

（大塚 滋 国鉄　新幹線作業局・運転車両部運転課補佐）

　7月2日から4日までA編成のATC受信器静的試験が行われた。7月4日にはモーターカーが転動して、B編成1003に激突、先頭部を破損する事故が発生し、修理に半月を要した。7月5日には新幹線車両の国際入札公告が行われ7月15日から17日にかけて第二次速度向上試験（110km/hに速度向上）を開始する。7月29日にはB編成1003の修理が完了し、すべての条件が整って試験は再開される。地盤が完全に固まっていないモデル線ではパンタグラフの小さい新幹線車両では地盤沈下で、架線に届かない珍事もあった。

図2-50　鴨宮モデル線管理区 1963年6月15日
（撮影：太田修）

2.3.5　中央鉄道学園　小田原分所

　1962年8月1日、鴨宮のモデル線管理区には、中央鉄道学園小田原分所が開校し、開校式が行われた。ここで、新幹線の運転関係（電車運転士・電車検査掛・電車掛）の教育が行われることになる。小田原分所長はモデル線管理区長、田中隆三が兼務、学務主事は運転車両主任の廣田佳男、講師には、小形肇、

近藤二郎、田口照、谷川公一、平野孝昭、古谷達雄、松田博之、村田路男、山岸利男の9名が発令された。開業前には電車検査掛・電車運転士・電車掛を真っ先に養成し、特別な教育を施さなければならず、期間も必要になる。

1962年8月11日に新幹線電車運転士および検修要員養成実施要領がまとまり、募集を開始するが、すべてが転換（車種が変わるための教育養成）であった。通常は異車種への転換教育（機関車から電車またその逆等）には試験は行わないが、新幹線だけは試験（学科・医学適性検査（脳波検査含む）・航空機搭乗員を参考にした心理適性検査・高速度適性検査）を行った。

当時の通達の概要は次のとおりである。

1. 養成機関教育

(1) 設置科および養成期間

電車検査掛養成のための特別新幹線検修科	340時間
電車運転士養成のための特別新幹線電車運転士科	340時間
電車掛養成のための特別電車科	230時間

(2) 入学資格

新幹線電車運転士および検修要員については、現在線の倍以上の高速で走る車両やオート化された機械、諸施設を操作し、また保守するため当然これに相応する能力が必要とされるので、各科に入学させる者はそれぞれ次の資格の他、昭和39年4月1日現在で、22歳以上45歳未満であること、および考査に合格した者であること。

(イ) 高等課程特別新幹線検修科に入学するものは、2年以上電車検査掛および電気関係の機関車検査掛の職にあるものまたは特別の事由がある場合はこれと同等職種の者とする。

(ロ) 普通課程特別新幹線電車運転士科に入学する者は、2年以上電車運転士または電気機関士の職にある者とする。

(ハ) 普通課程特別新幹線電車科に入学する者は、電車掛および電気関係の機関車掛の職にある者または特別に事由がある場合はこれと同等職種のものとする。

(3) 募集範囲

東京、静岡、名古屋、および大阪鉄道管理局管内とし別に指示する局別応募割当人員にもとづき、各鉄道管理局長が箇所別に応募人員を定める。

(4) 養成人員

昭和37年度においては、10月に電車運転士科30名、検修科40名、電車科30名を、引き続き38年1月に電車科30名、同年2月に電車運転士科30名、検修科40名を入学させる予定である。

(5) 実務練習

(1)の養成期間教育を終了後は、引き続いてモデル線管理区において実務練習を実施する。

練習期間は検修科修了者は2ヶ月、電車運転士科修了者は2ヶ月、電車科修了者は1.5ヶ月である。

(6) 省略

(7) その他

今回の動力車関係要因養成は、モデル線管理区内に中央鉄道学園小田原分所を設置して教室授業を行い、了後引き続いて同区における実務に従事するため教育のモデル職場として効果的な教育訓練が行われるものと期待されている。

これに基づき8月中旬に第一回、新幹線電車検査掛・電車運転士の募集が始まる。

医学適性検査では目隠しして椅子に座らせ、ぐるぐる回し、目の廻りの落ち着きを調べたり、目隠しして足踏みをさせたり等諸々の検査を行った。蚊帳のような網を張った部屋で脳波検査も行われた。

適性検査は定番のクレペリンは勿論、高速度反応検査、そして、松の木・家・人の顔を書くテストも行われた。

当時私は武蔵小金井電車区の運転士見習いで、教導運転士は三上政夫であったが、1962年10月11日第一回生の試験に応募し合格、入学する。

養成の経過は表2-10の通りで、その後は要員需給の関係もあり、運転士科は通算7回、検修高等科は10回生電車科8回生を以て鴨宮方式の教育は終了した。

運転指令科の開設はだいぶ後になり、第一回列車指令科（列車指令分科期間2ヶ月）の第一回は開業の年、1964年2月6日に30名が、（電車指令分科期間2ヶ月）には5月14に6名が入学している。

列車指令科は主に駅関係から来た人たちが中心で、中には運転関係から来た

表2-10　4時間、5時間運転時代　養成一覧表

			人数	入　学	終　了	担　任
電車検査掛	中央鉄道学園　小田原分所					
	第1回高等課程　特別検修科		40	1962(昭和37年).10.11	12.12	平野孝昭
	2回高等課程　特別検修科		40	1963(昭和38年).02.12	04.13	近藤二郎
	3回高等課程　特別検修科		39	1963(昭和38年).06.19	08.17	村田路男
	4回高等課程　特別検修科		40	1963(昭和38年).10.29	12.27	平野孝昭
	5回高等課程　特別検修科		44	1964(昭和39年).01.07	03.06	小形　肇
	6回高等課程　特別検修科		44	1964(昭和39年).03.03	05.02	平野孝昭
	7回高等課程　特別検修科		38	1964(昭和39年).05.14	07.10	牧野和孝
	中央鉄道学園　小田原分所養成人員		285			
	中央鉄道学園　品川分所		人数	入　学	終　了	担　任
	8回高等課程　特別検修科		25	1965(昭和40年).02.04	04.07	牧野和孝
	9回高等課程　特別検修科	(1組)	27	1965(昭和40年).04.15	06.19	星野広七
		(2組)	27	1965(昭和40年).04.15	06.19	曽我喜一
	10回高等課程　特別検修科		26	1965(昭和40年).05.25	07.24	田口　照
	中央鉄道学園　品川分所養成人員		105			
	総計養成人員		390			
電車運転士・機関士	中央鉄道学園　小田原分所		人数	入　学	終　了	担　任
	第1回　特別新幹線電車運転士科		30	1962(昭和37年).10.11	12.12	谷川公一
	2回　特別新幹線電車運転士科		30	1963(昭和38年).02.12	04.13	小形　肇
	3回　特別新幹線電車運転士科		36	1963(昭和38年).06.19	08.17	田口　照
	4回　特別新幹線電車運転士科		42	1963(昭和38年).10.29	12.27	谷川公一
	5回　特別新幹線電車運転士科		42	1964(昭和39年).03.03	05.02	谷川公一
	6回　特別新幹線電車運転士科		40	1964(昭和39年).05.14	07.10	森松太郎
			220			
	中央鉄道学園　品川分所		人数	入　学	終　了	
	第1回 特別新幹線電車運転士・機関士科	(1組)	33	1965(昭和40年).2.12	05.22	野尻緒男
		(2組)	40	1965(昭和40年).2.12	05.22	西垣幹雄
	中央鉄道学園　品川分所養成人員		73			
	総計養成人員		293			
電車科	中央鉄道学園　小田原分所		人数	入　学	終　了	担　任
	第1回　新幹線特別電車科		30	1962(昭和37年).10.11	11.22	松国博之
	2回　新幹線特別電車科		37	1963(昭和38年).01.18	03.02	山岸利夫
	3回　新幹線特別電車科		32	1963(昭和38年).05.07	06.20	古谷達雄
	4回　新幹線特別電車科		32	1963(昭和38年).08.07	09.20	湯山朝男
	5回　新幹線特別電車科		30	1963(昭和38年).11.06	12.20	森　薫
	6回　新幹線特別電車科		28	1964(昭和39年).02.13	03.27	古谷達雄
	中央鉄道学園　小田原分所養成人員		189			
	7回　新幹線特別電車科		17	1965(昭和40年).01.12	03.03	曽我喜一
	8回　新幹線特別電車科		27	1965(昭和40年).04.15	06.05	野尻緒男
	中央鉄道学園　品川分所養成人員		44			
	総計養成人員		378			
	総合計養成人員		1061			

図 2-51　当時の臨時車両設計事務所発行の説明書と、一旦元職場に帰った生徒に送付していた鴨宮通信

人もいた。名古屋局・静岡局から列車指令科に入学した人の一部に運転・技術系の人たちがいて、その人たちは事前に聞いていたことと話が違うとして結局、指令にはならず元局に戻って行ったが、元局に戻す際の処遇が大変だったという話を浅原義久から聞いた。指令は列車指令・電車指令のほかに、電気指令・施設指令・営業指令もあった。

当時の教科書にはマル秘のスタンプの押したものも多数あり、臨時車両設計事務所発行の分厚い図面と解説書にはこの図面は日本国有鉄道向車両以外のものに無断で使用してはならないと書いてあった。

その後発行の説明書には、更に「すべてが番号で厳重に管理されており、関係ない人間にやたらに見せたりコピーをさせるな」という警告を張り付けるよう記載された紙が車両設計事務所（臨時が取れた）から届いた。

鴨宮で学科と実務を終えた生徒はそれぞれ出身区に一旦帰り、再びその職場で勤務したが、卒業した生徒たちに鴨宮通信として、日々入る新しい情報や、時々刻々変わる新しい技術情報を鴨宮通信として送り届けていた。

その後、電車運転士科修了者から、野尻繕男・坂井等（いずれも第1回生）・森松太郎（2回生）も講師陣に加わり、開業に向けての養成は日々続き、在来線からの転換養成を中心に行われてきた。

後に、救援用の911型ディーゼル機関車の導入が決まり、その教育を急遽、第5回生42名に別途実施したが、911型は未完成で、制御回路が似ている

DD51を使い教育を行い、東京は盛岡機関区、大阪は鳥栖機関区で実務訓練を実施した。しかし911との乖離は大きく、実務期間もほとんどなく、5回生はかなり苦労した。その後、6回生にはディーゼル機関車の教育は行わず、その後の1965年2月12日中央鉄道学園品川分所入学の第一回新幹線電車運転士・機関士科に170時間の911型ディーゼル機関車の教育を別に行い、計510時間の教育を実施した。しかし、構造が複雑な911の授業時間も短かいうえ運転回数も少なく、品川の1回生にも十分な実務訓練が行えず、結局自習を余儀なくされトラブルは精通している同乗の検査掛の力に大きく頼る形になった。

東京運転所・東京派出所では管理者にも911に精通した者が一人もおらず、わかるのは指導運転士の永岡卓徳・柏木博忠の2名のみであった。その後、運転高等科新幹線分科に入学した人も教育を受けたが、短期間で複雑怪奇な911の構造を十分に理解できず、実務に精通しているのは相変わらず永岡・柏木の2名のみであった。

在来線でも鉄道学園の機関士科・運転士科・助士科は全寮制をとっているが、モデル線管理区には宿泊設備がなく、来宮にあった東京工事局の建物内に寮を設け、そこから鴨宮に通っていた。その建物の一角には、在来線の乗務員の宿泊施設もあった。湘南日光は165系6両編成全車指定の準急であったが、この運転台は、田町電車区出身の新幹線電車運転士科の生徒が来宮の寮に帰る通学電車であった。中央鉄道学園小田原分所の項にもあるように、モデル線では小田原分所の教育（学科）が終了した後の訓練運転を行っていたが、それはテスト走行の意味も含まれていた。

開業後、電車掛や在来の機関助士に希望を与える意味での昇進ルートとして正規の高等課程検修科（5ヶ月）や電車運転士・機関士科（学科7ヶ月、実務8ヶ月）の募集も行ったが、正規養成の機関士科併設は3回で終わった。

2.3.6 高速度試運転に向けて

話を試運転に戻そう。

1962年8月13日からA編成を使って電制フェールの原因調査を行っている。

高速度からの電制フェールは高価なライニングの消耗が大きく、務めて避けなければならないことである。20日にはA編成を使い警笛音の分布状態も調べた。8月21日にはA編成を架線試験車に改造し、8月31日に試運転を行い、併せてATCの受電試験も行っている。9月8日には第二次速度向上試験その2として、A編成を使って下り線の71k800〜61k800で160km/hの速度向上と走行試験を行い、9月13・14日の両日はB編成を使って同じ区間を160km/hの走行試験を実施している。速度向上試験と言っても、在来線での運転経験は110km/hが最高速度であったから、担当する運転士にとっても初めての経験で、生徒の訓練運転も同時に兼ねていたことになる。9月15日には出来栄えの視察に十河総裁が試運転に試乗している。9月20日には着工3年目にして新丹那トンネルが貫通する。戦前の丹那トンネルは掘削中の1930年の北伊豆地震で隧道内にも断層のずれが生じ、出水に悩まされ16年という長い歳月をかけ、多くの犠牲者を出したのに比べれば、土木技術の進歩の功績は大きい。モデル線の延長工事が完成し、試運転を控え10月9日には架線への加圧試験を行い、10月10日にはA編成と軌道試験車4001が初めて相模川を渡り綾瀬地区への入線試験を行った。

10月11日、電車検査掛・電車運転士・電車掛を養成する、第一回高等課程特別検修科40名・第一回特別新幹線電車運転士科30名・第一回特別電車科30名が中央鉄道学園小田原分所に入学するが、この頃は運転法規も整備されておらず、後になって自習に近いような形や訓練で不足分を補った。

2.3.7 初めて200km/hの達成

10月21日に170km/hまで速度を向上試験に始まり、27日に190km/hをクリアした。10月31日いよいよ200km/hの速度に挑み10‰の下り勾配、第一生沢トンネル東京口、モデル線粁呈62km地点で7:57′30″200km/hに到達した。13:20からNHKはヘリコプター2機、カメラ24台、中継車7台と150人のスタッフを動員、車内の十河総裁、スタジオの大石総局長を結んで200km/hの模様を生中継する1時間番組を放送した。その後、11月11〜13日A編成、

11月20～23日B編成で200km/h走行時の総合性能を調査し、12月2日にはB編成1005を使い空調排気口を塞ぎ車内気圧の変動を測定している。

12月12日には第一回特別新幹線検修高等科と第一回特別新幹線電車運転士科の学科が終了し、実務訓練に入ったが、第一回生が初めてハンドルを握ったのは12月14日であった。

車両は海外からの応札がなく、日本の東海道新幹線電車製作連合体(川崎車両・川崎電気・汽車会社・近畿車両・住友金属・東芝電気・東洋電機・日本エアーブレーキ・日立製作所・日本車両・富士電機・三菱電機)が応札した。

12月19～22日、B編成でATC9000型の総合動作試験と列車無線試験を行い、運転速度を210km/hに上げて12月26～28日A編成でATC9001の総合試験を実施した。1回生の実務訓練を兼ねた運転も種々のテストを兼ねていた。ATCはまだ未完成であり、他に列車もいないので、閉塞という概念にとらわれることなく高速運転を行ったが、最高速度は210km/hで頭打ち(ATC信号によるブレーキをそう呼んでいた)するようにはなっていた。

年が明け1963年1月14日B編成を使い49k000まで200km/hの速度向上試験を実施、1005の空調装置を取り外し、初めてすべて目張りをし車内気圧変動試験を行った他、1006で電気笛の効果を調べた。

1月29日にA編成を使って上り線での200km/hの速度向上試験を行い、もう200km/hは普通の速度になった感さえある。30日からは台車の試験を開始、30日にはB編成1004に付けたDT9004の試験を開始する。DT9004台車はミンデン式、IS式、住友リンク式の三種類の軸箱支持装置を交換できるようになっていて、それぞれの試験を行うことができた。IS式というのは、開発者の島隆と、石沢應彦の頭文字をとったものである。30日からはミンデン式、2月2日からはB編成1004にIS式を装着して試験を行い、2月4日にはA編成1002にPS9007パンタグラフを取り付けて試験を行い、2月6日からはB編成1004のDT9004に住友リンク式の軸受けを装着し試験を行った。2月19日からA編成の汽車会社製、板ばね式DT9002の性能と蛇行動発生状態の調査を行い、22日には軸バリ式DT9001の試験をそれぞれ行った。

図 2-52　DT9001　（撮影：太田修）

図 2-53　DT9002　（撮影：太田修）

2月11日、特別新幹線電車運転士科第一回生の榎本光良（東京）と山末治（大阪）が着任し運転のメンバーに加わり、2月20日には運転車両主任に大塚滋が着任する。大塚は在来線の三鷹電車区で101系を熟知し、全国の教育普及に尽力し、特急「こだま」の運転を軌道に乗せた経験を持ち現場のベテラン検査掛と対等の実務に精通し、やがて新幹線運転のトップリーダーとして活躍する。

モデル線ではその後も種々の試験走行を行うが、3月11日に金目川と出縄隧道で200km/hのすれ違い試験が行われた。3月13日にはA編成1002とB編成1006が吹きだまりに突っ込み先頭スカートが破損する事故が起きた。スカートは現在のものと違い体裁を整える程度の簡易なもので、ここで弱点が1つ見つかり、強固な排障器を設計して取り付けることになるが、後々に発生する色々なものとの衝突を思い返すとむしろラッキーな破損事故であった。新たに取り付ける排障装置には前頭部を強化した模型を製作し、エアガンを使って砲丸を当てテストをした。強度が大きければ大きいほどいいとはいえ、重量にも配慮しなければならない。結果16mm鋼板を6枚重ねたもの（重量は2トン）を装着することにした。また、前面ガラスの強度の問題がある。実際に営業開始してから大事には至らないものの、列車妨害で前面ガラスが破損し怪我をした例もあり、私自身も怪我こそしなかったが、前面ガラス破損に遭遇した。在来線でも鳥との衝突は防ぐすべがないが新幹線は高速である故、その危険度ははるかに大きい。体重が10kg以上ある鳥もいるので、飛行機のガラステストに使用する空気砲を使用し、1422 × 660mmの数種類の合せガラスを使い実際空気砲で18kgの鳥に見立てた物体を250km/h相当の速度で衝突させる実験を行った。種々試験の結果6mm厚の強化ガラスを内側に5mm厚の普通ガラスを外側にした合せガラスにすることにした。強化ガラスを外側に使うと、も

しヒビが入った時クモの巣状になり、即運転不能に陥る。そのため強化ガラスを内側としたのである。3月18日にはB編成を使って定点停止装置の試験が行われたがモデル線粁呈42.567km地点に仮ホームと停止目標を設置、40km/hで自動停止ができるかのテストを行ったが、最大で30cm程度の誤差であった。

2.3.8 電車による最高速度記録への挑戦

3月19日から250km/hを目指して速度向上試験が開始し、19日はB編成を使って下り線で243km/h、25日にはA編成で220km/hの試験を行い、29日には本番に備えて予備の高速走行を行い、3月30日B編成を使って最終の高速度運転試験を行った。運転士は桐村博之、中間熊男が乗り込み、指揮は2月20日運転車両主任として着任した大塚滋であった。鴨宮をスタートして、一気に加速、9:46′32″モデル線粁呈51.2kmで256km/hの世界記録を樹立した。当日のランカーブから推測すると、71k800をスタートし150km/hまで加速、弁天山の14‰で加速が落ちるが、その後－10‰で150km/hまで加速し64k227付近まで150km/hで走行した後、一気に加速する。途中勾配抵抗の影響を受けながらも51.2km地点で256km/hに達した。その後250mほど走行してブレーキ操作、240km/hまで落とし一旦緩解、更に200km/hまで落とし緩解の後に70km/hまで落とし、70km/hから停止ブレーキ手配で45k500付近に停車した。桐村運転士の話では、停止したところは、線路に錆があって、あまり試運転電車が進入した形跡はなかったという。この記録は大ニュースとなり、桐村運転士は当日19:00のNHKニュースに生出演し、今福アナウンサーと一問一答を行った。

4月6日にはB編成を使って綾瀬に設けたわたり線の試験を行い、4月10日にはECAFE (Economic Commission for Asia and the Far East) = エカフェ（アジア極東経済委員会）の新幹線研究週間が13ヶ国参加して開幕。その試乗の予備の速度向上試験を行い250km/hを出した。4月13日には第2回特別新幹線検修高等科40名と特別新幹線電車運転士科30名が入学している。

4月15日にはECAFE一行45名の試乗が行われ、往路は最高200km/h運

2.3 試運転 231

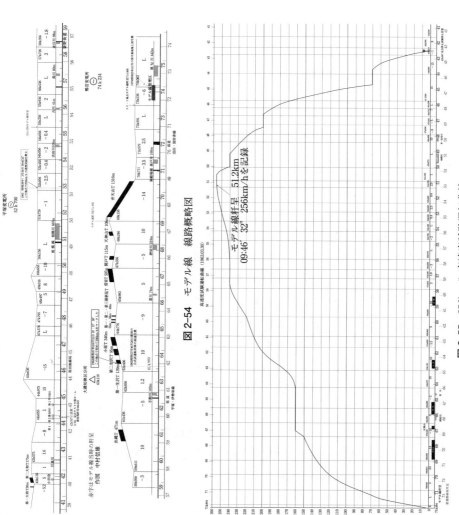

図 2-54 モデル線 線路概略図

図 2-55 256km/h 高速度試験運転曲線

勾配表記・線路図は下りに向かって表示されているが、この運転曲線は運転方向に向かって表記した

転で、定点停止装置の試験も行ったが、一同性能には驚嘆していた。復路254km/hまで速度を上げて運転を行ったが、250km/hを超えると婦人たちからは悲鳴にも似た驚嘆の声が上がった。その後、一行は鴨宮基地で展示した台車を見学した。

4月24日からは阪急京都線が下り線、上牧付近、3.6kmの間、新幹線の線路を使って運転開始し、5月11日には上り線も使用した。それぞれ6ヶ月間の予定で使用し、阪急はその間に同区間の高架化工事を行った。

2.3.9 高松宮ご夫妻の試乗と高まる世間の関心

6月6日には高松宮ご夫妻・秩父宮妃殿下・三笠宮妃殿下をお迎えして試乗会が行われた。高松宮家と島家とは親交があり、高松宮が新幹線に乗せてくれまいかと言ったのが始まりであり、急遽日取りが決まった。

その直後の5月20日、十河総裁が辞任した表向きは赤字の責任をとって辞任したとあるが、政・官による十河総裁追い落としであり、それを画策した官僚グループの中心にいたのは石田禮助の後を継いで国鉄総裁になる磯崎叡であったと噂では言われている。結果、十河信二の総裁再任はなく、それを知った島秀雄、大石重成は辞表を提出した。島は十河が去った後、国鉄本社にもほとんど姿を見せず、石田の懇願を断り、我孫子豊副総裁、大石重成と共に5月31日正式に国鉄を辞任、中心になって新幹線完成に尽力した「新幹線三羽烏」と言われた人たちは新幹線開業前に国鉄を去った。この試乗会は島が辞任する直前に決められたものであり、技師長辞任後でも、島自身が案内役を務めることになる。この試運転の前には梅雨の影響で大雨が降り、一部では築堤に問題が生じていた。しかも他の日に振替えることもできず、急遽手直しして、早朝A編成に4001軌道試験車を連結して検測を行い万全を期した。

この試運転には石田禮助国鉄総裁も同乗したが、石田は「俺は新幹線は嫌いだ、試運転だというのに高貴なお方をお乗せするのは危険じゃないか」との「暴言」を吐いた。これには温厚な紳士、島も憮然とし、抗議したという。高松宮のとりなしでその場は収まったが、島の胸中は察するに余りある（要旨引用：

高橋団吉 著「新幹線を作った男・島秀雄物語」)。試運転電車の運転士は桐村博之、最高は200km/h、往路は客室にご乗車であったが、復路、高松宮が運転室添乗を希望され、長椅子に白布を設えた急ごしらえのお座席を作った。高松宮は鉄道にも造詣が深く、同乗した大塚滋に次々質問をされたが盛土区間が気になり、さすがの大塚も緊張し気遣うシーンもあったが、そこを過ぎると話が大きく盛り上がったという。

「証言・東海道新幹線」(イカロス出版)に当日、試運転を担当した桐村の福知山機関区での蒸気機関車の乗務経験から新幹線に至る読み応えのあるインタビュー記事が載っている。この2日後の6月8日、A・B編成を連結し総括制御試験を実施し、8月5日には走行抵抗試験を行い7月12日にはB編成の1005・1006が走行5万キロ走行に達したので走行部分とブレーキ部分の解体検査を行ったが、特に問題は見当たらなかった。9月8日にはATCのP点制御試験を行い、ATCの諸々の機能のチェックも確実に進み、10月16日からは更にA編成を使い改造ATCの試験を行った。

11月9日には鶴見事故が起こり三河島事故を上回る多くの犠牲者が出た。また、山陽本線の由良～厚東でC6214牽引の7列車「みずほ」にC6240牽引の3列車「あさかぜ」が追突しているが、けが人は出なかった。

モデル線ではレールの馴染みも不十分で、かなり頻繁に滑走が発生し、フラット(車輪の踏面擦傷)作る機会もかなり多く、12月7日からは故意に作ったフラットで影響を調べる試験も行われていた。訓練運転中にフラットのできた電車を、犬走り上を追いかけながら状況の観察をしたことも幾度かあった。12月20～21日にはA編成1001の台車を抜き取ってワシントンの国際博覧会に発送している。当時から新幹線の世界的な関心度の高さが伺われる。現にモデル線への海外からの視察者はかなり多かった。その一覧表を示す。

表2-11 モデル線試験乗車一覧

日付	試乗者
1962.06.26	初の公式試運転・十河総裁・島 秀雄・大石重成 運転士 桐村博之
07.24	タイ国鉄総裁
09.01	エジプト国鉄技術局一行
09.15	十河総裁
09.21	MRA(道徳再武装集団)
10.27	MRA小田原世界大会外国代表数百名、総裁招待で試乗
11.01	オランダ国鉄総裁
11.05	世界銀行調査団一行
11.12	総裁招待者試乗
11.15～17	総裁招待者試乗
12.03	国会議員試乗
12.08	電子技術委員会一行
12.14	総裁招待者試乗
12.25	世界銀行調査団一行
1963.01.17	十河総裁
04.04	アメリカ商務次官・家族
04.15	ECAFE 一行
04.30	西ドイツ・インド大使・公使夫妻
05.21	宇宙飛行士グレン中佐
06.06	高松宮殿下、妃殿下、三笠宮妃殿下、秩父宮妃殿下・石田総裁・島 秀雄

日付	試乗者
1963.06.07	タイ・エジプト・パキスタン鉄道関係者
06.27	イラン国鉄技師
07.13	世界銀行関係者
07.18	ニューヨークセントラル鉄道応用研究部長
08.14	西オーストラリア鉄道技師長、スーダン国鉄技師
08.22	タイ国鉄技師長
09.06	韓国交通通信委員会顧問
09.13	韓国鉄道技師
09.19	タイ国鉄職員養成所長
09.26	スエーデン国鉄計画開発局長
09.30	インド国鉄車両工場長
10.11	イギリス運輸省ロンドン運輸公社技師一行
10.24	カナダ太平洋鉄道社長
10.25	ORE (国際鉄道連合・鉄道技術研究所) 一行 オランダ・フランス・スイス・イギリス・ドイツ・スエーデン・オーストリア・デンマークの首脳20人
11.07	韓国鉄道庁技師
11.26	オーストラリア ニューサウスウエルズ鉄道電気局次長
12.13	阿川弘之・戸塚文子・鷹司平通
1964.01.29	ソ連交通大臣
01.30	鉄道安全会議一行

このほかに、1962年11月20日にはライフ誌の取材・写真撮影もあった。

一般試乗も内部に懸念する意見もあったが、国民の理解をえるためにも一般の人たちに開放したほうがよいとの意見が通り行った。モデル線の試運転は車止めがあったわけでもなく、明確な終端はなかったが、強いて言えば定点停止試験の目標と言えるかもしれない。当時の人も、明確な粁呈の記憶がなく、用田の無線局（東京起点46k246・モデル線推定粁呈44k500）付近で折り返していたという。

一般試乗した人は1963年4月から9月までの間で延べ51,000人を数え前年の人数を加えるとゆうに10万人を超えている。

図2-56 モデル線試乗券

2.4 本線開通に向けて

2.4.1 救援機 911 の導入決定

1963年8月6日、新幹線開業準備委員会（会長 磯崎叡副総裁）の席上で、事故に備えて救援機として、新幹線版DD51（後の911）を製作することを正式決定した（新聞報道）。

1964年開業の年が明けた。1月10日には量産タイプのDT9008（後のDT200）台車が搬入され、A編成に取り付け1月13日から試運転を開始、14日から15日上り線を使って速度向上・台車試験を行った。そして1月15日〜18日B編成の1003・1004台車・主電動機・空制装置部品の分解検査を行いどのように変化しているか綿密な調査が行われたが、特に問題になるようなこともなかった。2月から開業に向けて鴨宮の人事交流が活発化し、モデル線の初代新幹線電車運転士の転出が始まり、代わりに特別新幹線電車運転士科の第1回・第2回の修了生が着任するようになる。2月1日磯崎歳冶が東鉄に、2月10日には桐村博之が新幹線総局に、モデル線の管理区長を務めた田中隆三が本社運転局に転出、代わりに初代の東京運転所長になる瀧口範晴が技師長室から区長に着任した。

開業の年の2月になっても営業開始に絶対必要な運転法規も完成しておらず、出されたものは、条文に番号もなく、検討資料であった。鴨宮で教育を受けた人たちは、決められた運転法規を学んでおらず、後の鴨宮通信で勉強した程度であった。開業の年2月に発行された運転士用のテキストであるが、試案であって、条文の番号が未だ振っていない。こうした環境で皆、試行錯誤で教え学んだデータなので、講師陣も運転士も大変であった。

1964年3月16日付の朝日新聞朝刊には工事費がかさみ、貨物列車は当分運転しないことを決定した記事が載っている。

2.4.2　試運転中、鴨宮基地での車両転動

　期日は定かではないが、2回生のミスで4001が転動したことがあり、追いかけながら手歯止めをかけたり必死で停止手配をとり、ことなきを得た。幹部もいる中での出来事であったが、当直の責任者は、中央鉄道学園の大学課程を卒業して、初代新幹線運転士を務め後進の指導にあたった丸崎昭助役。後日、当日現場にもいた幹部が、顛末と関係者の名前を書いて提出するよう丸崎助役に命じた。丸崎は「経過は報告済みである。あなたも居たではないか、当日の責任者は私であり、私一人の責任だ。私はそのようなものを再提出する気はない、断る」と幹部による責任転嫁を一喝した。品格という言葉が流行ったことがあったが、人の品位、人格、信用、責任感、存在感は学歴や肩書など一切関係ないことはこの目で随分見てきたが、それは十河哲学でもあったと思う。丸崎は自己保身とはまったく無縁で自分に厳しく部下に優しく、律儀で責任感が強く、常に運転士の風上に立ち、多くの人に尊敬され慕われされていてその後も私の生き方にも影響を与えた。

　2月15日・19・24の3日にわたりC編成（量産先行車0系）6両の搬入が開始され、組み立てを開始する。車号はMc1011・M'1012・MB1013・M'1014・M1015・M'C1016で、これは後のN1編成になる。0系の型式称号は、1964年2月10日、総裁達で、15・16・21・22・25・26・26（200）35型式になる。

新幹線用車両称号および番号　　（昭和39年2月10日）総裁達

1. 旅客電車　旅客電車は、名称・形式を3位の数字で表し、その右に「-」を置き第4位以下の数字は、形式ごとに1から順を追って付ける。
名称・形式の第1の数字は、基本タイプを表し、0から7迄の数字とする。第2の数字は用途による分類、第3の数字は構造による分類を表し、それぞれ0から9までの数字とする。
(註)
   1. 第1の数字「0」の場合は「0」は付けない。
   2. 第2の数字「1」は1等車、「2」は2等車、「3」は食堂車とする。
   3. 第3の数字「1」は制御電動車、「2」は制御電動車（集電装置付）、「5」は中間電動車、「6」は中間電動車（集電装置付）とする。

2. 事業用車　事業用車は名称・形式を3位の数字で表し、その右に「-」を置き、第4以下の数字は形式ごとに1から順序を追って付ける。
名称・形式の第1の数字は、事業用車を代表「9」の数字とする。第2の数字は用途による分類、第3の数字は、構造による分類を表し、それぞれ0から9までの数字とする。
(註)
   1. 第2の数字「1」は機関車、「2」は試験車、「3」は工事用車とする。
   2. 第3の数字は、第2の数字に関連させ、機関車は、大型ディーゼル機関車を「1」、小型ディーゼル機関車を「2」、試験車は、軌道試験車を「1」、電気試験車を「2」とし、ホッパー貨車を「1」とする。

新幹線車両称号・番号

第1の数字		第2の数字		第3の数字		4.5.6の数字
数字	基本タイプによる分類	数字	用途による分類	数字	構造による分類	車両固有番号
0 ↓ 7	旅客電車 (註) 列車種別や大きなモデル変更などにより区別する	0 1 2 3	 1等車 2等車 食堂車	0 1 2 3 4 5 6 7 8 9	 制御電動車 制御電動車 （集電装置付） 中間電動車 中間電動車 （集電装置付）	1～999
8	貨物車両					
9	事業用車	0 1 2 3 4 5 6 7 8 9	 機関車 試験車 工事用車	0 1 2 3 4 5 6 7 8 9	用途形式などの種類により、0から順に分類する	

図 2-57　新幹線用車両および番号の詳細

2.4.3 モデル線での人身事故

期日は不明だが、モデル線で試運転中に人身事故があった。試運転中に線路内を歩行する請負工事業者を発見し、直ちに非常気笛吹鳴した。非常制動手配を採ったが間際までまったく気づかず減速中に、160km/hではねられて亡くなる痛ましい事故で、車両に少し損傷があった。2月26日10:55、特別新幹線電車運転士科4回生が上り線を使い訓練運転中、綾瀬地区で初の飛び込み自殺が発生した。B編成の先頭車のスカートがへこみ、3号車1005のMGや1004のブレーキ配管が破損、死体は広範囲に飛散し、初めて起こった200km/hでの人身事故のすごさを改めて認識するものであった。訓練運転中の4回生や鴨宮在勤の人たちが総出で、バケツを持参して遺体の回収にあたったがとてもショックを受けていた。

3月2日C編成の受け取り試運転が行われ、3月4日にはこのC編成とA編成を使ってすれ違い試験を行い、その後3月8日～11日改めて、営業開始を前にC編成が所期の性能があるのか試験を行った。

2.4.4 東海道新幹線支社発足、大阪方で量産車の試運転開始

1964年4月1日、東海道新幹線支社が発足、初代の新幹線支社長には加藤一郎が就任する。

4月10日には開通した熱海方93k200まで上り線をA編成＋軌道試験車を使って70km/hで乗り入れ試験を行い、11日には下り線を70km/hで入線試験を実施し、4月14日から順次速度を上げ、14日にはA編成で下り線90km/h、15日、上り線でC編成を使い160km/h運転を行った。一方、西では4月13日には大阪運転所・鳥飼基地には営業用の量産車車両の搬入が開始された。

4月20日にはモデル線管理所は東京運転所 鴨宮派出所になり、4月20日瀧口範晴が初代東京運転所長に転出、後任に初代の東京運転所 東京派出所長の野上 睦が着任した。鴨宮で試運転を行っている一方、4月21日には東京運転所・大阪運転所が発足するが、運転所でも半年後の開業を控えて準備に余念がな

かった。当時は品川の建物は未完成で、東京運転所発足の準備に1963年10月25日東京運転所の幹部になる3名が東京鉄道管理局（略して東鉄）庁舎の運転部総務課に配属され7階の隅の小部屋で設備や機材、機構の討議を行っていた。東京運転所の発足と共に現在の東京駅八重洲口の旧東鉄庁舎を使用し、所長、次長、検修第一主任、事務掛が着任していて、4月に入ると鴨宮で教育を受け、一旦現場に帰っていた人たちの新幹線への転勤が始まり、建物も未完成の品川に、検修第二主任・助役3名・検査掛2名・電車掛4名・整備指導2名・信号扱い所関連4名が第一陣として着任している。9月に品川の庁舎がなんとか使用できる（未完成）ようになり、運転士を除いて品川に移転した。

図2-58 当時の面影を留める、東京駅八重洲口の旧東鉄庁舎 東京運転所はここからスタートした

4月から5月にかけてのモデル線関連の試験のあり様は下記の通りである。

表2-12 モデル線関連の試験

日付	内容
1964.04.10	熱海方93k200まで　入線試験（A編成＋4001）上り線70km/h
04.11	熱海方93k200まで　入線試験（A編成＋4001）下り線70km/h
04.12	熱海方 上り線、速度向上試験（A編成）70km/h
04.13	前日同様、熱海方 上り線、速度向上試験（A編成）70km/h
04.13	大阪運転所に量産車搬入開始
04.14	熱海方下り線、速度向上試験（A編成）90km/h
04.15	熱海方上り線、速度向上試験（C編成）160km/h
04.21	熱海方下り線、速度向上試験（C編成）160km/h
04.21	モデル線管理区廃止、解散式、東京運転所 鴨宮派出所となる　モデル線管理区長 瀧口範晴 東京運転所長に転出　車両主任 大塚 滋（支社へ）転出
04.21	東京運転所 鴨宮派出所長　野上 睦（東鉄より）転入　検修主任 宮坂崇躬（新幹線局より）転入　一部要員、（支社・東運所・大運所へ）転出
04.22	熱海方上り線、速度向上試験（C編成）160km/h
04.24	熱海方下り線、速度向上試験（A編成）210km/h
04.25	熱海方上り線、速度向上試験（C編成）210km/h
04.30	すれ違い試験（A・B・C編成使用）、電力負荷試験
05.08	世界最大の周波数変換装置を持つ、西相模変電所試運転開始
05.12～13	4001　水準測定用オートジャイロ試験
05.20～25	C編成 MTr 取り換えその他手直し工事
05.27	丹那トンネル入線試験　三島方上り線110kmまで入線試験（A編成＋B編成）　三島方下り線110kmまで入線試験（A編成＋B編成＋4001）

大阪方では4月28日から鳥飼〜米原で30km/hで入線試験を兼て量産車の受け取り試運転を開始した。東京方では4月28日深夜から29日早朝にかけて第二京浜を跨ぐ全長86.4m、580.6tの馬込橋梁の架橋工事が行われたが、これは高架の上に更に高架橋をかける難工事であった。

5月27には新幹線開業に向けて第一陣の発令が行われ、電車運転士の第一陣、片倉稔(2)、木村光雄(1)、小林康三(2)、高田春男(4)、長沼保(3)、野沢寅蔵(3)、野尻繕男(1)、山田九平(3) が着任し、開業前の訓練運転に励んだ。

* ( )は鴨宮の回生。着任は在来線の出身区の要因員関係に左右され、必ずしも回生順に発令されたわけではなかった。

大阪方では5月28日、07:15、鳥飼基地の庫4番から試運転電車が出庫し米原一往復の試運転を実施した。

東京方では6月2日には東京運転所に汽車会社製のK1編成の搬入が開始されるのであるが、当時は基地内の架線に送電されておらず、電源に品川客車区から「あさかぜ」の電源車を運び込み、発電した600Vをトランスで200Vに降下しテスト用の電源として準備した(国労東京運転所分会発行・20年史より)。

6月3日には鳥飼〜米原の複線化が完成し、大阪運転所の運転士の訓練運転を兼て試運転が行われたが、その時の運転士仕業票を示す。

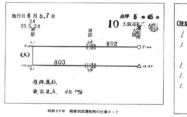

図2-59　運転士仕業票（国労大阪運転所分会10年史より）

6月11日には鳥飼基地の検修庫が使用開始になり、6月17日より米原〜新大阪速度向上試験を開始し、160km/hから順次速度を向上し190km/hまで速度を上げた。

2.4.5　B編成の脱線と列車妨害

　6月20日にはA編成を大阪運転所の救援車にするべく、浜松工場に入場し、B編成も6月22日電気試験車に改造するため浜松工場に回送されたが、渡り線に架線がないため912に牽引される形で、共通のブレーキ装置を持っていないため協調運転を行っていった。下り線が未完成で三島付近に設けた下り線から上り線への渡り用の簡易転轍器で1005が脱線した。B編成に乗務していたのは1回生の、榎本光良・木村光雄・津田礼二の3人の運転士で、地上と連絡を取りながら慎重に慎重を重ね「もうチョイ、もうチョイ」と声掛け合って移動中の出来事であった。脱線したことを察知されないように、ブルーシートで覆ったというが、結局はマスコミに知られてしまった。その後の脱線復旧作業は沼津機関区に依頼して行ってもらった。

図 2-60　回送中のB編成（撮影：太田修）　図 2-61　B編成と912の連結部分（撮影：太田修）

図 2-62　電気試験車に改造のため浜松工場へ回送中脱線したB編成　（撮影：太田修）

モデル線でも列車妨害がかなりあり、1962年9月以来1963年末の16ヶ月間で23件の列車妨害のうち、21件は子供の悪戯程度の置き石であったが、1963年9月5日の夕方起こった列車妨害はかなり悪質で深刻なものであった。17:27頃高速軌道試験車を前に推進で25km/hで運転中63k550付近、第一根柄見隧道西側入り口付近約100m手前にコンクリートブロックが置かれているのを発見し非常制動で5m手前に停止した。調べたところ、トンネル上の柵を壊して線路内に投げ込んだもので、柵6個が線路内に散乱していた。そのうち2個が下り線海側レール上に、1個が厚さ30mm幅150mm長さ600mm、石は250mm程度のものであった。この日は低速度運転が幸いし大事に至らなかったが犯人は捕まらず、防護柵の設置等も行われる。遅きに失したとはいえ、これらを規制する法律ができる。置き石は1年以下の懲役か5万円以下の罰金に処せられる法律で、6月22日に成立した。大阪方では6月11日から始まった試運転の延長で6月29・30日、米原～新大阪で更に速度向上試験を行い、29日200km/hそして30日に営業運転最高速度210km/hに到達、ATCが使える最初の区間になった。試運転中に連絡ミスで列車防護スイッチの配線工事個所でボンベ2個をはねて、田圃の中まで飛んで行ったが工事人は緊急待避して無事であった。

2.4.6　鴨宮を引き払い、建設中の東京運転所へ

6月も終わり近く、鴨宮では東京運転所に引き上げるべく工具類をまとめ、C編成を借宿隧道に仕舞い転動防止をし、一同は苦楽の日々を過ごした思い出多い鴨宮を引き払い、品川に着任する。着任時はろくな施設もない状況であった。7月1日には川崎の市の坪地区で最終レールの締結式が行われ、東京・新大阪の全線のレールが繋がった。また、品川の検修庫が使用開始になった。試運転期間中は、在来線の施設で泊まったこともあったが、何れも邪魔者扱いされて不快になり、電車の中で寝た人もいたという。5月27日に赴任した運転士たちは、明確な時期は不明だが、葛川橋梁は崩落状態になり掛け替えの間、大阪にマンションを借り、大阪に線路見学を兼ねた試運転を行っている。モデル線区間のほか、その後の東京地区での試運転にも携わっていて、当時の人た

ちに様子を聞いても概要は良く覚えているのだが、緻密に記録を取っている人もなく、多くの大先輩から聞いた話をもっと早くに記録をしておけばよかったと後悔している。1964年4月21日東京運転所（品川）発足と同時に着任した人は、建物は列車の運行に必要な信号扱所ができている程度で、臨修庫の東京寄りに木造の小屋を作り、6月に入って2m〜4m四方位の鉄製の風呂を作ったが、組み上げた地下水は塩辛く、なぜ風呂の水が塩辛いのかと山田副所長に問いただしても笑っているだけであった。この風呂場には裸電球が1つぶら下がっているだけの粗末なもので、遅く入ると、お湯も僅かしか残っていない状況であった。当時の様子を、後に運転士になる菊地文夫が、国労新幹線東京運転所分会文化誌「幹」に書いた新幹線20年記念号の中から一部を引用させてもらう。

黎明期の東京運転所

　小生の転勤初日の仕事は、品川貨物線に置かれたタンク車より「コエオケ」にて風呂の水を運ぶ、これである。幹線工事用飯場のオバサンたちが「ガキ」をオンブして洗濯、野菜洗いに米とぎしている線路の間を、前棒後棒で桶を担ぐ。花の東京に肥桶担ぎに来たのかと情けないやら、悔しいやら。しかし、なんと後棒が検修第二科長の田口さんであった。

　道具も設備もない品川砂漠に10月1日がきた。新幹線に客が乗る。東京オリンピックの開幕だ。

　12月関ケ原に雪が降る。電車の腹の下に1メートルもの雪を抱えて電車が到着、徐行など無し、パンタグラフはふっ飛び、ただ一個だけ、窓ガラスはバタバタ破損しやっと入庫、しかし、備品、ガラスは何もなし。予備車のものを取って取り付け、電車は出て行く。作業が終わると朝日が昇る。でも、職場は底抜けに明るく大騒ぎ、助役も、科長、所長、ヒラも一丸となって働いたからだ。

　7月中旬までは6両編成で、7月下旬から徐々に8月にかけ12両編成に組成化している。

　7月15日にはK3、6両編成で初の東京駅乗り入れ、大阪では12両編成で新

大阪乗り入れに成功している。

　東京運転所は埋立地であり、地固めも不十分なせいか留置車両が地盤沈下で傾いていて、急遽入換で、他の番線に移すこともあった。試運転中は寝室もひどく、建設中の未完成庁舎の3階に病院のパイプ製のベットを無造作に並べたようなものであった。また、工事用においてあった木材が燃えて、ドアのガラスも破損したこともあった。食堂や水道設備すらなく、水も自宅から持参しなければならなかった。

　開業時、東京運転所は12両編成対応で庫線は1〜6番線、うち1・2番線が交検（交番検査）線、電留線は7〜16番線で、9番線のみが将来の16両化に備えて庁舎近くまで伸びていて終端は臨修庫になっていた。搬入車両の組み立てに使う臨修庫のクレーンは庫の建物の半分位のところまでしか移動できないものだった。当時工作局のクレーン必要論と運転局の不要論の対立があり、このようなものになっていた（運転局・工作局にはしばしば意見の相違があった）。

　一方、大阪の鳥飼の地盤も湿地帯の上を埋め立て建設したせいで、同じようなことが起こった。大阪運転所 鳥飼基地は庫線は東京と同じく6番線まで、5・6番線が交検線であった。電留線は10〜19番線まで、他に台車検査を大阪で行うために、台検庫と車輪の研削装置があった。特に台検庫の木煉瓦が地盤沈下で波打つことはかなり後まで続いた。台車検査はかなり後だが大阪第三運転所（第一は検修関係、第二は運転士職場）として独立発足する。開設当時の鳥飼構内には亀が沢山いて、転轍器の先端軌条に挟まり、転換不能を起こすことがしばしばあった。亀が構内を悠々と歩く姿は開業から1〜2年後も頻繁に見られ、付近の田圃にはカブトエビも生息していた。中には亀を捕まえて、自宅で飼育する人もいた。また、後にグリコ・森永事件で、グリコの社長が近くのポンプ小屋に監禁されたこともあった。

　試運転期間中の5月4日鳥飼基地に進入した高校1年生が、留置中（パンタ降下中）の電車の屋根によじ昇って架線に触れ感電し、左半身の手足、背中に全治1ヶ月の重傷を負う事故が発生したが、死亡しなかったのはむしろ奇跡と言える。期日は不明だが開業後、かなり経ってからの東京運転所でも深夜酒に

図 2-63　開業前の大阪運転所鳥飼基地（出典：毎日グラフ 1964 年 6 月 20 日号）

酔った部外者が侵入、屋根に上って感電死する事故があった。

　阪急京都線の上牧付近では新幹線と阪急の間隔が 2950mm しかないため、7月 1・2・7 日には技研の物理試験室が風圧の影響試験を行い、7 月 4 日には音羽山隧道内で 200km/h のすれ違いテストを 5 回行った。7 月 7 日には一般から公募の新幹線愛称名が「ひかり」・「こだま」に決定する。中には海外からの応募者もあったという。

　7 月 10 日、第 6 回特別新幹線電車運転士科の学科が終了し、鴨宮での養成に幕が下り、訓練運転に入る。7 月 15 日東京～モデル線が運転可能になり、6両編成の K3 編成を使い、東京運転所（品川）を出庫、初めて東京駅へ乗り入れて 09:20 東京駅に到着した。東京駅では加藤一郎新幹線支社長をはじめ、工

事関係者約 500 人が出迎えた。また、当日は沿線のビルからは大勢の人々が見送っていた。

　その日、運転士の制服・ワッペンを披露した。当時計画審議室に居た浅原義久から制服にまつわる話を聞いたが、航空機の機長にならって運転士の制服には金モール・車掌は銀モールにする話があったが、運転サイドから派手すぎると異を唱える話が出て現在の紫色になった。その後、10:20 東京駅を発車して公式試運転を行い、新横浜 11:30 に到着し、K3 は借宿隧道に置き去りにされていた C 編成＝N1・6両編成を 4～5 人で迎えに行ったが、借宿隧道内の湿度の影響から、塗装は所々浮き上がり肌を傷めた C 編成は痛々しかったと当時のスタッフは述懐している。

　7月17日 16:07 頃、桂川橋梁上に進入した 3 名の中学生の 1 人が試 807A にはねられ即死すると云う痛ましい事故が発生した。車両はアクリル製のボンネットが大破し、ATC の信号装置も壊れ、遺体はばらばらになった。父親から一緒に居た人の申告で息子らしいと相談があり、遺留品から亡くなった方の特定ができた。

2.4.7　東京～新大阪の通し試運転開始

　7月25日には全線開通直通試運転を前に、初めて繋がった三島～豊橋を露払いの試運転電車が運行されている。東京・新大阪からそれぞれ 09:20 に試運転列車が発車、東京発の運転士は東京機関区出身の第 2 回生の上野文雄・新鶴見機関区出身の第1回生 津田礼二・蒲田電車区出身の第 4 回生 渡部健生の 3 人、その他に検査掛も乗務していた。この試運転電車が初めて新大阪までの通し運転を行ったが、当日の朝日新聞夕刊には「乗り心地は上々　沿線に見物人鈴なり」と書いている。当列車は ATC を使用せず、10 時間近くかけ新大阪に到着した。当日は更に一本の試運転列車が運転され、1 回生の木村光雄・4 回生の高田春男他が乗務していた。試運転列車は途中で停電に遭遇し、散々な目にあった。保安装置もない中で 2 列車運行したが、十分な列車間隔の確保を確認しての原始的な方法であったがまったく未知の線路を 70km/h 在来並みの速度で走

るのであるから度胸もいる。これを機に、東京〜新大阪往復の線路見学を兼ねた試運転が始まり、一組み4〜5人で乗務するのだがATCは使えず、高速運転できるのは旧モデル線区間の一部と米原〜鳥飼間のみであった。また停電や空調の故障に出くわしたこともあり「こりゃたまらん大阪ってなんでこんなに遠いのか」と当事者は語っていた。初期故障に備えて運転士の他に検査掛が添乗していたが、検査掛は車両の構造にも詳しく、機関区では機関士→検査掛→指導機関士→助役のコースもあり、鴨宮の学園でも新幹線の検査掛は高等課程・検修科という運転士よりワンランク上の扱いを受けていた。この添乗検査掛の制度のお陰で、運転士は多くのことを検査掛から教えてもうことができた。添乗検査掛の職務用の鞄であるが、当時の鞄は運転士しか支給されておらず、大阪運転所の加古久夫という添乗検査掛が子供のランドセルを改造して、持ち歩いていたものにヒントを得て作ったものだった。スタイルも良く似ていたが、そう長期間は使用されなかった。加古は運転高等科を卒業した優秀な機関士であったが管理職になる気は更々なく仕事を楽しんでいた。新幹線にはこうした無欲で優秀な人たちが沢山いた。

　加古は蒸気の機関士から電車運転士に転換、そして新幹線の検査掛に転勤し、色々面白い話を伺った。

　運転士は当初、鴨宮1回生から3回生辺りまでは管理者を務めてもらう予定であった。しかし、第1回生の木村光雄・武田兵次郎は最後まで本線乗務を続け分割民営化で国鉄を去った。安川明は国労の組合員のため分割民営化の折、運転所を追い出された。三島で脱線した木村光雄は後日、新幹線のお召列車の運転士に指名されたが「やりたい人にやらせてあげて下さい」と辞退し、功労賞も辞退した。私に「信さんどうにか逃げ切れたよ」と言って、退職まで本線乗務を楽しみ、趣味を楽しみJRに移行する直前、多くの人たちと共に定年前に国鉄を去っていった。木村光雄は東京機関区の助士から最年少で機関士科に合格し、その後電車に転換した。だが、池袋電車区で電車運転士として在勤中、電車区近くの赤羽線で貨物列車が止まったまま長いこと動かないことがあった。木村は機関車に上がっていったところ、救援を迎える手配寸前であった。見た

ところコンプレッサーが止まり、ブレーキ管の圧力が降下して緩解できない様子だったので、昔取った杵柄でコンプレッサーの高圧側のフューズを交換してコンプを起動した。こうして救援を取り消して快音を残して無事走って行った。

　後日、指導助役から呼ばれ「先日、機関車の故障を直したそうで、表彰したいが」と言われた。「私が表彰されるということは、機関士が処分を受けることにならないか？」と問うたところ、そうなるだろうと言うので、それなら要らないと固辞した。木村の人柄を伺わせる一件であった。開業してから暫くして、木村は他の運転士仲間3人と十河信二の自宅を訪問したことがあった。洋書に囲まれて十河はベッドに体を横たえていたが、4人の新幹線運転士の訪問を大層喜び、後藤新平の話から世界銀行の借款の話まで多岐にわたって話が弾み、当初、健康がすぐれないので1時間位でという話が十河は上機嫌で座は大いに盛り上がり、とうに2時間越えていた。別れ際に十河は不自由な体をおしてわざわざ玄関まで見送りに出て、別れを惜しみ訪問してくれた謝意を述べた。人に知られていない十河の人柄を思わせるものである。木村はこうした人をトップに頂き、その下で新幹線完成に尽力できた喜びをかみしめていた。

　試運転中は一般の試乗も行ったが、新横浜～小田原で、真夏に冷房装置故障で＊ABBがトリップし、運転室は窓が開くのでまだましだったが、小田原についた時は試乗客がフラフラだったこともあった。葛川橋梁の崩落で、東京から大阪地方に練習運転に向かい訓練運転をしたことがあっが、大阪での試運転には京橋の島村マンションを借りた。風呂なしで火気使用禁止だったが、電気レンジと湯沸かし器があったため、食事には不自由だったが当時売り出した即席ラーメンのおかげで助かった。新大阪～名古屋一般客の試乗の列車が大阪運転所・京都間で停電になり、結構長く止められた話を聞いたが、試運転中は頻繁に停電があった。

　8月14・15の両日は豊橋～米原、8月17・18両日には豊橋～東京の速度向上試験を行い、好結果を得ることができた。8月15日には運転指令用の列車

＊ABB（Air Blast circuit Breaker）空気遮断器・パンタグラフから取り込んだ高圧電流を瞬時に遮断する装置

無線が使用開始になり、直通運転の準備は着々と整っていった。

8月18日、当初超特急の通過予定であった京都停車が決定し、「ひかり」4時間・「こだま」5時間のダイヤということになった。

車両も30編成が揃い、開業に向けての準備は着々と進んでいった。京都駅はATC信号の出発時の現示に、通過予定の名残があり、160信号が現示されたが、後になって他の駅にならい70信号現示になった。

量産車の速度計はスタイルも一新されたが、サーボモーターと周波数発電機の組みあわせで動く第一速度計は、ワイヤーを使い指針を動かしていてバリコンを糸で回すラジオのダイヤルを連想させた。一方、第二速度計は大きさの割に単なる電圧計の簡素なものであった。

編成の頭にメーカーのアルファベットの頭文字を冠したがKの付くメーカーが3社あり、Kは汽車会社、川崎車両は川 = river のR、近畿車両は近いのshortのSを使った。

地盤が悪い静岡県の牧の原台地は開業後も1年以上70km/hの運転が続き、開業後1年以上たったある日、210信号が出た時はびっくりした位であるが、これには保線の人たちの試行錯誤の大きな努力があった。区間によっては115km/hや140km/hなどの徐行信号機が立っているところも多くあったが、徐行運転の臨時速度制限てこ（通称臨速テコ）は70km/hしかなかったので、後には徐行区間の長いところでは加速度・減速度を計算し運転曲線で115km/hや140km/h等の徐行には臨速てこを断続的に引き連続で長距離70km/h運転しない

図2-64　第一速度計SM-1の指針駆動装置

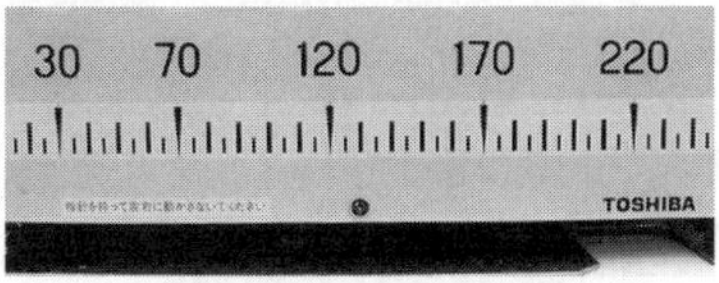

図2-65　速度計正面

ようにした。したがって信号変化は 210 → 160 → 70（ATC 信号は下位に変化する時 210 からいきなり 70 にはならず、必ず 160 → 70 に変化する。閉塞を受けた時も 210 → 160 → 30 と変化する）70 → 210 の変化を繰り返した。また、路盤の悪いところは盛土の区間に多かった。豊橋〜名古屋でも盛土区間の崩壊があり、開業後も続いた。この区間では開業後、盛土の崩壊防止に木の杭を沢

表 2-13　新幹線編成表

編成	1 Mc	2 M'	3 M	4 M'	5 MB	6 M'	7 Ms	8 M's	9 MB	10 M'	11 M	12 M'c	メーカー	配置
N-1	21-1	26-1	25-1	26-201	-1	26-202	15-5	16-1	35-2	26-2	25-2	22-1	日本車輛	東京
-2	-2	-3	-3	-203	-3	-204	-1	-2	-4	-4	-4	-2		
-3	-3	-5	-5	-205	-5	-206	-3	-3	-6	-6	-6	-3		
-4	-4	-7	-7	-207	-7	-208	-4	-4	-8	-8	-8	-4		
-5	-5	-9	-9	-209	-9	-210	-2	-5	-10	-10	-10	-5		
-6	-6	-11	-11	-211	-11	-212	-6	-6	-12	-12	-12	-6		
R-1	-7	-13	-13	-213	-13	-214	-7	-7	-14	-14	-14	-7	川崎車輛	大阪
-2	-8	-15	-15	-215	-15	-216	-8	-8	-16	-16	-16	-8		
-3	-9	-17	-17	-217	-17	-218	-9	-9	-18	-18	-18	-9		
-4	-10	-19	-19	-219	-19	-220	-10	-10	-20	-20	-20	-10		
-5	-11	-21	-21	-221	-21	-222	-11	-11	-22	-22	-22	-11		
-6	-12	-23	-23	-223	-23	-224	-12	-12	-24	-24	-24	-12		
K-1	-13	-25	-25	-225	-25	-226	-13	-13	-26	-26	-26	-13	汽車製造	東京
-2	-14	-27	-27	-227	-27	-228	-14	-14	-28	-28	-28	-14		
-3	-15	-29	-29	-229	-29	-230	-15	-15	-30	-30	-30	-15		
-4	-16	-31	-31	-231	-31	-232	-16	-16	-32	-32	-32	-16		
-5	-17	-33	-33	-233	-33	-234	-17	-17	-34	-34	-34	-17		
-6	-18	-35	-35	-235	-35	-236	-18	-18	-36	-36	-36	-18		
S-1	-19	-37	-37	-237	-37	-238	-19	-19	-38	-38	-38	-19	近畿車輛	大阪
-2	-20	-39	-39	-239	-39	-240	-20	-20	-40	-40	-40	-20		
-3	-21	-41	-41	-241	-41	-242	-21	-21	-42	-42	-42	-21		
-4	-22	-43	-43	-243	-43	-244	-22	-22	-44	-44	-44	-22		
-5	-23	-45	-45	-245	-45	-246	-23	-23	-46	-46	-46	-23		
-6	-24	-47	-47	-247	-47	-248	-24	-24	-48	-48	-48	-24		
H-1	-25	-49	-49	-249	-49	-250	-25	-25	-50	-50	-50	-25	日立製作所	大阪東京
-2	-26	-51	-51	-251	-51	-252	-26	-26	-52	-52	-52	-26		
-3	-27	-53	-53	-253	-53	-254	-27	-27	-54	-54	-54	-27		
-4	-28	-55	-55	-255	-55	-256	-28	-28	-56	-56	-56	-28		
-5	-29	-57	-57	-257	-57	-258	-29	-29	-58	-58	-58	-29		
-6	-30	-59	-59	-259	-59	-260	-30	-30	-60	-60	-60	-30		

車両編成一覧表

号車	形式	呼称	車種	座席数	記事
1	21	Mc	2等制御電動車	75	便所洗面所付
2	26	M'	2等中間電動車（集電装置付）	100	業務用室
3	25	M	2等中間電動車	100	便所洗面所付
4	26	M'	2等中間電動車（集電装置付）	110	
5	35	MB	2等食堂中間電動車	40	便所洗面所付
6	26	M'	2等中間電動車（集電装置付）	110	
7	15	Ms	1等中間電動車	64	便所洗面所付
8	16	M's	1等中間電動車（集電装置付）	68	業務用室（車掌）
9	35	MB	2等食堂中間電動車	40	便所洗面所付
10	26	M'	2等中間電動車（集電装置付）	100	業務用室
11	25	M	2等中間電動車	100	便所洗面所付
12	22	M'c	2等制御電動車（集電装置付）	80	業務用室

2.4 本線開通に向けて

山打ち込んで防いでいた。ある時、杭の長さが所定よりも短いことが発覚したが、元請けの業者が「杭は頭で打つもんだ」と下請け業者に暗に短くしろと言っていたことも発覚した。

8月24日、いよいよ全線公式試運転が始まった。ATCを使い臨試851A東京～新大阪5時間の公式試運転が行われた。担当運転士は、第1回生で三鷹電車区出身の下井瑛一と第4回生で東神奈川電車区出身の高田春男、他に検査掛も添乗し万全を期した。この試運転列車851Aには、新幹線生みの親、元国鉄総裁 十河信二・元国鉄技師長 島秀雄をはじめ、石田禮助 国鉄総裁・加藤一郎新幹線支社長・石原米彦 常務理事も乗車し、他に一般乗客に見立てた中央鉄道学園の生徒も乗せた。この際、車掌も模擬検札を行い、特に3人掛け座席の扱いを研究した。

この851Aの1号車の客室の空調装置は前日から例によって故障したままだったが、幸い曇天で猛暑日でなかった。この試運転は単なる走行試運転ではなく、技術課題も背負っていた。1日目は鉄道技研のメンバーにより電車性能を初め地上設備との関連もテストされた。主なものは、①車輪の横圧、②台車の強度および輪軸負荷、③振動加速度・各機器の温度上昇や機器冷却送風風量、④一般車両性能、⑤ATCの総合動作、⑥乗り心地等、多岐にわたって試験が行われた。ATCを使用し運転したが、徐行個所はATC信号によらず、手動ブレーキによる扱いであった。試運転の結果は上々で、当初の計画では10月1日開業、半年後の4月には3時間・4時間運転ができると踏んだが、実際は3時間・4時間運転は、開業後の13ヶ月を要した。8月25日の新幹線の試運転の運転士は大阪運転所 新大阪派出所の梅小路機関区出身の第2回生 林恒雄、運転の模様は朝08:30からNHKテレビで生中継され、鈴木健二アナウンサーの名ガイドで多くがテレビに釘づけになった。8月30日には911-1が完成し、大阪運転所に配置された。1両1億円ともいわれるこの機関車は臨車（臨時車両設計事務所）の道楽だと陰口をたたく人もいた。8月28日から営業ダイヤで練習運転が行われたが、徐行個所も多く電力事情や訓練運転期間も十分ではなかった。

表2-14 1964年8月24・25日公式直通試運転列車と開業後の運転時分の変遷

駅間粁呈	停車場	特急				超特急				1965年11月1日～定期列車			
										特急		超特急	
		8/24試運転列車	1964年10/1開業時		定期列車	8/25試運転列車	1964年10/1開業時		定期列車	定期列車		定期列車	
		851A	101A			851A	1A			101A		1A	
		運転時分	平均速度	運転時分	停車	平均速度	運転時分	平均速度	停車	平均速度	運転時分	停車	平均速度	運転時分	停車	平均速度
25.5	東京	21'28"	71	17		90	19'28"	78.7		15'	102	18		84.9	15'	102.0
51.5	新横浜	19'54"	154	24	2	128.8	18'07"	169		20'30"	150.7	22	1	140.5	16'	193.1
18.8	小田原	09'26"	120	11	2	102.5	6'54"	163		6'30"	173.5	11	1	102.5	6'	188.8
72.0	熱海	34'28"	125	35	2	123.4	31'00	139		29'30"	146.4	28	1	154.3	24'	180.0
71.5	静岡	30'34"	140	36	1	119.1	28'44"	152		32'30"	132.0	27	6	158.9	24'	178.7
35.3	浜松	18'05"	117	20	6	105.9	13'35"	156		14'	151.3	16	2	132.4	11'	192.5
67.9	豊橋	28'45"	143	33	3	123.5	27'04	150		29'	140.5	25	2	163.0	24'	169.7
25.1	名古屋	14'25"	105	16	1	94.1	11'14"	134	2	13'30"	111.6	12	2	125.5	10'	150.6
41.4	岐阜羽島	21'19"	116	25		99.4	16'52"	146		20'	124.2	18		138.0	14'	177.4
68.1	米原	26'40"	153	33	2	123.8	27'14"	150	2	31'30"	129.7	27		151.3	25'	163.4
39.0	京都	17'07"	137	15		93.6	18'12"	129		24'	97.5	18		130.0	17'	137.6
515.4	新大阪	4'02'11"	127.8	275	25	112.4	3'37'54"	141.8	236	4	131.0	222	18	139.2	186'	4	166.3

＊三島は採時駅ではあるが開業時に準じた

　運転士は6月27日に第二陣が着任、7月1日には第三陣のディーゼル機関士兼務の5回生が全員着任、第四陣が8月22日、最終は9月15日に着任した。武蔵小金井電車区出身の第1回生、安川明は9月15日開業ぎりぎりの着任であった。

　9月15日新幹線特例法施行規則が運輸省令66号を以って公布され、この日は運転指令用の列車無線と風速監視装置が本格使用開始になり、技師長 藤井松太郎を団長とする監査団が東京～新大阪全線開業監査を行っている。

　9月19日には動力車乗務員の数に対するあっせん案が公労委から提示されるが、これについては9月28日、国労と国鉄当局で妥結した労働条件をめぐる話と共に後述する。

　9月22日、東京～新大阪の中間257km付近の浜名湖を見下ろす小高い丘に新幹線建設工事で尊い犠牲になられた211名の方々の慰霊碑が立てられ、元国鉄総裁 十河信二・国鉄総裁 石田禮助・ご遺族800人が参列して除幕式が行われた。

　開業を翌日に控えた9月30日、招待者試乗会が行われ、新幹線運転取扱心得が総裁達522号で正式に制定されたのは開業1日前の9月30日であった。

2.4.8 労働組合（国幹労）問題

　国鉄の労働問題は労使・労労、色々ある。新幹線開業を控え、国鉄当局は新幹線の職場に御用組合を作って、新幹線を聖地にしようと考えていた。元々国労の考えでは、新幹線は超合理化された職場であるという立場で、新幹線にはむしろ反対であった節もある。新幹線に来た人たちは組合役員の経験もまったくなく、特に関心もない人たちばかりであった。その上、新幹線に行くと給料がアップするとか、高額の乗務手当がもらえるとか、官舎に入れるとか色々な流言飛語が独り歩きし「皆さんは選ばれた人です」などとエリート意識をくすぐり中にはエリートか疑うような人もいたのは自然なことであった。一方で国労は共産党系の分会が闘争返上を行い、組合員そっちのけで、社会党系と共産党系の派閥抗争に明け暮れていた。そうした中、新幹線は特別な組織であり、エリート集団であるから既存の労働組合では労働者の利益は守られないと言う、国鉄新幹線労働組合（国幹労）の宣伝に踊らされていた人も少なくないのは当然であった。国鉄は新幹線をスムーズに開業するため、優秀な人を採り国労の役員など採りたくなかったので、役員が応募しないことは幸であった。新幹線支社は運転所の現場幹部に向かって、1964年4月1日新幹線支社が発足する。それに合わせて従順な組合を設立するように現場幹部に命じた。後に運転所の幹部になるその人は核になれる人もいないし、時期尚早だと言ったが、上局はこれ以上待てない、これからどんどん転勤者が来てからでは遅いとして、執拗に圧力をかけた。その結果、止むなく5月25日当局の手によって、東京・大阪両運転所に国鉄新幹線労働組合、通称「国幹労」が誕生した。初代委員長は、大阪運転所の運転士で後に助役になる第3回生の松田寅三郎、これが時の人として5月27日の三大紙に報じられる。副委員長は後に動労の新幹線関係の幹部になる兼務助役の川口吉春、書記長は後に電車指令から管理職になる兼務助役の佐藤正喜。国幹労は、「新幹線の労働条件は既存の労働組合ではその特殊性が取り上げられない。既存の労働組合は新幹線に反対しているではないか。既存の労働組合に入れば新幹線労働者は一握りの砂にすぎない。我々の要

求は在来職場では認められない。したがって、我々は新幹線独自の労働組合を結成し、それに全員が結集すべきである」と宣言し、それなりの説得力はあった。この時は八重洲の旧東鉄庁舎に所長室があったが、乗務を終え帰ってきた運転士が所長室に挨拶に行き、その帰りに山田副所長が国幹労の幹部のところに連れて行ったという。国労に所属していた運転士は、東京機関区の機関士から新幹線に来た第2回生の小林康三ひとり、ほとんどが国幹労に加入した。一方で国労も遅まきながら組織化に乗り出し、東京機関区の特急組の機関士で1956年11月19日東海道線全線電化で誕生した寝台特急「あさかぜ」の処女列車の機関士を務め、名機関士とし書物でも紹介された石田丑之助に組織活動の中心になるよう依頼した。石田は人望も厚く、実務能力にも長けている最適の人であった。石田は1年限定の条件で引き受けた。当局は新幹線は一人乗務を決めていたが、職場の方では日々のトラブルにも遭遇した。労働がきつくこんな状況で開業したらいったいどうなるのかという不安も生まれた。一人乗務なんてとんでもないという声も日増しに高まり国労の組合員も徐々に転勤してきて、風向きも変わってきた。そのような折、検修では添乗検査の問題をめぐり、国幹労の集まりで佐藤正喜書記長が添乗検査は廃止すると発言すると、「これでは労働組合ではない」という声が出始めていた。新幹線が軌道に乗り始めるまでは労使が一丸となって労働条件もへちまもなく、上も下もなく何とか成功させようと必死に頑張ってきたことは確かであった。だが、検修職場でも開業1ヶ月余なのに労働条件も勤務も決まっていない、職場に食堂はおろか便所もろくにない、水道の水が出ない等々、当局に向けた不満は高まっていった。特に運転士では乗り組み基準に対する関心が日増しに高まり、一人乗務はとんでもないということは皆が思っていた。石田丑之助は機関士として長年勤務し、乗務員会長を務めるなど業務に精通しており、自ら運転士の運用を作って団体交渉に臨んだ。時には国幹労の組合員が国労の団体交渉にも参加して発言し、あなたは国幹労の時にもいましたがどちらの組合員なのですと言われることもあり、それだけ真剣であったということである。当局は30往復するだけの人数が確保できないとして、新幹線独自の勤務体制を変えて、在来線の動力車乗

務員の勤務「内達一号」を適用した。当初、一部静岡局の人たちを除いて新幹線には5回生までが集められ、一部静岡局の人は開業後に着任した。石田は「6回生まで養成が済んでいる。6回生を集めれば運転士二人乗務は可能である」と実際に乗務員の仕事を作り、要員をはじき出し、公労委（公共企業体等労働委員会）に提出した。公労委の金子委員長は「組合は具体的な資料でできると証明しているが、当局には具体的な資料が何も無いではないか」と叱責され「とにかく労使の主張の隔たりが大きすぎる、今夜帰って徹夜してでも話を煮詰め、明日の10時までに当局側・国労側共に、最終的な考えを持って来なさい」ということになり、夜も白々明ける頃に話が詰まってきた。6回生まで使えばできるという国労側に対し、当局は5回生まで使いたいという主張であった。公労委が「それでは「ひかり」は運転士2名、「こだま」は運転士1名で段落とし」として、足して2で割ったような形でまとまった。当局から検査掛を乗せるから1名でどうかという非公式な話はあったが、検査掛は運転に精通した者ばかりではないと話にならないとして一蹴した。国鉄当局は運転士一人で運転できるという面子にこだわったようだった。しかし試運転中は初期故障が多く、当局もしばらくは検査掛の必要性は暗に認めていた節がある。現に開業後はトラブルが相次いだ。

結果「ひかり」運転士2名＋*添乗検査掛、「こだま」運転士1名＋添乗検査掛1名で、運転士は下りは名古屋、上りは静岡で段落とし、検査掛は通し乗務で決まった。乗り組み基準には検査掛のことは労使協定で謳われていないので、検査掛を無視したとの声が出てきて交渉となった。当初は半年程度で初期故障が一段落したら降ろすつもりが、色々なトラブルで起きたこともあいまって制度が定着した。ただ、運転台には椅子が一つしかないため、当初はパイプ椅子を持って乗務したが、運転室を覗き込む乗客からも「酷いな」という声が聞かれた。検修の勤務も仕事に併せて勤務時間を決めたりで、国幹労は何もしてくれないといった苦情が出てきた。そのため運転士は比較的早く皆が、国労と動労に復帰した。乗り組み基準が決まったのは9月28日、開業の僅か2二日前であった。開業時の組合員比率は、国労163・動労12・新国労（後の鉄労）2・

国幹労194であった。なお、5回生が盛岡に実習に行く際、国労は派閥争いでほとんど何もせず、旅費を決めたり面倒を見たのが動労であり、5回生の国労不信は大きかった。だが、元々国労所属であり、乗り組み基準を初め、種々の労働条件、問題解決は国労の奮闘で決まったのでそのまま国労に加入した。石田の熱意と努力のおかげでもあった。国幹労は運転所で結成の後、他系統の電気・保線・営業と結成させるつもりであったが、運転での組織固めに滞った。

品川基地での検修作業は元々、機関区・電車区・客貨車区からの寄り合い所帯であり、検修の標準規定も確立されてはいなかったので、検修現場の作業は大変であった。新車であり初期故障はあっても、部品の交換等は想像しなかったのか、結構故障部品在庫不足等で交換には苦労し、㊞＝時間が無くて直せないとか、㊞＝品物が無くて直せないという、検修記号にない新幹線独自の新語も登場した。㊞・㊞ は一時期影を潜めたこともあったが、後年まで続いて物議をかもした。検査標準や作業手順などなく、皆が同時にスタートして系統を教える人もいなかった。ATCの試験室も完成しておらず、二人して天秤棒で機器をかついで行って平場（電留線）で検査をしていたが、構内には工事用の資材が放置されたままで、歩行も危険な状態であった。9月8日に初めて8時間交番検査が行われたが、一日では仕上がらず、二日もかかった記録がある。交流電車および交直流電車の検査修繕の取り扱い方［1960年（昭和35年）5月総裁達263号］の定めに関わらず、1964年9月30日幹運転第1178号によることになった。

＊添乗検査掛＝正式職名は新幹線電車検査掛、添乗業務に就いた時の呼称

(1) 検査の種類および施工個所

ア	仕業検査	運転所施工	24時間を標準とするがこれによらない時でも48時間を超えてはならない。
イ	運転検査	——〃——	必要の都度。
ウ	交番検査	——〃——	20,000km以内ごと。ただし前回検査後30日を経過した場合、これを行う。
エ	台車検査	——〃——	240,000km以内ごと。ただし前回検査後

2.4 本線開通に向けて　257

　　　　　　　　　　12ヶ月を経過した場合、これを行う。
　オ　全般検査　　工場施行　720,000km以内ごと。ただし前回検査後
　　　　　　　　　　12ヶ月を経過した場合、これを行う。

と決められていたが、検査内容・作業内容は資料も不十分なもので、試行錯誤の連続であった。

　交番検査は1日2本行うため、出勤が早く、終業も遅かった。このため、年次有給休暇も時間制という極めて変則的な扱いによっていた。

　開業当日は労使で取り決めた人数を下回るものであったが、開業にこぎつけて労使の差無く安堵と喜びでいっぱいであった。当時の要員一覧表を示すと下記のようになる。

　1965年1月1日現在の組合員比率は、国労213・動労18・国幹労162・新国労4であった。その後の国幹労は、翌年5月、解散することになり、それぞれが、国労・動労・新国労（後の鉄労）に加入し、大半は国労に加入した。

表2-15　東海道新幹線開業時要員状況（1964年10月1日）

開業時設定所要員表		国鉄職員賃金の推移		東京派出所（運転）実人員		東京運転所（検修）実人員	
非現業		1964年賃金　（円）		派出所長	1	所長	1
支所	279	基準内賃金	31235	指導科長	1	副所長	1
指令	95	高卒初任給	13700	運転科長	1	副所長	1
374				助役	5	検修第一科長	1
現業機関		1974年賃金　（円）		兼務助役	3	検修第二科長	1
運転所	1011	基準内賃金	104497	指導運転士	6	列車科長	1
経理資材所	136	高卒初任給	68700	電車運転士	81	列車助役	5
保線所	1379			電車運転士見習	1	事務掛	2
電気所	1024	1983年賃金　（円）		事務掛	1	検修助役	9
車掌所	311	基準内賃金	209153	総計	100	兼務助役	13
4235		高卒初任給	98300	電車運転士には機関士兼務を含む		事務掛	15
						電車検査掛	114
開業時運転所設定所要員（実人員とは異なる）				新大阪派出所（運転）実人員		電車掛	98
職名	東京	大阪	小計	派出所長	1	整備指導掛	9
所長	1	1	2	指導科長	1	諸機掛	6
助役	28	29	57	運転科長	1	信号掛	8
事務掛	16	21	37	助役	*4	操車掛	4
電車運転士	106	106	212	兼務助役	4	整備掛	12
電車検査掛	136	174	310	指導運転士	6	本所合計	301
電車掛	102	195	297	電車運転士	73	東京派出所（検修）	
信号掛	8	8	16	電車運転士見習	3	電車検査掛	3
操車掛	6	8	14	事務掛	1	整備指導掛	1
諸機掛	6	6	12		90	整備掛	3
整備指導掛	10	10	20	*一部氏名不詳のため正確数不明		静岡派出所	
整備掛	13	15	28			電車検査掛	3
自動車運転士		6	6			検修陣総計	311
総計	432	579	1011				

表2-16 東海道新幹線開業当時の特急料金及び運賃表

上段特急料金・下段運賃

特急(こだま)2等特急料金・運賃一覧表

	新大阪	京都	米原	岐阜羽島	名古屋	豊橋	浜松	静岡	熱海	小田原	新横浜
東京	1100				800				400		
	1180	1120	1030	960	920	810	710	500	290	240	80
新横浜	1100				800				400		
	1140	1080	990	920	880	730	630	420	210	160	
小田原	1100				800				400		
	1060	1010	910	850	780	580	480	270	60		
熱海	1100				800				400		
	1040	980	890	810	730	520	430	210			
静岡				800				400			
	930	880	740	600	520	320	220				
浜松	800				400						
	830	710	520	390	300	110					
豊橋	800				400						
	730	610	430	290	210						
名古屋		400									
	520	410	220	90							
岐阜羽島		400									
	440	330	140								
米原		400									
	300	190									
京都		400									
	110										

超特急(ひかり)2等料金

	新大阪	京都	名古屋
東京	1300		1000
名古屋	500		
京都	500		

特急(こだま)1等特急料金・運賃一覧表

	新大阪	京都	米原	岐阜羽島	名古屋	豊橋	浜松	静岡	熱海	小田原	新横浜
東京	2420				1760				880		
	2170	2060	1890	1760	1690	1490	1310	920	540	440	150
新横浜	2420				1760				880		
	2090	1980	1820	1690	1620	1340	1160	770	390	300	
小田原	2420				1760				880		
	1950	1860	1760	1560	1430	1070	880	500	110		
熱海	1100				800				400		
	1910	1800	1640	1490	1340	960	790	390			
静岡		1760				880					
	1710	1620	1360	1100	960	590	410				
浜松		1760				880					
	1530	1310	960	720	550	210					
豊橋		800				400					
	1340	1120	790	540	390						
名古屋		880									
	960	760	410	170							
岐阜羽島		880									
	810	610	260								
米原		880									
	550	350									
京都		880									
	210										

超特急(ひかり)1等料金

	新大阪	京都	名古屋
東京	2860		2200
名古屋	1100		
京都	1100		

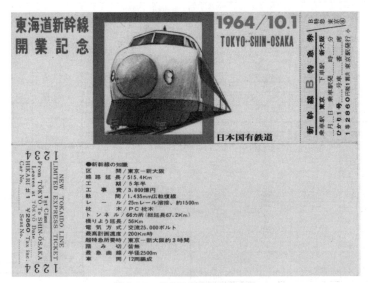

図2-66 新幹線開業記念特急券

2.4 本線開通に向けて

表 2-17 開業時の列車運転時刻表

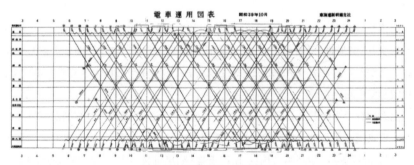

図 2-67 開業当時の車両運用

開業の日、東京駅19番ホームで開業式、1Aのテープカットが石田禮助総裁の手によって行われたが、前総裁の十河信二を追い落とした官僚は、新幹線生みの親である十河信二も、島秀雄もこの華やかな開業式に招くことはなかった。

　石田が「私がテープを切るのは筋違いだ」として、十河家に使者を立てたとされるが、当時国鉄で事務当局とパイプ役を務めていた息子の十河和平はそのような事実は知らないとし、父・十河信二と新幹線開業の話は何度もしてきたがそのような話は一度も聞いたことがないという（要旨：新幹線を作った男　島秀雄物語　高橋団吉著）。石沢應彦と共にIS式台車を開発した島秀雄の子息、島隆も2008年11月8日0系ラストランの挨拶の中で、開業式に招かれなかった父の無念さを静かに話していた。

　10月1日、設定ダイヤは東京〜新大阪「ひかり」14往復4時間運転・「こだま」12往復5時間運転。「こだま」東京〜名古屋3時間10分・東京〜静岡1時間35分それぞれ一往復・「こだま」新大阪〜静岡3時間20分・新大阪〜名古屋1時間40分それぞれ1往復であった。栄光の一番列車1A（ひかり1号）の運転士は本務が大阪運転所 新大阪派出所・山本幸一（2回生）・補助が井月正司（5回生）、上り2A（ひかり2号）の運転士は本務が東京運転所 東京派出所の大石和太郎（3回生）・補助は関亀夫（4回生）・添乗検査は榛沢勇二であった。

　開業当時のダイヤは折込で示した。当時の列車本数は極めて少なく、「超特急ひかり」4時間、「特急こだま」5時間運転で、それぞれ1時間に1本しかないことがわかると思う。まだ三島駅もなく、今のダイヤとは大きく異なるので、比較してもらいたい。

　開業の日は赤飯と2合瓶が配られ、乗務が終わった者にはお神酒が振舞われた。東京運転所長は瀧口範晴・副所長 山田新一・総務科長 鶴間道好・検修第一科長 宮坂崇躬・検修第二科長 田口正雄・列車科長 川俣壽雄。検修助役9名・電車検査掛兼助役13名。東京派出所は別表の通りである。大阪派出所については大阪運転所の4回生の仕名野完治のお世話になったが、そのほかの管理職

2.4 本線開通に向けて 261

をはじめ史実については時間が経ち過ぎている上JR東海・西日本共に国鉄時代を完全否定するかのように資料をほとんど廃棄してしまったため管理職をはじめ史実についてはまったく把握できなかった。

乗り組み基準の中で本務と補助という制度ができて、仕業票で指定されていた。乗務員には明治以来は乗務旅費が支給されていたが、伝統的に運転士に最

表2-18 開業時の運転所のメンバー

1964（昭和39年）10月1日 東京運転所・東京派出所 名簿			
派出所長	電車運転士		事務掛
野上 睦	菅原音次郎	渡部健生	松永新司
助役（指導科長）	杉沢 嘉	電車運転士兼機関士	検査掛
望月 博	配島啓次郎	青島 正	岩田 勲
助役（運転科長）	林 佐多夫	秋山信雄	大橋初男
松波 肇	大石和太郎	石森一雄	寺島克己
助役	小柳津 哲	荻原勝衛	整備指導掛
石川登久次	勝田 実	坂井裕哉	桑原政治
磯端歳治	北川 章	関 照雄	整備掛
倉川好治	杉原成雄	代田直雄	本多春雄
田口 照	鈴木健治	高橋幸次	厚綿 守
丸崎 昭	中島利之助	武田 實	瀬間 宏
兼務助役	中次 明	豊田儀兵衛	
加藤吉雄	長沼 保	中沢俊彦	
竹生高松	野沢寅蔵	中村一二	
田中 実	法月秀二	中山 巖	
指導運転士	萩原 瑛	野沢幸夫	
榎本光良	深井 周	長谷部秀穂	
柏木博忠	増田 実	平井二郎	
河野久志	松丸 武	平尾 猛	
下井瑛一	丸山人志	若松由男	
永岡卓徳	茂木 博	渡辺久夫	
松浦久男	矢崎昭人	電車運転士	
電車運転士	山田九平	石川三智	
和泉正一	青木太郎吉	磯崎 聡	
一宮裕暉	新井洋治	運転士見習	
岩崎武二	安藤政成	大谷隆司	
小野澤武夫	石川和男		
木村光雄	小高昭夫		
鈴木利彦	岸 善次		
武田兵次郎	佐久間 久		所要員 (97)
津田礼次	佐藤貞二		所長 1
沼上幸雄	関 亀夫		助役（科長2) 7
野尻繍雄	高田春男		兼務助役 3
三上政夫	滝口久米男		指導運転士 6
安川 明	直井三男		電車運転士 62
浅川幸治	本田 昇		電車運転士兼機関士 19
上野文雄	牧林 功		電車運転士見習 1
片倉 稔	三橋達一		事務掛 3
川島由蔵	三好靖男		検査掛 1
小西 繁	柳 修司		整備指導掛 1
小林康三	山脇光秀		整備掛 3

1964（昭和39年）10月1日 大阪運転所・新大阪派出所 名簿			
派出所長	電車運転士		事務掛
実重常吉	山田顕雄	小原康敬	滝川和也
助役（指導科長）	山本幸一	亀井 修	検査掛
片岡民雄	東 馨	木下好弘	奥田純司
助役（運転科長）	植村光定	木村義雄	原田 博
森 太郎	岡田健次	小林一夫	
助役	岡田武士	小林利男	整備指導掛
中川一男	岸野定雄	近藤 猛	不明
松田寅三郎	黒田為生	高岡 實	整備掛
山末 治	田中愈耕	田中解勝	
	辻 善之助	谷尾健治	
兼務助役	若原俊夫	谷川 正	
大川 静	渡辺照美	徳田清一	
川端一男	伊藤 勇	福田 寛	
宮城 清	今村泉二	森 茂樹	
難波一美	浦部文雄	電車運転士	
指導運転士	岡崎史郎	大宮正克	
数田昭二	北村良雄		
植田利夫	小林 武		
浜本善夫	小山儀芳		
鈴木 敬	仕名野完治		
山本三郎	柴田敬彦		
松井俊一	嶋利論一		
電車運転士	清水 武	電車運転士見習	
小川弘一	田中義一		
奥川正則	中土井貞夫		
坂井 等	西村朝雄		
沢田俊雄	西山英雄		
田中保男	早川秀生		
棚倉 守	林長四郎		所要員
平岡順次	松崎 治		所長 1
堀田 積	溝渕幸一		＊助役（科長2）5
市川好文	守屋浩充		兼務助役 4
稲岡誠造	屋根谷政勝		指導運転士 6
岡崎幸一	電車運転士兼機関士		電車運転士 52
小嶋清治	麻生外夫		電車運転士兼機関士 21
白井四郎	井上孝治		電車運転士見習 1
田辺善三郎	家原康寛		事務掛 1
徳川 勝	石田良弘		検査掛 1
林 恒雄	井月正司		整備指導掛 1
松本正巳	尾崎貞雄		整備掛 1
山口 実	小田昭二		＊一部助役の氏名不詳

高額が支給されていた。在来線では乗務距離に応じて計算され、その他にも夜間乗務、決めた月間キロ数を越えた割増等が決められていた。新幹線では区間制をとり、本務が東京〜新大阪780円・補助が600円であった。スタートは本務が受け持ち、途中、三島、豊橋、米原でハンドル交代をしていた。中には零戦のパイロット上がりの人で、本務の時は1人でハンドルを持ち、補助になると本務が用足しや体調不良以外では一切ハンドルを持たない人がいたのを見て、ああいう人が居たから戦争に負けたんだと冗談を言うこともあった。仕業票で、往復ひかり担当の場合は乗務旅費の平均化を図るため片道それぞれ本務・補助となるよう配慮されていた。「こだま」は一人乗務なので本務、911型は2人とも本務扱いであった。新幹線に優秀な人を集めようと国鉄が流言飛語を流している時、私が昭和37年電車運転士科に在学中、新幹線に行くと、旅費が7万円位になると講師が話していた。新幹線に行った当時の私の基本給が25,900円であった。新聞の投書欄に、上野文雄のインタビュー記事を読んだ読者から、新幹線の運転士の賃金があまりにも安すぎるという投書もあった。

　運転士の寝室は個室になり、通勤区間の電車区の慢性的な寝不足の勤務割り、木賃宿のような不潔な寝室から開放されたことは大きな喜びであった。名古屋鉄道管理局からは新幹線は邪険にされ、そのため名古屋の宿泊所は国労会館を使用していた。私も見習い時代は国労会館ではなく、名古屋局の乗務員宿泊所に泊まったが感じが悪く、同室になる車掌もいつも不機嫌であった。新幹線口はバラックが立ち並び、まさに闇市のような感であった。以前は中村遊郭もあり、寝室に行く道すがら職業女性から自衛隊さんと声をかけられることもあった。

　本書では開業の日までの世界で誰もやったことのない出来事を時代に沿ってまとめてきた。

　1964年10月1日東海道新幹線は無事開業の日を迎えた。現在は200km/hというのは鉄道先進国では普通のことになりつつある。この先はヨーロッパの鉄道について少し触れておこうと思う。

第3章　ヨーロッパの高速鉄道

3.1　ヨーロッパの鉄道高速化に貢献した名機DBの103電気機関車

　ドイツでの高速度試験については明治時代に遡る。ドイツでも高速度運転の研究が行われていて、戦前から既に高速運転はしていた。新幹線開業の翌年1965年には200km/h運転用の試作電気機関車E03-001〜4の4両を製作 E03 002が1965年2月18日完成、5月8日ミュンヘン機関区に配属になった。最初の旅客列車200km/h運転が行われたのは、1965年5月26日からミュンヘンで行われた国際交通展覧会IVA（International Verkehrausstellung）の会場とアウグスブルグを結ぶ列車で、10月3日まで約62.9kmを所要26分で結ぶ列車の運行で、

図 3-1　E03 001の試作機　　　　　図 3-2　E03の運転室　LZB（ATC）関連機器
　　　　（E03は1968年に103と改番される）　　　　　は更新されている

図 3-3　IVAでのジーメンス社のパンフレットと、ヘンシェル社のパンフレット（1965年）

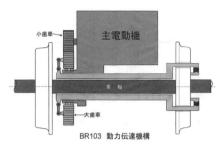

図 3-4　動力伝達機構

図 3-5　103 型電気機関車牽引の
　　　　TEE ラインゴルド

運賃は往復で 4DM（ドイツマルク）であった。

　国鉄の新性能電車では主電動機が中空軸であったが、103 型の動力伝達機構は動力伝達軸が中空になっていて、その中を車軸が通る機構になっている。この方式はのちに述べる ICE-1・2 にも受け継がれてゆく。

　DB（ドイツ連邦鉄道）は 200km/h 運転開始に伴い、先行列車との距離 4.9km

図 3-6　動力伝達の中空軸のカップリング
　　　（出典：DB 103 Arbeitsmappe）

までを制御できる新しい保安 LZB（ATC）を開発、1966 年 5 月 22 日 TEE ブラウアエンツーン（Blauer Enzian）がミュンヘン～アウグスブルグで 200km/h 運転を開始し、その後、量産型の 103 を 145 両製作、1970 年 5 月 28 日、量産最初の 103-109-5 が完成、9 月 8 日ミュンヘン機関区に配属され、優等列車 TEE・IC の 200km/h 運転の先頭に立った。ラストナンバー103-245 は保存機に指定されている。103 の運転室には機関士の乗務中の食事に備えて温冷蔵庫や救急箱も整備され結線図と故障応急処置の分厚いブロック図が搭載してあった。主幹制御器は丸ハンドルで合計 39 ノッチ、急遽非常制動手配を取る時は 39 ノッチからノッチオフまでの工程が長いので、マスコン中央に即断スイッチが設けられ、それを叩いて主回路を即断にして非常ブレーキ手配を取る。ド

3.1 ヨーロッパの鉄道高速化に貢献した名機 DB の 103 電気機関車　265

イツの機関車のブレーキ弁はミュンヘンのクノール社（Knorr）社製のセルフラップのブレーキ弁で、制動管を減圧する旧来の方式である。103 型以降の電気機関車は、電気ブレーキと空気ブレーキのハンドルは独立しているが、電制

図 3-7　103 型の運転室

図 3-8　TEE ラインゴルドにはバブル期の日本人観光客対象に車内には日本語のパンフレットもあった

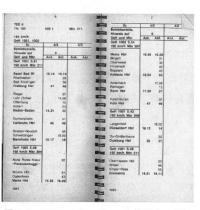

図 3-9　TEE ラインゴールド機関士の運転時刻表

は空制操作で機械的に連動して動くようになっている。したがって空制と電制を機関士が好きなように選択してブレーキをかけることができる。

1974年からミュンヘン・ブレーメンに200km/h運転の電車BR403を製作し、ヘルメス、アルブレヒト・デューラーというインターシティーに充当していた。

図3-10　BR403 Bremen　　図3-11　BR403の運転室（正面がLZB初期型）

しかし陸続きのヨーロッパで国内運用しかできない電車は運用に不便をきたした。結局ドイツがICを電車化に踏み切るのは1999年ICE-3登場を待たねばならなかったが、電車化には日本の影響力が強い。403型はその後、デュッセルドルフ～フランクフルトのルフトハンザの走る「飛行機」として運行され、旅客は航空券で搭乗していて機内食のサービスもあり、運転士にもパイロット並みにトレーに乗せられた機内食が提供されていた。

103型の後継機としてDBは5600kWのインバータ方式の万能機関車120型の開発に着手し1979年5月14日120 001がDBに引き渡され、1979年6月8日から7月1日IVAに展示された。1980年8月13日ツエレ・ウエルツエンで231km/hの記録を樹立するが、この120型がICEの原型になってと言える。後に120型の教育を受けた機関士は、ICEの授業時間が短縮されるという話を聞いた。日本では要員不足から100系導入時も長期の充分な教育は行ってもらえず、自習に頼る方式であった。

1986年6月にDBを訪問、その後、年来の友でICE開発の中心になるDB

の技師 L の案内で、試作の 120 型に乗せてもらったが、私のために特に運用に充当してくれたとの話を聞いて恐縮した。試作の関係からか、速度設定レバーや AFB は付いていなかった。ハンドルを担当した技師 L は、一級の機関士としての最高の技量をもっていた。彼は現場の意見を常に尊重し、複数の異なった意見の決定は自分で運転して決めると話し、担当機関士が翌日、彼の事務所に意見交換に来るという話をしていた。120 型はその後、103 型の後継機として量産される。最後まで残った試作の 120 001 は 2004 年シュツットガルト郊外で計測車を牽引中正面衝突事故に出会い、機関士が死亡、大破して廃車になった。

図 3-12　ICE-V のモデルになった 120 型試作機とその運転台

図 3-13　速度設定レバーが未設置

3.2　フランスの新幹線 TGV

日本で高速鉄道の開発の話題は鉄道先進国ヨーロッパの鉄道にも大きな影響を与えた。ドイツに遅れること約 2 年フランスは鉄道の高速化に乗り出し 1967 年 5 月 28 日パリ〜ツールズを運行する*TEE74/75・77/76 キャピトル（Capitole）が機関車牽引で一部区間 200km/h 運転を開始、1971 年にはパリ〜ボルドーを運転する TEE アキテーヌ（Aquitaine）も一部区間で 200km/h 運転を行う。

*TEE = Trans Europa Express、1957 年オランダの提唱で始まったヨーロッパの特急列車。国際列車で、オール一等車で食堂車の連結も条件に入っていた。

図 3-14　TEE キャピトル

図 3-15　TEE アキテーヌ

図 3-16　200km/h 運転の電気機関車 CC6510

図 3-17　CC6510 運転室

　1964 年 10 月 1 日、新幹線が開業すると多くの人たちが見学に訪れ、運転台への訪問者も多かった。フランス国鉄総裁は十河信二こそ鉄道の救世主であると絶賛した。前述した 1955 年 3 月 28 日 331km/h の高速度試験の後は日本の新幹線に影響された。欧州での新幹線計画はフランスが真っ先に開発に取り組み、TGV（Train à Grande Vitesse）の研究を進め、ガスタービンによる TGV001 を試作し 1972 年 12 月 8 日に 318km/h を記録する。しかしオイルショックによる石油の高騰で電気方式に計画を変更し、TGV-PSE（Paris・Sud・Est＝南東線）を開発、試験を重ね、1981 年 2 月 25 日 371km/h の速度記録を樹立した。更に翌 26 日には 380km/h と世界記録を更新し、1990 年 5 月 18 日 TGV-A が 515.3km/h に記録を塗り替える。

3.2 フランスの新幹線 TGV　269

図 3-18　TGV-PSE16 に付けられた 380km/h のプレート

図 3-19　SNCF の技師から頂いた 515.3 km/h 記念のキーホルダー

　その後、2007 年 4 月 3 日 TGV-POS が Paris Est 起点 113.7km の Champagne ～Meuse の区間 99.9km で高速度試験を行った。架線電圧、通常 25kV を 31kV に昇圧、機関車の出力を約 68％上げて 13：13 に 574.79km/h と世界記録を更新した。

　私は開業直後 TGV を見に出かけたが、印象に残ったものを紹介する。1981 年 9 月 27 日、パリ～リヨン間 417km、最高 260km/h 運転の TGV 南東線が開業した。この線はトンネルを避けたため最急 35‰ の勾配区間が存在する。TGV は日本の新幹線と異なり、同じゲージの在来線にも直通することができる複電圧車である。TGV 区間は AC25kV 50Hz、在来線は DC1500V、在来線・TGV 区間の切換はパンタグラフと機関車内の交直切換回路で行う。日本では運転中のパンタグラフの上昇操作は禁止されているが、ヨーロッパの鉄道では

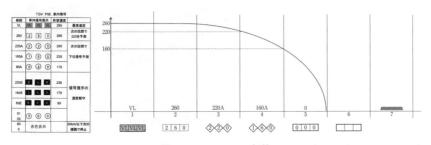

図 3-20　TGV-PSE 信号
開業当初は 260km/h 運転であったが、現在は 270km/h 運転である

ごく普通に行われている。当時、パリの TGV 基地でパンタグラフの上昇・下降を見せてもらった。特に、交流用の高速用のパンタグラフの上昇は架線に接近する時非常に緩やかに架線に接触するのが印象的だった。高速運転区間 ATC に似た車内中継の保安装置を装備しているが、在来線は最高 160km/h 運転で地上信号機による運転である。

信号と速度の関係で信号区間に入る前に手動でブレーキをかける。在来線から TGV 区間に接近すると 300m 手前から 100m おきに標識があり、信号も自動で切換る。TGV は CTC で運行管理されていて、パネル盤で指令員が監視しており、私は南東線の時代に一度だけ見学させてもらったことがある。また、開業直後にリヨンからパリまで運転室に添乗する機会に恵まれたが、当時の 8 ミリ映像は今になると貴重なものである。

フランスでは在来線区間は一部 160km/h 運転を行っているので、速度制御は 160km/h から機関士の地上の信号機による運転だが、TGV 区間では地上信号機はないので、TGV 区間の保安装置があるのは当然のことである。

TGV に限らずヨーロッパの新幹線は在来線との直通運転を行っている。したがって電化方式の切換が必要になる。TGV は走行中運転士が高圧回路を遮断し、セクションで交直・パンタグラフ切換を行ってハンドルを抜き取り、高圧回路を切換えた後、再びパンタグラフを上昇させる。TGV-PSE では切換操作ハンドルは 1 つで、運転士は順番を間違えないようにパンタグラフを下げて

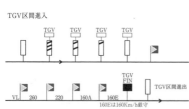

図 3-21 閉塞区間の境界を示す標識 TGV を輸入した(韓国 KTX にもある)

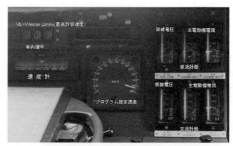

図 3-22 TGV-PSE VL 信号と計器類

3.2 フランスの新幹線 TGV　271

図 3-23　TGV-PSE 運転台
ブレーキ弁が極端に小さい

図 3-24　在来線を行く TGV-PSE

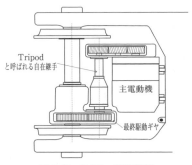

図 3-25　TGV の駆動装置

図 3-26　Tripod（出典：SNCF TGV Direction du Matèriel より Photo MTE）

切換ハンドルを抜き取った後、台の上においてルミテックス表示板で架線状態を確認してパンタグラフ・高圧回路の交直切換を行う。TGV-A（アトランチック）や POS ではハンドルに依らず、スイッチで行う方式になった。

その後 TGV-A は広く乗り入れを開始し、ミラノにも直通する列車もできたが現在は更に広範囲に相互後入れを行っている。また、二階建ての TGV や黄色の郵便 TGV も誕生した。

272　第3章　ヨーロッパの高速鉄道

図 3-27　TGV-A（ストラスブール駅）

図 3-28　TGV-A の運転室

図 3-29　TGV-A の連接部

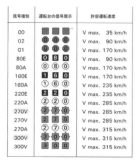

図 3-30　TGV-A の ATC 信号

　TGV-A は最高速度 270km/h 区間と 300km/h を運転するが八角形の信号、信号種別 .80A.160A のように A が付いているものが次区間の予告、黒塗り 80E、160E、220E はその閉塞区間の運転速度を規制する信号である。

図 3-31　TGV-A

図 3-32　二階建て TGV

TGVは高速区間は車内信号方式であることはすでに述べたが、TVM300およびTVM430と言われる保安装置を搭載していた。TGV-POSはドイツ乗り入れに際し、LZB（Linienförmige Zugbeeinflussung）も当然搭載されている。

フランクフルト～パリ東駅にはICE-3Mが充当され、パリ東駅～ステュットガルトはTGV-POSが乗り入れ、320km/h運転を開始した。長距離の一等客には車内食が出る。

図3-33 TGV-A 300 信号（2007年6月9日）ICE-3・TGV-POS

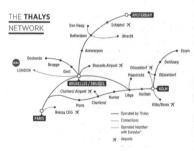

図3-34 タリスネットワーク

図3-35 パリ北駅のタリス（左）とTGV-A（右）

THALYS（タリス）というのは短縮語ではなく、言葉である。THALYSはSNCF・SNCB・DBAGが出資した高速鉄道会社のことで、本社はベルギーのブラッセルにあり、上記のネットワークを形成している。車両はTGVを使用しておりICE-3のように多電源方式で、当然ながら各国の保安装置を搭載している。

図3-36 TGV-A（左）とTGV-POS（右）の連結

図 3-37　パリ東駅の ICE-3（左）と TGV-A　　図 3-38　TGV-POS

図 3-39　TGV-POS の運転室

3.2.1　Lyria の運行ネット

　THALYS のほかに 1993 年 5 月 23 日 SNCF と SBB 共同出資した GIE TGV France-Suisse が運営する TGV-Lyria がフランス〜スイスに運行されている。編成は 1 等車 3 両、2 等車 4 両、バー 1 両 8 両編成であるが、1 両の車両長は 18.7m の連接車で小型である。1 等車の乗客には時間帯によって、無料の食事、軽食、飲物が座席まで運ばれるほか、SBB も含めてラウンジが使用できる。

　Lyria は Paris Lyon とスイスの Zürich・Lausanne/Neuchâtel・Interlaken・Genève を結ぶ他に、Nice〜Genève と Lilie Europa〜Genève を結んでいる。

TGV-POSの運転室はとても狭いが定員は4人の表示がある。発車合図はドアが完全に閉扉すると、チャイムがけたたましく鳴動する。主幹制御器の従来の丸ハンドルからレバー式になり、運転時刻表台を挟んで左右双方で操作でき、電制・非常ブレーキも扱えるようになっている。マスコン操作は日本と逆で、押して牽引力強、引いて弱、OFF位置は垂直である。電気ブレーキは引いて強、手前に強く倒すと非常ブレーキが動作する。ブレーキ弁はセルフラップではなく、常時、重なり位置を取るような感じである。運転室内にはいくつものSOSスイッチがあり、ゴチャゴチャしていて、友人のDBの技師Lは日本とドイツがベストであると評している。ヨーロッパのブレーキ方式は旧来のブレーキ管を減圧する方式であるが、SNCFは手前に倒すとブレーキ管を減圧し、垂直位置に置くと重なり、奥に押すと緩めになり電気ブレーキも連動して動作する。圧力単位はバールを使用している。速度計もデジタルではあるが、連続動作する方式で、日本の100系や300系の見難い表示と異なり、アナログ感覚の表示になっている（最近のJRの電車の速度計も同じように動作していた）。保安装置もフランスとドイツでは異なり、双方に対応可能になっている。

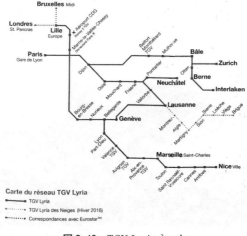

図3-40 TGV Lyriaネット

3.3 ドイツの新幹線 ICE

鉄道高速化の元祖は何といってもドイツであり、私はドイツの新幹線 ICE の開発から黎明期、完成と歴史を見る機会に恵まれてきたので、ドイツの新幹線について少々詳しく書いてみたい。

3.3.1 試作車 ICE-V

DB（西ドイツ国鉄）は、1982 年 5 月、ICE 計画を立ち上げ、翌 1983 年 10 月から ICE 試作車 Intercity Experimental（実験用 ICE）の製作に着手した。1985 年 3 月 19 日エッセンのクルップ社で牽引機 410 001 が、4 月 3 日にカッセルのティッセン・ヘンシェルで 2 番目の牽引機 410 002 が完成し、ミュンヘン・フライマン工場に運ばれ、7 月 31 日ドナウヴェルトの MBB（Messerschmitt, Bölkow, Blohm, Donauwörth）で中間車も完成する。

中間車は 810-001・002・003 の 3 両。デモ車両 810-001 は 1 等車室とラウンジ・002 は 1 等と 2 等の合造車 003 は計測車である。出力は 8400kW、1 両の試験車と 2 両の中間車の 5 両編成最高速度 350km/h。9 月 27 日にミュンヘン・フライマン工場からインゴルシュタット一往復試運転を行い、11 月 14 日初の 300km/h、19 日には 324km/h をマークした。ビュルツブルグ近郊に「モデル線」を作り種々のテストを重ね、1988 年 4 月 29 日には 404km/h をマーク、5 月 1 日には 406.9km/h の世界記録を樹立した。

図 3-41　ビュルツブルグ試験線の ICE-V

図 3-42　ICE-V の運転室

ICE-V には電制・空制の他に渦電流ブレーキが装備され、軌条とマグネット間隔を 7mm 一定に保つ非粘着のブレーキもテストされた。すでに述べたがこの方式は日本の国鉄では 1971 年にすでに 951 試験電車でテストを開始していた。しかし当時の国鉄は赤字で官僚、事務屋から技術に対し充分な理解が得られず開発費も捻出できなかった。また保線部門の反対もあり、この計画は実現できなかった。レールと台車に渦電流を発生させる方式は発熱も大きく、結局 DB も ICE-3 が登場しスラブ軌条のケルン新線が開業するまで実用化されなかった。なお、ICE-V は試験車であるため、*単弁を持っていた。

*単弁＝単独ブレーキ弁・機関車のみ作用するブレーキ弁

図 3-43 渦電流ブレーキのマグネット

図 3-44 ICE-Vの渦電流ブレーキ用マグネットと連結面（ミュンヘン・フライマン工場にて）

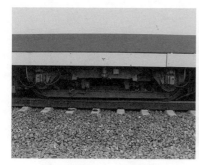

図 3-45 ICE-V の電動台車

図 3-46 ICE-V の付随台車

図 3-47 ICE-V 計測車の室内

図 3-48 ICE はセンターピンを使わない

3.3.2 ICE-1

　1991年6月2日ドイツに新幹線が誕生した。名付けてICE（Intercity Express）、ハンブルグからミュンヘンを結ぶICE区間が開通した。このうち開業当初の高速区間はハノーファー～ビュルツブルグ324kmとマンハイム～シュテユットガルト99kmで、この区間をNBS（Neubaustrecke）新設線と呼んでいた。

　1987年ニュールンベルグにあるDBの工場内に全車種の木造の原寸大のモックアップを作り、そこで種々の検討が加えられていたのを私も見せてもらった。

　1989年9月26日、最初のICEの動力車401 001がミュンヘンのクラウスマッファイでロールアウトし、9月11日最初の中間客車がザルツギッターのLHB

図 3-49 ニュールンベルグの工場内に作られた食堂車のモックアップ

図 3-50 開業前ICとして運用に入ったICE-1

(Linke-Hofmann-Busch)でロールアウトし、11月22日にハンブルグ・アイデルシュタットのICE基地が完成する。

ICE-1は前後に動力車を持ち、最大14両まで中間客車を連結できる。1991年6月2日25本のICEが運転開始する。編成は1等車4両、

図 3-51　Hamburg Eidel Stadtのプレート

2等車7両、会議室と車椅子設備を持った2等車1両、食堂車1両の13両の客車を連結していた。一等車・二等車共にコンパートメントと開放車室に分けられていて、座席は方向転換はできない。ヨーロッパでは行き止まり式の駅が多く、度々、進行方向が変わる。

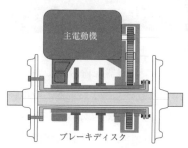

図 3-52　ICE-1　動力伝達簡略図

図 3-53　ICE-1 動力伝達機構

動力伝達は日本では電動機が中空軸になっていたが、ICEは103と同じように車軸が動力伝達の中空軸を介するシステムになっている。またICEでは動力車の動力伝達軸にブレーキディスクを設けたため、その分を電動機と空間を設けるために、もう一段ギヤを噛ませている。その略図を示す。ICE-1は台車

図 3-54　ICE-1の動力伝達部

図 3-55　ICE-1の電動台車

にコイルバネを使用しているが、乗り心地はまったく問題ない。

　付随台車はディスクブレーキに依っているが、新幹線と異なり、ディスクブレーキを常用しているため、一枚のディスクに全制動力を持たせるとディスクの摩耗が大きいこともあり交換周期が短くなり、ロングランに際し支障があるので、4枚に分散している。付随台車は写真のようになっている。

図3-56　付随台車ディスクブレーキ　　図3-57　電磁吸着ブレーキ用マグネット

　ICEの運転台は120型をモデルに製作されていて、機器配置も似ている。ICEは動力集中式であるが、固定編成のため単弁は設けていない。ドアの鎖錠操作も運転士の仕事である。戸じめ表示灯は日本と違い運転中は消灯している。停車後に運転士がドアのロックを解錠し、乗客は緑の押ボタンを押して開扉すると黄色のドア表示灯が点灯する。発車前になると点滅動作を繰り返し、点滅動作が止むと全ドア閉扉、運転士はドアロックを行う。ICE-1／2の運転室のあり様を示す。

3.3 ドイツの新幹線 ICE　*281*

図 3-58　ICE-1/2 の運転台

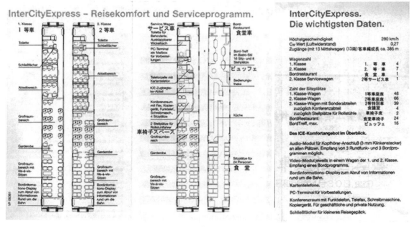

図 3-59　開業時の車両案内

282　第3章　ヨーロッパの高速鉄道

開業当初はドアのや新しい方式の便所のトラブルも多々あった。ICE のカッセル新駅では便所の設置を忘れていたという話も聞いた。1992年9月27日から初めて国境を越えてチューリッヒに乗り入れ、1993年5月23日、ミュンヘン・フランクフルト・ベルリン ICE 区間 6 として設定され 6 月 3 日ベルリン乗り入れを開始した。ICE は他の機関車同様、運転士の乗務中の食事に備えて運転室には温冷蔵庫も備え付けられている。コーヒーは有料だが半額、DB では一等車では車掌が車内販売も行っている。運転士は車掌に依頼すると運転台まで車掌がコーヒーの出前をしてくれるため、私も幾度か運転士におごってもらった経験がある。ドイツでは運転士の連続乗務時間が法律で定められていて、連続5時間（トラックは4時間）を超えての乗務は禁止されていた。ただし駅中間で停止した場合は最寄駅まで運転の義務があり、最寄駅で30分以上の休憩

図 3-60　開業記念切手

図 3-61　運転室の温冷蔵庫と救急箱と補修部品入れ

図 3-62　ICE ベルリン乗り入れの郵便封筒

図 3-63　ICE-1 のブレーキ力・牽引力と速度計　左から2番目の「T」が戸閉表示灯

を取るか交代を待つ必要がある。このためドイツでは一部の JR のように無制限に運転させられることはない。

3.3.3 ICE-2

ICE 区間も増えていくと、それに対応する ICE の運転が求められ、分割併合可能な ICE、ICE-2 を開発する。1993 年 12 月 29 日 DB は 44 編成（半編成）の ICE-2 を発注するが、機関車は 46 両。この時は制御車 808 は発注していない。後に 2 両の 402 は ICE-1 の代走を務めたこともあったが 402 013・014 の 2 両が ICE-S に改造される。ドイツ交通省は 80 年代からベルリンから各地への新しい ICE 区間を考えていて、1989 年の東西ベルリン接続を期にベルリン～ハノーファー・ケルン、ベルリン～ハノーファー・ブレーメン建設を計画する。

1998 年 9 月ハノーファー～ベルリン 153km の高速線が開通し、250km/h で運行が開始され、その後 ICE-2 が、ボン～ケルン～ハノーファー～ベルリンに充当される。402 001～402 011 をはじめ付随車も 1996 年 9 月 27 日付で DB の車籍になるが制御車 808 は遅れて発注 808 003・007 が 1998 年 8 月 27 日最初

図 3-64　ICE の編成図

図 3-65　ICE-2 連結部を開いたところ

図 3-66　ICE-2 連結器の電気接点

図 3-67　中間の連結部の電気接点

図 3-68　ICE-2 連結状態

の車籍をえる。ICE-2 は半編成で機関車 1 両 1 等車 2 両・2 等車 3 両・サービス車両（食堂 23 席・ビュッフェ立席 15）1 両制御車（一部荷物室＝自転車）の編成で、現在は全面禁煙になっているが当時は喫煙車も存在した。

ICE-2 は牽引機は ICE-1 に準じているが、客室は子供連れ旅客用のコンパートメントを除き、開放車室のみになっている。半編成単位で分割併合で、先頭車には自動連結可能な設備がある。台車は空気バネに変わった。

3.3.4　ICE-3

フランクフルトからケルンに至るライン川沿いの線はライン川を挟んで、左右に鉄道が通っているが、左ラインが主要列車の区間であり、延長 222km の車窓風景は明媚である。1985 年に高速新線のプロジェクト（BVWP）を立ち上げ 1989 年 12 月 20 日 A3 アウト - バーンと並行して高速新線

図 3-69　ICE-3

の建設を決定する。1995 年 12 月 22 日 DB は 300km/h 運転の ICE-3（国内用）を 37 編成、ICE-3M（異電化区間直通型）13 編成、計 50 編成発注し、更に 1996 年 12 月 14 日オランダが ICE-3M（NS）4 編成を発注する。ライン・マ

イン高速新線は当初2002年12月15日に開業を予定していたが、4ヶ月以上繰り上げて8月1日の開業になった。新たに開通した（ケルン、ライン/マイン高速新線）この線は高速専用線で、途中に40‰の勾配があり、起伏が激しくトンネルが29あり、その延長は45.357km、橋梁が18、その延長は6052m、全線がスラブ軌条で延長は177kmである。勾配は上る時には走行抵抗になり、下る時は抵抗を減少させるが40‰の勾配は大きく影響する。ちなみにTGV南東線では最高35‰であった。ケルン新線については鉄道ファン499号に開業ルポの拙稿が掲載されている。

図 3-70　40‰の急勾配

図 3-71　渦電流ブレーキのマグネット

2001年12月4日にはケルン・ボン空港線の工事が着工。10月8日には高速度試験車ICE-Sが200km/hでの計測運転に成功、10月22日ICE-3が試運転を行い、12月5日にはICE-Sがフランクフルトとモンタバウアーで初の330km/h走行を行っている。この線は緊急時の救援用に2両のディーゼル機関車216型2両がリンブルグに配備されている。

開業当初は座席指定料金が2.6ユーロに対しドイツ版「のぞみ」料金は12ユーロを取るがその後は廃止になった。

私は開業初日に新線に乗るべくドイツに飛び、上記の列車でケルンからフランクフルトに向かった。

当日、フランクフルトでICEの父Kにばったり出会った。彼は初日にお付もなく独り運転状態を終日見ていて、終列車が無事着いたら帰ると言っていた

が、私のような外国の一運転士にも気さくに接してくれ、その人柄や鉄道への
エンジニアとしての熱い思いに感慨を覚えた。Kからは後日、自らのICEの
著書をサイン入りで頂き、私の宝になった。

　かつて国際列車はSBBの*ARe TEE Ⅱのような4電源方式のような例を除
くと、電化方式や政治体制の違いで国境で機関車を交換していた。近年、半導
体の進歩で高性能な素子が安価で入手でき、鉄道もインバータ制御が主流に
なった。電化方式を選ぶことなく直通運転が可能になり、ドイツでもICE-3
で電車方式の選択をした。これは日本の新幹線の電車化での成功により、動力
分散技術の優位性について理解されてきた結果であろう。私の友人DBの技師
Lも日本の新幹線を絶賛し、電車の優位性を主張していた結果ICE-3の電車
化につながり、JR東海のモリムラからWNについて貴重な提言を受けたと折
に触れ語っていた。ICE-3は8両編成、4両の動力車を持ち、出力8メガワット、
牽引力300KNのハイパワーを持つ。国内線用のICE-3と国外も乗り入れる
ICE-3M（多機能型）があり、オランダ国鉄もICE3Mを購入、スペインや中
国も購入している。動力伝達方式は日本と同じ保守も簡単で信頼性の高いWN
方式を採用している。

＊ARe TEE Ⅱスイス国鉄が1961年に製作した中間に（A1A）（A1A）の機関車をはさみ6両編成
　でAC15kV 16 2/3Hz・25kV 50Hz・DC3kV・DC 1.5kVと4種類の電化区間を直通運転できる
　列車である。

図3-72　ARe TEE Ⅱ

図3-73　ARe TEE Ⅱの運転室

3.3 ドイツの新幹線 ICE　287

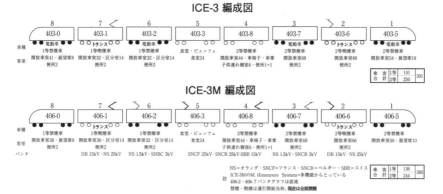

図 3-74 ICE-3 編成図

ドイツ・スイス・オーストリアは AC15000V 16 2/3Hz で、位相も統一されているが他に様々な電化方式があり、ICE3-M 上図を参考にして頂きたい。パンタグラフも国によって電化方式の他に設備上の違いもあり、運転士はそれぞれの電化区間に応じた切換を行う。DB は AC15kV 1950mm、SBB は AC15kV 1450mm、NS は AC 区間 AC25kV、DC 1.5kV 区間は何れも 1950mm、SNCF と SNCB は AC25kV 1450mm、SNCB の DC3kV 1950mm と 6 種類あり、それぞれに応じてパンタグラフを使い分ける。

ICE-3M はドイツ・オランダ・フランス・ベルギー 4ヶ国の電化方式に対応している。SNCF25kV LGV とあるのは「新幹線」Ligne a Grande Vitesse の

図 3-75 ICE-3 の電化方式の切換表示

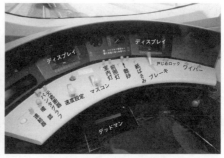

図 3-76 ICE3 運転台機器配置

288　第3章　ヨーロッパの高速鉄道

図 3-77　LZB のパネル　　　　図 3-78　ディスプレイに表示された線路図

図 3-79　線路図（運転速度表）と運転時刻表

略である。LGV も LGV1（Paris-Lyon）、LGV 2（Paris-Le Mans）がある。客室設備も運転室の後ろに展望席が設けてあり、中間には子供連れ車室も設けてある。

　運転台後ろの配電盤下の書棚には写真ような運転時刻表・速度帳が収められていて、運転士は自分の列車の時刻表を探して運転していたが、後に電子化されてディスプレイに表示されるようになってきた。

　LZB の表示のある区間はそのまま LZB の支配を受けて運転するが、LZB が使えなくなった時は速度表の指示速度で運転する。運転時間は日本のように正確ではなく、運転士はどんどん飛ばすので、早い時には 7 分早着ということもある。以前、DB ではエネルギー節約運動などと云っていたが、定時運転こそ、最高のエネルギー節約である。国鉄時代の日本人の運転は世界一高度の運転技量を持ち、運転に携わる者はその性能をギリギリ目いっぱいに引き出して運転していた。

3.3 ドイツの新幹線 ICE 289

図 3-80　食堂車の室内

図 3-81　ビストロの内部

　客室内の様子を示す。ビュッフェは立ち席である。ICE-3 は以前触れたように、パリやオランダにも乗り入れているが、ドイツからアムステルダムに行くには、ベルギーも通るので、ベルギーの電化方式にも対応しなければならない。
　ICE-3M は、他区間に乗り入れるので、9つの異なった保安装置に対応する

図 3-82　フランス乗り入れの ICE-3M

図 3-83　ICE-3 のデッキにあるディスプレイ

図 3-84　ICE-3 の連結状態

図 3-85　NS（オランダ国鉄）の ICE-3

ようになっているが、やがてヨーロッパの保安装置ETCSがヨーロッパ内に設置されると、こうした複雑なこともなくなり、異電源区間の切換も自動で行われるようになる。現在のICE-3M関連の保安装置の概略は右のとおりである。

3.3.5 ICE-T

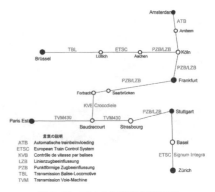

図 3-86　ICE-3 保安装置簡略図

ICE網が全国に広がり、亜幹線にもICEが乗り入れて200km/h運転区間が拡充してきた。それに対応するため、曲線区間の通過を容易にするように振り子車両の開発に取り組んで来て、フィアットの技術を使った振り子型気動車610を開発した。1992年5月、ニュールンベルグ～バイロイト～ホフ（127km）に投入した結果、到達時分は25分短縮された。イタリア国鉄もそれに先駆け、フィアットが開発した振子技術を活用1987年に試作ETR401を製作し、その後ETR450・460・470・480の開発に取り組み、ETR470はCisalpinoとしてミラノからゴッタルド峠を越え、チューリッヒ経由ステュットガルトに乗り入ていた。ICE-Tはチューリッヒ～ステュットガルトに充当されている。運転士の話によると振り子の動作はETR-470の方がスムーズであるという。

図 3-87　ゴッタルド峠ジョルニコの三段ループを下りてきたETR470

図 3-88　ETR470の運転室

3.3 ドイツの新幹線 ICE　*291*

図 3-89　ICE-T

図 3-90　ICE-T の運転室

　DB は 1994 年 12 月 9 日にフィアットの技術を応用した振り子型の ICE-T、7 両編成の 411 を 32 編成、5 両編成の 415 を 11 編成計 43 編成を発注する。ICE-T は従来の電車と異なり、床下に装着した電動機の推進軸を介して駆動する方法で、これはイタリア国鉄の ETR470 も後に示す、ポルトガルのアルファ・ペンデュラーも同じ方式を採用している。

図 3-91　床下に装着された電動機

図 3-92　ギヤボックスの様子

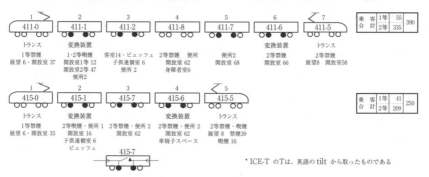

＊ICE-T の T は、英語の tilt から取ったものである

図 3-93　ICE-T 編成図

ICE-T は当初、IC-T と言われ、投入はベルリン～ミュンヘン（旧東ドイツ区間経由）・フランクフルト～ドレスデン・カールスルーエ～ミュンヘン～ザルツブルグ・ステュットガルト～シャフハウゼン～チューリッヒであった。

ステュットガルト～シャフハウゼン～チューリッヒはイタリアのチザルピーノ（ETR470）も走っていて、ステュットガルトからミラノまで直通運転していたが、ICE-T はチューリッヒまでであった。

ベルリン～ミュンヘンの区間では、インゴルシュタット～ニュールンベルグ間 300km/h 運転の高速新線区間を通るが、ICE-T は性能上最高 230km/h までしか出ないので、LZB もその支配を受け目的速度は 230 までしか表示されない。

図 3-94　ICE-1 と ICE-TD

図 3-95　スペイン国鉄の ICE-3

3.3.6　ICE-S

1997 年 6 月 6 日 DB 中央技術研究機関（FTZ）に新しい高速試験車が配置された。牽引機は、ICE-2 の 402 13・402 014 の改造機で 401 101・410 102、10 中間車は 410 201・202・410 801、3 両の中間車を持ち、中央が計測試験車 410 801。410 201・202 には片方の台車に 2000kW の電動機を装備し、牽引機の 4800kW × 2 = 9600kW との合計は 13,600kW のパワーを持つ。ケルン新線の開業でも活躍した。

図 3-96　ICE-S 410 102

図 3-97　ICE-S 運転室

図 3-98　高速試験車 ICE-S の速度計目盛は 450km/h

図 3-99　410 801 の台車に装備された渦電流ブレーキのマグネット

3.3.7　ICE の大事故

　1998 年 6 月 3 日、ツェレに近いエシェデ近郊で ICE が脱線転覆して、跨線橋に激突した。101 人が死亡し、100 人以上が重傷を負う大事故となった。当初は跨線橋から落ちた車に衝突したという情報も流れたが、緩衝の弾性ゴムを挟んだ車輪が原因で、タイヤが外れたことが明らかになった。これは日本では考えられないことである。

　かつて近鉄・近畿車両に勤務していた故今津勤は「まさか、ドイツが高速鉄道に弾性車輪を使うとは」と驚きを隠せなかった。彼は、弾性車輪はせいぜい、

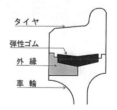
図 3-100　弾性車輪断面説明図

路面電車等の都市交通で使う位の話であると主張していた。日本ではかかる事故が起きることはない。かつての物作り大国、日本の鉄道車輪やベアリングのずば抜けた精度、完成度の高さ信頼度は現在でも世界で群を抜いている。

ドイツの締めくくりに、101電気機関車の運転室の写真と、古典機関車E-94の写真をお示ししよう。

図 3-101　101 電気機関車の運転室

図 3-102　ケルン郊外 101 牽引の IC

図 3-103　古典機 E194 電気機関車

図 3-104　E194 の運転室

3.4 ヨーロッパの新幹線

3.4.1 イタリアの新幹線（ディレッシマ）

　1983年にミラノ～ローマの一部区間にてディレッシマと言われる高速区間が開通し、ETR450による250km/h運転が開始された。フィアットが開発した振り子式の電車で（全車指定席）一等車にはトレーに乗せられた食事が出た。私も乗りに出かけたが、親切な運転士は私が新幹線の運転士だというと運転室に招き入れてくれ、車掌は仲間だといって追加料金を取らなかった。ボローニャではイタリア国鉄の運転士にカプチーノを御馳走になり、ミラノまで折り返し添乗させてもらった。

　新幹線はミラノ～ナポリ間で運行されているが、当時イタリアは客車以外の海外直通列車を運行させようという考えは乏しく、TGVのミラノへの乗り入れ、ETR470がステュットガルトに乗り入れと、DBのBR189という多電源方式の電気機関車やÖBB（オーストリア国鉄）のTaurusが乗り入れている程度である。

　ナポリ～ローマで、最初のディレッシマ区間のフィレンツェ～ローマはDC3000Vだが、後はAC25kV 50Hzを使用している。ETR470、480共に駆動装置はICE-Tと同じ方式を採用しているが、ドイツの運転士の話では振り子の作用についてはICE-Tよりは、ETR470の方がなめらかであるとのことであった。

　その後、ETR480も投入し、ETR500を投入、新幹線ディレッシマが開通して300km/h運転開始、運行の定時性についてはディレッシマやEC（オイロシティー）に関してはかなり正確で、かつてのイタリア国鉄のイメージとは程遠い。

図3-105　イタリアに乗り入れるÖBBのTaurus 1216

図3-106　ETR450

図3-107　ETR450 運転室

図3-108　ETR450 の速度計外側の◀は設定速度

図3-109　ETR480

図3-110　バッタをイメージさせるイタリアのETR500

図3-111　ETR500 の運転室

3.4 ヨーロッパの新幹線　297

図 3-112　ETR500

図 3-113　ETR500

3.4.2　スウェーデンの新幹線 X2000

1990年9月にストックホルム～ヨーテボリの間で運行を開始した振り子型の新幹線でICE-2半編成同様に一方に機関車、他方を制御客車による編成で運行開始、200km/h運転である。その後、路線を更に伸ばし、コペンハーゲンにも乗り入れている。車内はオープン座席、福祉の国らしく身障者には優しい数々の設備が設けられている。一等顧客には、飲み物とパンの類いが無料提供されている。

高速区間は車内信号による運転で中央の小さなツマミが速度設定、右に力行と電制レバー、左が空制レバーである。

運転室中央下段にはホテルに

図 3-114　ストックホルム駅の X2000

図 3-115　X2000 の運転室

あるような小型の冷蔵庫が備え付けてあり、運転士の腰掛けはかなり細かい調整ができるようになっている。

3.4.3 ポルトガルの新幹線

ポルトガルの新幹線はリスボン〜ポルトの一部区間で220km/h運転を行っている。充当している車両はアルファ・ペンデュラーであった。イタリア、フィアットの技術とドイツ、ジーメンス・AEGの合作だ。パンタグラフにはジーメンスのレッテルが張ってある。駆動方式は、ICE-Tやイタリアの ETR470 同様の駆動方式、デザインはETR470・480と同じイタリアの工業デザイナー、ジョルジェット・ジウジアーロ (Giorgetto Giugiaro) で車体にその記載がある。運転室の機器はドイツスタイルである。現在どの程度、高速線が増えたのか、工事の進捗状況は不明である。

不十分の誹りは免れないと思うが、人との出会いに恵まれてヨーロッパの新幹線を色々と見ることができた。

これらを見るにつけ、日本の新幹線が世界に如何に大きな影響を与えてきたかよくわかる。

図3-116　リスボン駅のアルファ・ペンデュラー　図3-117　アルファ・ペンデュラーの運転室内部

図 3-118　運転士正面左のパネル

図 3-119　ジウジアーロデザインのプレート

図 3-120　一等車の客室

図 3-121　二等車の客室

3.4.4　ヨーロッパの鉄道に魅せられる

　1978年梅雨時で列車の数も減って休暇の取りやすい時期、親友の萩原功と初のヨーロッパ旅行に出かけた。パリを起点に、フリーの旅で、オランダ・西ドイツ・東ドイツ・チェコを経てウイーンに行き、スイス・イタリアを廻ってパリから帰国したが、その時にドレスデンから東ドイツの特急「ビンドボナ」に乗った。ベルリンからウイーンまで、DR（東ドイツ国鉄）の機関士が3人で750km通し乗務をしていた。新幹線の運転士ということで、ヨーロッパの国々でも多くの知己を得たおかげで数々の貴重な体験ができた。

　この時「ビンドボナ」の車掌Sは我々を運転室に連れて行ってくれたのである。社会主義体制の恐怖を刷り込まれていた私たちは驚いた。その後Sと

は交流を深めて個人訪問ビザを取り、後日に彼の東ベルリンの家には幾度となく泊めてもらったが、マスコミは随分いい加減なことを書くものだということを知った。ただチェコスロヴァキアとオーストリアの国境通過は厳しく、「ビンドボナ」車両の隅々まで点検していて国境通過まで線路の上を監視用の足踏みの車が付いてきた。オーストリアに入る瞬間を皆がカメラに収めていた。

図 3-122　ウイーン・ミッテを行く東ドイツ国鉄の特急ビンドボナ

　今でこそ話題になっているが、1982 年には萩原と東ドイツのノルトハウゼンカからベルニゲローデまで、蒸気機関車の旅を楽しんだ。東西国境近くでは警官が乗り込んできて、写真は撮らないで下さいと言われた。ベルニゲローデは中世の面影が残っている美しい街で、ハルツ山へは今も蒸気機関車の列車が活躍し、高額だが授業（ドイツ語）を受けると蒸気機関車の運転ができる。この時にもしドイツ語ができたらさぞや楽しいだろうと思い、ドイツ語の勉強を始めた。

　東ベルリンのフリードリッヒシュトラーセ駅にはシェパードを連れた警官が立ち並び、国境通過は厳しかった。そこを通過すると、闇両替を持ちかける者は居たが、皆が親切であり治安もよく東ドイツはいい国だなと思った。その後、Sの友人の家でDRの機関士Uと出会い、一緒に汽車の写真を撮りに出かけた。その友情は今も続いていて、蒸気機関車の大々的なイベントがあると必ずお誘いがある。

　東西の壁がなくなったが、旧東ドイツには沢山の保存蒸気機関車があり、時折イベント運転で廃止になった機関区や機関車を個人的に買ったりする人も居た。機関車の保守やボイラーの定期検査には金もかかるので、有料の大々的な運転会も時折催された。会員を募り、必要な経費が集まるとDRの線路を借りて蒸気機関車の運転をするが、会費を払ったものは参加証を付けて写真撮影を

していた。ある日、ドイツでネコパブリッシングの山下修司とばったり出会ったこともあった。1日当たり当時の通貨で1万円程度払ったと記憶しているが、撮影地に検札がまわってきて払っていない人から金を徴収していた。日本では不可能であろう。撮影中にテレビに幾度か取材されたこともあり、現地の人から「新幹線の運転士ですよね」と声をかけられたことも幾度かあった。

図 3-123　特別運転列車写真撮影参加証　　図 3-124　3気筒の BR58 牽引のイベント列車

東ドイツにバッド・ドーベランと言う小さな町があり、そこには道路の上をモッリーと言われる 900mm ゲージの蒸気機関車が走っていて 1982 年萩原と出かけたことがあった。

図 3-125　1982 年バッドドーベラン市内を走るモッリー　　図 3-126　1991 年当時の新聞記事

ドイツ再統一後、機関車の型式番号が西ドイツの狭軌用 099 になったが、その後再び 99 に戻された。1991 年当時、モッリーが存続に危機に立たされていて、授業料取って機関車の講習を受け機関車を運転させる試みも行われた。ある日、ロストク大学の教授から、モッリー存続応援のメッセージを日本から送ってほ

しいと言われ、メッセージを送ったが、ハイリゲンダムサミットを契機に、昨今、日本のテレビでも度々取り上げられるモッリーの盛況を見るにつけ今昔の感がある。

図3-127　DB形式099のナンバープレートを付けたモッリー　　図3-128　ドレスデン機関区の元型01137

ベルリンのＵからの誘いで蒸気機関車の特別運転にもよく通い、ハンガリーやスイス、ルーマニアでも機関車に乗せてもらった。ルーマニアやハンガリーといった平等を標榜する社会主義国で、便所が管理職と現場労働者が別れているのは意外で、管理職の便所には鍵がかけられ、鍵を借りなければ用を足せなかった。

ドラキュラのブラン城で知られるルーマニアのブラショフの工場兼機関区では検修庫に野犬が沢山いて「ここでは犬も働いています」などと言っていた。親切な工場長も気さくな方で「今度来たら乗泊に泊まれ」と言ってくれた。機関車の運転台にはホテルの冷蔵庫が備え付けてあり前面ガラスにヒビが入ってセロテープで補修した機関車に乗せてもらったこともあった。機関区には映像を使ったシミュレーターもあり、仮設故障を作るなど日本と似たようなことをやっていた。出勤前の機関士には医師が健康診断もしていたが、社会主義国ではごく普通のことで体制が変わっても制度は残っていた。

当時のヨーロッパには美しい列車が沢山走っていて、TEEやICにはゴッタルド、ラインゴルド、ベートーヴェン等々夢の世界に誘うような愛称が付いていて私を魅了した。

3.4　ヨーロッパの新幹線　303

図 3-129　ルーマニアの電気
　　　　　機関車の運転室

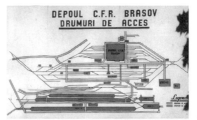

図 3-130　ルーマニア・ブラショフ工場
　　　　　と機関区構内図

ライン川沿いのマインツからコブレンツの間はライン川と並走し、まさに車窓風景の明媚でもある。私は 103 牽引の IC の運転室に添乗させてもらい、Frankfurt～Köln 全区間ノーカットで Lokorama の撮影を行った。民営化以降、ドイツ鉄道は遅れが慢性化し、最近は乗り継ぎできないことが日常化されているのは残念である。かつて遅延が当たり前であったイタリアやスペインといった国々の優等列車の定時制はいまや、ドイツを優に凌ぎ、国によっては 15 分の遅れで、追加料金の払い戻しが行われたりしているが、定時性を優先するあまり、それが安全を脅かすことはないのかと危惧を覚えることもある。

図 3-131　SBB・RAe TEE II　　図 3-132　列車に掲　　図 3-133　ライン河畔の TEE
　　　　　ゴッタルド　　　　　　　　　　出されて　　　　　　　　ラインゴルド
　　　　　　　　　　　　　　　　　　　　いたサボ

おわりに

　結びに海外の高速鉄道について少々記述した。高速運転技術のルーツはドイツに端を発していると思う。かつての工業先進国ドイツは日本の先生でもあり、私はドイツの鉄道に大きな憧れを持っていた。
　幸いドイツ語圏には多くの友人を持ち、前にも触れたが特に、DBの技師で、新幹線ICE開発の中心に居たトップリーダーのLには本当にお世話になった。本書の執筆にあたり、彼には多くの資料の送付と教示をいただいた。お蔭で私は日本の新幹線の黎明期から、ドイツの新幹線ICEの黎明期を見続けることができて、彼とは30年にわたり家族ぐるみの付き合いをしている。しかしJRの「偉い人」すべてが森村のような人ばかりではない。JR東海の「偉い人」の中にそれを快く思っていない人も居たようである。一運転士の分際でということであろう。
　Lが来日し、我が家に滞在してくれたことがある。Lから九州から東京に来る際、大阪まで迎えに来てくれという電話があったので、私は快諾した。ところが、どこから聞いたのか東京運転所長の初沢から自宅に電話があり「迎えに行っては困るのでやめてくれ」という。Lが断るなら話は別である。理不尽な話であり私は一蹴した。誰の指示なのか、所長は答えなかった。友情は、相互の信頼関係と深い思いに依拠するものであって、肩書とは無縁のものである。
　本書執筆にあたり、L以外にも多くの方々のお力添えを頂いた。十河家、島家と親交があり、緻密な取材のもと書きあげられた名著「新幹線を作った男・島秀雄物語」の著者である、高橋団吉からは多くの貴重な話を聞くことができた。橋本克彦の「日本鉄道物語」も高橋団吉の書と同じく鉄道史に残る名著で多くを参考にした。その他巻末に参考にさせて頂いた多くの書物に敬意を込めて本書を書いた。また、この本執筆のために、多くの貴重な助言を頂いた、同志社

大学教授 青木真美、元新潟運転所長 浅原義久、元電車指令長 谷川公一、初代新幹線電車運転士 桐村博之、元大阪運転所 新幹線電車運転士 仕名野完治、元東京運転所 新幹線電車検査掛 竹村昭寿、生前ご厚誼頂いた西尾源太郎、そして、海外から貴重な資料提供を頂き、アドバイス頂いたドイツ国鉄→ドイツ鉄道の友人たち、ご自身が使用した歴史的にも貴重な機関士の教科書を提供、教示頂き機関区を案内してくれたSBBチューリッヒ機関区の故W.R機関士、リンゾナ機関区のH.F機関士、D.G車掌。DBベルリン機関区のR.U機関士、故H.L機関士、SNCFの技師P.C、MAV（ハンガリー国鉄）のK.G機関士、ルーマニア国鉄、ブラショフ機関区 工場長のC.D、鉄道図書刊行会 今津直久社長、交友社 山田修平社長、作家 高橋団吉、イカロス出版 上野弘介、貴重な写真、資料を提供して下さった、滝沢匡、小林康三、丸崎昭、大田修、星野晃、斎藤文昭、山下敦史、原鉄道模型博物館 副館長 針谷朱美、フランス語の翻訳に尽力してくれた中村彩子、多くの運転、検修の友人たちに厚く御礼を申し上げるものである。

　そして、拙文にも拘らず、出版を勧めてくれた斎藤文昭、出版を快諾頂き、編集に並々ならぬご助力を頂いき、多くの適切な指導を頂いた成山堂書店の小野哲史、宮沢俊哉、唐澤祥平、貴重なアドバイスをはじめ、序文を頂いた元日本航空機長で、ジャンボジェット機世界最長操縦時間を誇る杉江弘の各氏に厚く御礼を申し上げる。

　東海道新幹線開業50年の日に、終生の友、故・萩原功と、亡き妻 博子に捧ぐ。

中村信雄

参考文献

題　名	編　著　者	出　典
最新　電気機関車工学　上下巻	田中隆三	鉄道教科書
液体変速機と総括制御	山本　優	交通書房
新幹線を作った男　島秀雄物語	高橋団吉	小学館
技術者たちの敗戦	前間孝則	草思社文庫
日本鉄道物語	橋本克彦	講談社
日本国有鉄道百年史	日本国有鉄道編	
東海道山陽新幹線 20 年史	東海道新幹線総局編	
電気車の科学　各号		電気車研究会
新幹線旅客電車・説明書・付図　各刊	国鉄・臨時車両設計事務所編	
新幹線旅客電車検修指導書	新幹線総局	
二十年史	国労東京運転所分会編	
鉄道ピクトリアル　各号		電気車研究会 / 鉄道図書刊行会
モデル線略史	加藤　潔　編	
沼津機関区百年史	沼津機関区	
国労東京運転所分会連絡帳	国労東京運転所分会組合員全員	
機関車と共に	今村一郎	ヘッドライト社
中央線　419 列車	斎藤　勉	のんぶる社
島　秀雄の世界旅行 1936－1937	島　隆　監修　高橋団吉	技術評論社
国鉄時代　各号		ネコパブリッシング
新幹線　各号		イカロス出版
国鉄全史		株式会社　学習研究社
十年史	国労　大阪運転所分会	
国鉄処分	鎌田　慧	講談社
文化誌　幹	国労東京運転所分会編	
日車の車輛史型式シリーズ 0 系新幹線電車	日本車輌製造株式会社	日車夢工房プロジェクト
時刻表復刻版　戦前・戦中編	日本交通公社	日本交通公社
毎日グラフ　1962.06.20 号		毎日新聞社
朝日新聞 1958.10..01.1964.10.30		朝日新聞
鉄道ファン　499 号（宇田賢吉のレポート）	宇田賢吉	交友社
鉄道ファン　50 号（鈴木靖人のレポート）	鈴木靖人	交友社
近現代官僚制の一側面 官吏減俸と恩給の問題を中心に	深見貴成	神戸高専研究紀要第 52 号
新幹線電車運転士の手引き	東京第二運転所指導	
聞蔵Ⅱビジュアル各号		朝日新聞社
ヨミダス歴史館各号		読売新聞社

題　名	編　著　者	出　典
BAHN METROPOLE BERLIN	Prof, E.h.Horst Weigelt.	Hestra-Verlag
Die Schnellbahnwagen der Studiengesellschaft für elektrische Schnellwagen in Berlin	Professor.M. Buhle und Dipl-Ing W.Pfitzer, Dresden	Technischen Hochschule zu Berlin-Charlottenburg. Bd. 319. Heft 29. Berlin, 16. Juli 1904. 発行
100Jahre Höllentalbahn. Eine berühmte Bahnstrecke. Lokomotiven,Technik und Betreib.	Gottwaldt Alfred, Freese Jens.	Motorbuch-Verlag Stuttgart. 1987
Die Höllentalbahn - Dreiseenbahn.	Schaff, Hans Wolfgang, Burkhard Wolly.	EK Verlag, Freiburg 1989
140 Jahre Eisenbahn in Freiburg.Höllentalbahn-Dreiseenbahn.	Diverse Verfasser	Kameradschaftwerk Lokpersonal beim BW Freiburg
Dampflok-Archiv 1 Baureihen 01 bis 39	Manfred Weisbrod・Hans Müller	transpress VEB Verlag für Verkehrswesen, Berlin
Rekordloks	Eisenbahn Journal	Verlag und Redaktion : Eisenbahn Journal in der Verlagsgruppe Bahn GmbH
La Vie du Rail Sud-Ouest Special Record du Monde 1981. Mars	P.Delacroix	Imprimerie l'avenir graphique
InterCity Express	Heinz Kurz	Eisenbahn KURIER
ICE Neue Züge für Deutschlandes Schnellverkehr	Daniel Riechers	Trans Press
Neubaustrecke Köln-Rhein/ Main Das Projekt	DB Bau Projekt GmbH Projektleitung	DB AG
Bahn Extra Eisenbahn-Unfälle		Gera Mond
TGV	SNCF	SNCF Direction du Matèriel
Reglement über die elektr. Schnelltriebwagen RCe2/4		Schweizerische Bundesbahn
ICE Zug der Zukunft	Worfram O. Martinsen Theo Rahn	Hestra-Verlag
Atlantic TGV	SNCF	Direction de la Ligne Nouvell du TGV Atlantique
THE BERLIN - ZOSSEN ELECTRIC RAILWAY TESTS OF 1903	Franz Welz Louis Bell	NEW YORK McGRAW PUBLISHING COMPANY 1905
Arbeitsmappe für die Aus und Fortbildung von Triebfahrzeugführern auf der Ellok der BR 103	Herausggeben von Bundesbahn-Sozialamt Betriebliches Bildungswesen	Deutsche Bundesbahn
Die Baurheie 103	Christian Wolf・Christian Ernst	EK Verlag
Regelement über die elektrischen Lokomotiven Serie Be 6/8 13251....13265 Serie Ce 6/8 II 14266 - 14235	Schweizerische Bundesbahn Zugförderungs - und Werkstädttedienst	Schweizerische Bundesbahn (SBB)

索　引

【数字】

- 120 …… 266
- 157 …… 154
- 165 …… 154
- 411 …… 291
- 415 …… 291
- 911 …… 225
- 1002 …… 216
- 4110 …… 9
- 6005 …… 30
- 6750 …… 4
- 6760 …… 4
- 8000 …… 31
- 8620 …… 4, 17, 81, 112, 116
- 9600 …… 4
- 191001 …… 178
- 05（ドイツ国鉄）…… 171
- 100 仕業 …… 148
- 101 型電気機関車 …… 294
- 120　001（試作）…… 266
- 157（日光型）…… 109, 130
- 18900（後の C51）…… 7
- 4001（軌道試験車）…… 217
- 7000（後の ED54）…… 32
- 851A（試運転列車）…… 251
- 911-1 …… 251

【A～Z】

- ABB …… 189, 248
- AEG …… 25
- ARe TEE Ⅱ …… 286
- ARE 式 …… 156
- ATC …… 190, 195, 256
- A 編成 …… 226, 238
- B6 …… 81
- BB9004 …… 174
- BR189 …… 295
- BR403 …… 266
- B 編成 …… 228, 238
- C51（18900）…… 17
- C53 …… 15
- C531 …… 14
- C54 …… 10
- C58 …… 112
- C59（1290PS）…… 17
- C6214 …… 233
- C6240 …… 233
- CC7107 …… 174
- CC7121 …… 171
- CS12 …… 99
- CS12A …… 100, 130
- CTC 区間 …… 153
- D50 …… 112, 180
- D51 …… 10, 43, 57, 112, 180
- D52 …… 43
- DB（ドイツ国鉄）…… 263
- DB103（電気機関車）…… 263
- DD501 …… 91
- DD502 …… 91
- DD51 …… 225
- DF501 …… 97
- DT16 …… 81
- DT9001 …… 228
- DT9002 …… 228
- DT9004 …… 228
- DT9008（後の DT200）…… 235
- D コック …… 88
- E03　001（電気機関車）…… 263
- E10 …… 59, 180
- ED15 …… 112
- ED16 …… 112
- ED17 …… 54, 112
- ED24 …… 112
- ED40 …… 25
- ED41 …… 27

ED42	28, 179
ED441	179, 200
ED451	179
ED4511	179
ED4521	179
ED54	32
ED61	113
ED6115（甲）	113
ED70	180
ED702	180
ED71	120
EF10	37
EF11	112
EF13	37, 63
EF15	63
EF52	37
EF57	128
EF58	63
EF5860	92
EF5861	92
EH1015	93
EH50	93
ETCS	290
ETR401	290
ETR450	295
ETR470	178, 295
ETR500	295
F型電気機関車	30
GHQ	54
ICE-1	278
ICE-1・2	264
ICE-2	283
ICE-3	266, 284
ICE3-M	286
ICE-S	285, 292
ICE-T	290, 295
ICE-V（試作）	276
LGV	288
LZB	288
SBB	34
SNCF	180, 287
TEE	267
TGV	267, 295
TGV-A	271
TGV-Lyria	274
TGV-PSE	268
THALYS	273
Wagen-A	167
Wagen-S	167
WN駆動	208
X2000	297

【あ行】

朝倉希一	4, 15, 36
浅原義久	195
石沢應彦	228, 260
石田丑之助	254
石田禮助	232
位相制御	120
イタリア国鉄	181, 290
猪原平次郎	8, 19, 47
今村一郎	16
運転曲線	170, 230
運転要員第一陣（新幹線）	187
営業速度（新幹線）	215
大石重成	216
オーストリア国鉄	295
大塚滋	101, 107, 218, 229
おおとり	122
小川平吉（鉄道大臣）	173

【か行】

外気締め切り装置	204
改軌	166
隔時法	134
滑走固着検知装置	196
鑵替え	38, 54
カム軸接触器	31
カルダン駆動方式	207
河辺一	176
関西鉄道	3
関東大震災	8
官吏減俸令	23
機関車課	135
機関車牽引	120
機関車工学	4

機関手	6
機関助士	120
北畠顕正	17, 62
キハ 17	112
キハ 20	112
キマロキ	164
急行「伊豆」	110, 154
急行アルプス	114
旧東鉄庁舎	239
桐村博之	218
緊急停止信号	194
空気制動器	167
空気ブレーキ	197
空気ブレーキ装置	9
クハ 68	87
クハ 86021・22	84
クモヤ 93000	162
クモユニ 74	133
クロ 150-3	125
クロ 151	121
クロ 151-7	125
クロ 157（貴賓車）	110
クロハ 49001	71
クロハ 49002	71
クロハ 55206	72
クロハ 69	72
結城弘毅	6, 18
広軌（世界標準軌）	166
高速新線プロジェクト	284
高速鉄道	171
高速電気鉄道研究協会	166
高速度試験	166, 169, 268
高速度遮断器	67
交流電化	176
交流電化委員会	179
小金井大学	208
国幹労	253
国際交通展覧会	263
国産機関車	4
国鉄新幹線労働組合	253
国鉄総裁	175
国鉄白書	55

【さ行】

最高速度記録	230
齋藤雅男	102, 108
桜木町事故	88
サシ 151	121
三相交流	160, 204
サンパチ豪雪	164
試験台車（新幹線）	205
試作蒸気機関車	178
実況放送（大塚滋）	218
自動ブレーキ	141
自動閉塞／無閉塞	75
島隆	228
島秀雄	15, 20, 81, 99, 165, 175, 183, 186, 216
島安次郎	2, 17, 25, 169, 171
下山総裁	47
周波数変換器	190
準急「いでゆ」	85
準急「おくいず」	132
準急「東海」	96, 133
準急「比叡」	96, 133
蒸気機関車	4, 16, 18, 300
昇職試験	11
湘南電車	79
常磐線	187
乗務旅費	12
正面衝突	160
商用周波数	176, 179
常用ブレーキ	192
徐行許容標識	10
ジョルジェット・ジウジアーロ	298
シリコン整流器	200
新幹線	166, 298
新幹線構想	172
新幹線特例法	252
新婚特別列車「ちよだ号」	110
寝台特急「あさかぜ」	94
水槽車	20
スウェーデン	297
杉本源六	8, 19
杉山久吉	11
スポッティング方式	197

索引　311

すれ違い試験･････････････････････････ 229
整流子電動機･････････････････････････ 189
制輪子･･･････････････････････････････ 167
世界記録･････････････････････････････ 276
関四朗･･･････････････････････････････ 179
石炭･････････････････････････････････ 37
セッテベロ（イタリア国鉄）･･････････ 181
セルフラップ方式･････････････････････ 199
仙石貢･････････････････････････････ 6, 30
前方注視義務･････････････････････････ 196
前面ガラス･･･････････････････････････ 229
線路規格（新幹線）･･･････････････････ 185
即断スイッチ･････････････････････････ 264
速度計･････････････････････････････････ 7
速度制御式･･･････････････････････････ 195
十河信二･････････････････････ 175, 216, 248

【た行】

タイヤ･･･････････････････････････････ 15
高松宮ご夫妻･････････････････････････ 232
谷川公一･････････････････････････････ 187
弾丸列車計画･････････････････････････ 174
弾性ゴム･････････････････････････････ 293
タンデム電動機･･･････････････････････ 177
丹那トンネル･････････････････････････ 227
単弁･････････････････････････････････ 277
暖房･････････････････････････････････ 148
中央鉄道学園小田原分所･････････････ 221
超特急「燕」･････････････････････ 18, 69, 174
超特急物語･･･････････････････････････ 23
通票･････････････････････････････････ 76
鶴見事故･････････････････････････ 159, 233
低圧タップ切替方式･････････････････ 201
ディーゼル機関車･････････････････････ 97
定員法･･･････････････････････････････ 47
ディスクブレーキ･････････････････････ 197
ディレッシマ･････････････････････････ 295
テスト走行･･･････････････････････････ 217
鉄道公安官制度･･･････････････････････ 53
鉄道信号･････････････････････････････ 74
電化方式（新幹線）･･･････････････････ 188
電気機関車･･･････････････････････････ 25
電気式気動車SVT･････････････････････ 171

電気ブレーキ･････････････････････････ 197
田健次郎･･･････････････････････････････ 3
電車運転士･･･････････････････････････ 87
電車運転助手士･･･････････････････････ 122
電車特急･････････････････････････････ 126
添乗検査掛･･･････････････････････････ 254
電動台車･････････････････････････････ 81
ドイツ･････････････････････････････････ 3
東海道線（新幹線）･･･････････････････ 184
東京運転所･･･････････････････････････ 243
投炭練習･･･････････････････････････････ 6
戸閉連動･････････････････････････････ 62
特急「あさかぜ」･････････････････ 105, 254
特急「あまぎ」･･･････････････････････ 110
特急「かもめ」･･･････････････････････ 105
特急「こだま」･･･････････････ 105, 182, 229
特急「さくら」･･･････････････････････ 134
特急「つばめ」･･･････････････････････ 90
特急「はつかり」･････････････････････ 108
特急「はやぶさ」･････････････････････ 123
特急「ひびき」･･･････････････････････ 110
特急「ビンドボナ」･･･････････････････ 299
特急「平和」･････････････････････ 19, 69
特急の電車化･････････････････････････ 107
突放･････････････････････････････････ 161
トンネル手当･･･････････････････････････ 7

【な行】

西尾源太郎･････････････ 102, 137, 186, 200, 209
日本国有鉄道幹線調査会･････････････ 183
日本鉄道（元東北本線）･･･････････････ 2
日本電気鉄道株式会社･･･････････････ 171
荷物電車･････････････････････････････ 146
沼津機関庫･････････････････････････････ 2
粘着･････････････････････････････････ 9, 197
野上睦･･･････････････････････････････ 238

【は行】

バーニア制御･････････････････････ 113, 201
歯車比･･･････････････････････････････ 130
橋本克彦･･･････････････････････････････ 2
浜松機関庫･･･････････････････････････ 11
原敬･････････････････････････････････ 30

判任官機関手………………………………	12
東ドイツ国鉄………………………………	299
非常ブレーキ………………………………	192
一杉甚五郎…………………………………	19
表定速度……………………………………	69
平野平左衛門………………………………	1
藤井松太郎…………………………………	252
ブッフリ……………………………………	32
踏切事故……………………………………	122
フラット……………………………………	199
フランス国鉄………………………………	174
振り子型気動車 610 ………………………	290
プロイセン軍管掌鉄道……………………	169
ヘレンタール線……………………………	177
変電所………………………………………	188
北陸本線……………………………………	187
北陸隧道事故………………………………	10
保護接地スイッチ…………………………	194
星野陽一……………………………………	176
ポルトガル…………………………………	298

【ま行】

マスコン……………………………………	37
馬栓棒………………………………………	53
松平精………………………………………	176
マラード号（イギリス）…………………	171
満州鉄道……………………………………	48
三河島事故…………………………… 136,	216
三木忠直……………………………………	176
耳ツン………………………………………	204

民間運輸局 CTS ……………………………	58
民鉄…………………………………………	2
モッリー……………………………………	301
モデル線……………………… 187, 215, 221,	238
モハ 52 ………………………………………	80
モハ 53 ………………………………………	157
モハ 63 ………………………………………	80
モハ 63 型電車………………………………	61
モハ 71 ………………………………………	140
モハ 91（後の 153）………………………	133
モユニ 81 ……………………………… 84,	88
森彦三………………………………………	4

【や行】

夜行電車……………………………………	129
ヤコブ・ブッフリ…………………………	32
安田善次郎…………………………………	171
湯の花トンネル事件………………………	39

【ら行】

ライン・マイン高速新線…………………	284
旅客用蒸気機関車…………………………	4
臨時特急「ひびき」………………………	130
列車選別装置………………………………	144
列車妨害……………………………………	241
連続乗務時間………………………………	282

【わ行】

ワルシャート式弁装置……………………	4

【略歴】

中村信雄（なかむら　のぶお）
1938.05.13　東京都生まれ
1958.03.31　都立港工業高校（定時制）卒業
1958.04.01　日本国有鉄道　品川電車区就職（整備掛）
1959.01.01　八王子機関区（整備掛）
1962.11.14　武蔵小金井電車区電車運転士
1963.06.22　田町電車区電車運転士
1965.02.12　特別新幹線電車運転士科入学
1965.08.21　新幹線電車運転士兼機関士
1987.04.01　東海旅客鉄道株式会社社員
1996.03.18　新幹線最終乗務・熱供給会社へ出向
1998.05.31　東海旅客鉄道株式会社定年退職

新幹線開発百年史
東海道新幹線の礎を築いた運転技術者たち

定価はカバーに表示してあります。

平成28年4月8日　初版発行
平成28年6月28日　再版発行

著　者　中村信雄
発行者　小川典子
印　刷　三和印刷株式会社
製　本　株式会社難波製本

発行所　㈱成山堂書店

〒160-0012　東京都新宿区南元町4番51　成山堂ビル
TEL：03（3357）5861　FAX：03（3357）5867
URL　http://www.seizando.co.jp
落丁・乱丁本はお取り替えいたしますので，小社営業チーム宛にお送りください。

©2016　Nobuo Nakamura
Printed in Japan　　　　　　　　　ISBN978-4-425-96251-8

歴史・展望　技術・事業　鉄道の本なら成山堂書店

鉄道がつくった日本の近代

高階秀爾・芳賀徹
老川慶喜・高木博志 編著

A5判　360頁
定価 本体 2,300円（税別）
2014年刊

明治5年の開業以来、人びとの生活感覚や行動様式にまで大きな役割を果たした「鉄道」。幅広い分野の識者たちが、「鉄道」を通して様々な角度からスポットをあてることにより、日本の「近代」の多面的な様相を浮かび上がらせる。

交通ブックス122
弾丸列車計画
－東海道新幹線につなぐ革新の構想と技術－

地田信也 著
四六判　240頁
定価 本体 1,800円（税別）
2014年刊

1940年に議会を通過し着工したものの、戦況の悪化により中断した「東京―下関間線路増設計画」。しかし高速鉄道の基本となる規格や仕様などが定められていたこの計画がベースとなって東海道新幹線をわずか5年で完成させることができた。本書は、貴重な資料をもとに、この弾丸列車計画の全体像を要約している。

鉄道技術者の国鉄改革
－関門トンネルから九州新幹線まで－

高津俊司 著
A5判　204頁
定価 本体 2,400円（税別）
2015年刊

世界初の鉄道用海底ずい道である「関門トンネル」建設にはじまる下関工事事務所の歴史をとおして、国鉄改革の足跡をたどる。九州の鉄道インフラを担ってきた技術者たちの努力を、著者の経験と史資料からまとめた一冊。

復刻版　高速鉄道の研究
－主として東海道新幹線について－

日本国有鉄道 鉄道技術研究所 監修
B5判　680頁
定価 本体 18,000円（税別）
2014年刊

本書は、鉄道技術研究所が東海道新幹線の開業に至るまでに実施した研究開発成果をまとめた貴重な資料である。

東海道新幹線運転室の安全管理
200のトラブル事例との対峙

中村信雄 著
A5判　256頁
定価 本体 2,400円（税別）
2016年刊

開業以来、未だ運転事故のない東海道新幹線の運転士たちが体験した様々な出来事を、原因別に集めたトラブル事例集です。世界一安全と言われた新幹線を支えた運転士の活躍を、お届けします。